Das Lebensversicherungsunternehmen in der Insolvenz

Studien zum deutschen und europäischen Gesellschafts- und Wirtschaftsrecht

Herausgegeben von Ulrich Ehricke

Band 10

PETER LANG
Frankfurt am Main · Berlin · Bern · Bruxelles · New York · Oxford · Wien

Tobias Felix D. Plath

Das Lebensversicherungsunternehmen in der Insolvenz

Unter besonderer Berücksichtigung
des Gesetzes zur Umsetzung
aufsichtsrechtlicher Bestimmungen
zur Sanierung und Liquidation
von Versicherungsunternehmen
und Kreditinstituten
vom 10. Dezember 2003

PETER LANG
Internationaler Verlag der Wissenschaften

Bibliografische Information der Deutschen Nationalbibliothek
Die Deutsche Nationalbibliothek verzeichnet diese Publikation in der Deutschen Nationalbibliografie; detaillierte bibliografische Daten sind im Internet über <http://www.d-nb.de> abrufbar.

Zugl.: Köln, Univ., Diss., 2007

D 38
ISSN 1614-581X
ISBN 978-3-631-56850-7

www.peterlang.de

In Dankbarkeit meinen Eltern.

Für Marianna.

Vorwort

Die vorliegende Arbeit wurde im Wintersemester 2006/2007 von der Rechtswissenschaftlichen Fakultät der Universität zu Köln als Dissertation angenommen. Das Manuskript wurde im März 2006 fertiggestellt; Rechtsprechung und Literatur konnten im Wesentlichen bis Januar 2007 berücksichtigt werden.

Meinem Doktorvater, Herrn Professor Dr. Hanns Prütting, möchte ich ganz herzlich für die Betreuung der Arbeit danken. Mein besonderer Dank gilt auch Herrn Professor Dr. Dr. h.c. Ulrich Hübner für die zügige Erstellung des Zweitgutachtens. Herrn Professor Dr. Ulrich Ehricke, LL.M., M.A. danke ich recht herzlich für die Aufnahme in seine Schriftenreihe „Studien zum deutschen und europäischen Gesellschafts- und Wirtschaftsrecht". Herrn Günter Bost vom Gesamtverband der deutschen Versicherungswirtschaft e.V. (GDV) danke ich für die zur Verfügung gestellten Materialien.

Schlussendlich gilt mein ganz besonderer Dank meinen lieben Eltern, die mich bei meinen Vorhaben stets unterstützt haben.

Köln, im Februar 2007 Tobias Felix D. Plath

Inhaltsverzeichnis

Literaturverzeichnis

Aderhold, Eltje — Auslandskonkurs im Inland, Berlin 1992

Albrecht, Peter — Der Fall Mannheimer Lebensversicherung: Auch ein Problem der Finanzaufsicht?, in: VW 2003, 1085-1085

Backes, Marcus — Die Insolvenz des Versicherungsunternehmens, Karlsruhe 2003

Baumann, Horst — Die Kapitallebensversicherung mit Überschußbeteiligung als partiarisches Versicherungsverhältnis und ihre Bedeutung bei der Umstrukturierung von Versicherungsgruppen – Zivil-, aufsichts- und kartellrechtliche Studien, Versicherungswissenschaft in Berlin, Berliner Reihe, Heft 3, Karlsruhe 1993 (zitiert: *Baumann*, Die Kapitallebensversicherung mit Überschußbeteiligung als partiarisches Versicherungsverhältnis)

Baumbach, Adolf / *Lauterbach*, Wolfgang / *Albers*, Jan / *Hartmann*, Peter — Kommentar zur Zivilprozessordnung mit Gerichtsverfassungsgesetz und anderen Nebengesetzen, 65. Auflage, München 2007 (zitiert: Baumbach/Lauterbach/Albers/Hartmann-*Bearbeiter*, ZPO)

Bellinger, Dieter / *Kerl*, Volkher — Kommentar zum Hypothekenbankgesetz, 4. Auflage, München 1995 (zitiert: *Bellinger/Kerl*, HypBankG)

Berliner — Kommentar zum Versicherungsvertragsgesetz, Kommentar zum deutschen und österreichischen Versicherungsvertragsgesetz, Berlin/Heidelberg 1999 (zitiert: BerlinKommVVG-*Bearbeiter*)

Bilfinger, Rudolf — Der Schutz des Kunden im Konkurs des sogen. Lokalbankiers, vornehmlich nach dem Depotgesetz, Tübingen 1933 (zitiert: *Bilfinger*, Der Schutz des Kunden im Konkurs des sogen. Lokalbankiers)

Bohlken, Henning — Die Rechte der Versicherungsnehmer sowie am Versicherungsverhältnis beteiligter Dritter im Konkurs des Versicherers, Hamburg 1965 (zitiert: *Bohlken*, Die Rechte der Versicherungsnehmer)

Bork, Reinhard — Einführung in das Insolvenzrecht, 4. Auflage, Tübingen 2005

Bost, Günter — Die Protektor Lebensversicherungs-AG – Funktionsweisen und Funktionen für die Versicherungswirtschaft und ihre Kunden, in: Aktuelle Fragen in der Versicherungswirtschaft, Leipziger Versicherungsseminare, Band 6, Karlsruhe 2005 (zitiert: *Bost*, Die Protektor Lebensversicherungs-AG, in: Aktuelle Fragen in der Versicherungswirtschaft)

Braun, Eberhard — Kommentar zur Insolvenzordnung, 2. Auflage, München 2004 (zitiert: Braun-*Bearbeiter*, InsO)

Bruck, Ernst — Das Privatversicherungsrecht, Mannheim/Berlin/Leipzig 1930

Bruck, Ernst / *Möller*, Hans — Kommentar zum Versicherungsvertragsgesetz und zu den Allgemeinen Versicherungsbedingungen unter Einschluß des Versicherungsvermittlerrechtes, Band 1: §§ 1-48 VVG und Versicherungsvermittlerrecht, 8. Auflage, Berlin 1961 (zitiert: Bruck/Möller-*Bearbeiter*, VVG)

Bruck, Ernst / *Möller*, Hans / *Winter*, Gerrit — Kommentar zum Versicherungsvertragsgesetz und zu den Allgemeinen Versicherungsbedingungen unter Einschluß des Versicherungsvermittlerrechtes, Band 5 Halbband 2: Lebensversicherung (§§ 159-178 VVG) einschließlich Berufsunfähigkeitsversicherung, 8. Auflage, Berlin/New York 1988 (zitiert: Bruck/Möller/Winter-*Bearbeiter*, VVG/Lebensversicherung)

Bundesaufsichtsamt für das Versicherungs- und Bausparwesen — Motive zum Versicherungsaufsichtsgesetz, Berlin 1963 (zitiert: Bundesaufsichtsamt, Motive zum VAG)

Bundesaufsichtsamt für das Versicherungs- und Bausparwesen — Motive zum Versicherungsvertragsgesetz, Berlin 1963 (zitiert: Bundesaufsichtsamt, Motive zum VVG)

Bungert, Hartwin — Das Recht ausländischer Kapitalgesellschaften auf Gleichbehandlung im deutschen und US-amerikanischen Recht – Zugleich ein Beitrag zu einem internationalen Grundrechtskollisionsrecht, München 1994

Dannenbaum, Fritz — Deutsche Hypothekenbanken – Wirtschaftliche Darstellung nebst Kommentar zum Hypothekenbankgesetz, 2. Auflage, Berlin 1928 (zitiert: *Dannenbaum*, HypBankG)

Ehricke, Ulrich — Vorwirkungen von EU-Richtlinien auf nationale Gesetzgebungsvorhaben, in: ZIP 2001, 1311-1317

Eilert, Hergen — Die wichtigsten Änderungen der VAG-Novelle 2003 – Mit einem Ausblick auf die für 2004 geplanten Änderungen, in: VW 2004, 907-909

Eilert, Hergen — VAG-Novelle regelt Sicherungsfonds – Große Unterschiede zwischen Lebensversicherung und PKV, in: VW 2005, 115-117

Eitelberg, Oliver — Lebensversicherung und Drittrechte, Lohmar/Köln 2002

Elfring, Claus Michael — Drittwirkungen der Lebensversicherung – Eine systematische Darstellung der Zuwendungsproblematik beim Lebensversicherungsvertrag mit Bezugsberechtigung eines Dritten, Karlsruhe 2003 (zitiert: *Elfring*, Drittwirkungen der Lebensversicherung)

Erman, Walter — Bürgerliches Gesetzbuch – Handkommentar mit EGBGB, ErbbauVO, HausratsVO, LPartG, ProdHaftG, UKlaG, VAHRG und WEG, Band I: §§ 1-811 BGB, 11. Auflage, Münster/Köln 2004 (zitiert: Erman-*Bearbeiter*, BGB)

Faber, Ludwig — Die Stellung der Sondervorrechtsgläubiger im gerichtlichen Vergleichsverfahren, Gießen 1936

Fahr, Ulrich / *Kaulbach*, Detlef — Kommentar zum Versicherungsaufsichtsgesetz (VAG) mit Gesetz über die Errichtung eines Bundesaufsichtsamtes für das Versicherungswesen (BAG) und Finanzdienstleistungsaufsichtsgesetz (FinDAG), 3. Auflage, München 2003 (zitiert: Fahr/Kaulbach-*Bearbeiter*, VAG)

Farny, Dieter — Ein Konkurssicherungsfonds in der Versicherungswirtschaft, Ei des Kolumbus oder Windei?, Mannheimer Vorträge zur Versicherungswissenschaft, Heft 50, Karlsruhe 1990

Frankfurter — Kommentar zur Insolvenzordnung, 4. Auflage, Neuwied u.a. 2006 (zitiert: FrankfurtKommInsO-*Bearbeiter*)

Fricke, Martin — Die VAG-Novelle 2000 – Ein kurzer Überblick über die wichtigsten Änderungen, in: NVersZ 2001, 97-103

Fricke, Martin — Die VAG-Novelle 2004 – Die wesentlichen Änderungen des VAG durch das Gesetz zur Änderung des Versicherungsaufsichtsgesetzes und anderer Gesetze vom 15.12.2004, in: VersR 2005, 161-171

Fromm, Gerhard Erich / *Goldberg*, Alfred — Kommentar zum Versicherungsaufsichtsgesetz und Bundesaufsichtsgesetz, Berlin 1966 (zitiert: Fromm/Goldberg-*Bearbeiter*, VAG)

Gebhard, Rüdiger — Gefahren für die finanzielle Stabilität der auf dem deutschen Markt vertretenen Lebensversicherer im Zuge des europäischen Binnenmarktes, Karlsruhe 1995

Geimer, Reinhold — Anerkennung ausländischer Entscheidungen in Deutschland, München 1995

Geimer, Reinhold — Internationales Zivilprozeßrecht, 5. Auflage, Köln 2005 (zitiert: *Geimer*, Internationales Zivilprozeßrecht)

Geimer, Reinhold — Verfassung, Völkerrecht und Internationales Zivilverfahrensrecht, in: ZfRV 1992, 401-420

Gerhardt, Walter — Verfügungsbeschränkungen in der Eröffnungsphase und nach Verfahrenseröffnung, in: Kölner Schrift zur Insolvenzordnung, 2. Auflage, Herne/Berlin 2000 (zitiert: *Gerhardt*, in: Kölner Schrift zur InsO)

Goecke, Oskar / *Will*, Reiner — Der Renditewettbewerb in der Lebensversicherung – Marktstudie zur Plausibilität von Beispielrechnungen, Lohmar/Köln 2001 (zitiert: *Goecke/Will*, Der Renditewettbewerb in der Lebensversicherung)

Göppert, Heinrich / *Seydel*, Max / *Friedlaender*, Martin — Hypothekenbankgesetz vom 13. Juli 1899 (mit den Änderungen durch die Gesetze vom 14. Juli 1923, vom 26. Januar 1926 und 21. Dezember 1927) – Kommentar, 3. Auflage, Berlin/Leipzig 1929 (zitiert: Göppert/Seydel/Friedlaender-*Bearbeiter*, HypBankG)

Goldberg, Alfred / *Müller*, Helmut — Kommentar zum Versicherungsaufsichtsgesetz und Bundesaufsichtsgesetz, Berlin/New York 1980 (zitiert: Goldberg/Müller-*Bearbeiter*, VAG)

Goll, Hans Peter / *Gilbert*, Walter / *Steinhaus*, Hans-Joachim — Handbuch der Lebensversicherung, 11. Auflage, Karlsruhe 1992 (zitiert: *Goll/Gilbert/Steinhaus*, Handbuch der Lebensversicherung)

Gottwald, Peter — Grenzüberschreitende Insolvenzen, München 1997

Gottwald, Peter — Insolvenzrechts-Handbuch, 3. Auflage, München 2006 (zitiert: *Gottwald*, Insolvenzrechts-Handbuch)

Greb, Werner — Lebensversicherung, Wiesbaden 1980

Groeben, Hans von der / *Schwarze*, Jürgen — Vertrag über die Europäische Union und Vertrag zur Gründung der Europäischen Gemeinschaft (EU-/EG-Vertrag) – Kommentar, Band 4: Art. 189-

314 EGV, 6. Auflage, Baden-Baden 2004 (zitiert: von der Groeben/Schwarze-*Bearbeiter*, EUV/EGV)

Gustin, Ralf — EDV-Unterstützung der Überschußbeteiligung in der Lebensversicherung, Ulm 1998

Haarmeyer, Hans / *Wutzke*, Wolfgang / *Förster*, Karsten — Handbuch zur Insolvenzordnung – InsO/EGInsO, 3. Auflage, München 2001 (zitiert: *Haarmeyer/Wutzke/Förster*, Handbuch zur InsO)

Habscheid, Walter J. — Entwicklungstendenzen des internationalen Konkursrechts, in: ZaöRV 50 (1990), 282-308

Hagelschuer, Paul — Lebensversicherung, 2. Auflage, Wiesbaden 1987

Hagen, Otto — Versicherungsrecht, in: Ehrenberg, Victor, Handbuch des gesamten Handelsrechts, Achter Band, II. Abteilung, Leipzig 1922 (zitiert: *Hagen*, in: Ehrenberg, Handbuch des gesamten Handelsrechts, Achter Band, II. Abteilung)

Heidelberger — Kommentar zur Insolvenzordnung, 4. Auflage, Heidelberg 2006 (zitiert: HeidelbergKommInsO-*Bearbeiter*)

Hillig, Carl — Hypothekenbankgesetz, Band 106 der Leipziger juristischen Handbibliothek, Leipzig 1900 (zitiert: *Hillig*, HypBankG)

Himstedt, Günter — Protektor Lebensversicherungs-AG: Erfahrungen im Fall Mannheimer, Frankfurter Vorträge zum Versicherungswesen, Heft 35, Karlsruhe 2004

Himstedt, Günter — Als die Protektor-Idee Wirklichkeit werden musste, in: VW 2004, 580-582

Hofmann, Max — Hypothekenbankgesetz – Ein Erläuterungsbuch für die Praxis, Berlin/Frankfurt am Main 1964 (zitiert: *Hofmann*, HypBankG)

Hopt, Klaus J. — Rechtsprobleme der Kostentragung und Verteilung bei den besonderen Konkursvorrechten nach § 32

DepotG, § 35 HypBankG und § 77 VAG, in: DB 1975, 1061-1067

Horng, Min-Sun — Staatliche Finanzaufsicht über die Lebensversicherungsunternehmen im Vergleich zwischen der Bundesrepublik Deutschland und der Republik China (Taiwan), Nürnberg 1998 (zitiert: *Horng*, Staatliche Finanzaufsicht über die Lebensversicherungsunternehmen)

Hübner, Ulrich — Strukturunterschiede zwischen Versicherungsverein auf Gegenseitigkeit (VVaG) und Versicherungs-Aktiengesellschaft (AG), Frankfurter Vorträge zum Versicherungswesen, Heft 13, Karlsruhe 1986

Jaeger, Ernst — Großkommentar zur Insolvenzordnung, Band 1: §§ 1-55 InsO, Berlin 2004 (zitiert: Jaeger-*Bearbeiter*, InsO)

Jaeger, Ernst — Großkommentar zur Konkursordnung mit Einführungsgesetzen, Band 1: §§ 1-70 KO, 8. Auflage, Berlin 1958 (zitiert: Jaeger-*Bearbeiter*, KO [8. Aufl.])

Koenige, Heinrich / *Petersen*, Adolf — Gesetz über die privaten Versicherungsunternehmen vom 12. Mai 1901, 3. Auflage, Berlin/Leipzig 1927 (zitiert: *Koenige/Petersen*, VAG)

Kopp, Ferdinand O. / *Ramsauer*, Ulrich — Verwaltungsverfahrensgesetz, 9. Auflage, München 2005 (zitiert: *Kopp/Ramsauer*, VwVfG)

Krüger, Hans — Der Konkurs der Hypothekenbanken, Leipzig 1916

Kübler, Bruno M. / *Prütting*, Hanns — Das neue Insolvenzrecht – InsO/EGInsO, 2. Auflage, Köln 2000 (zitiert: *Kübler/Prütting*, Das neue Insolvenzrecht)

Kübler, Bruno M. / *Prütting*, Hanns — Kommentar zur Insolvenzordnung, Band I: §§ 1-128 InsO, Loseblatt-Ausgabe: 27. Ergänzungslieferung (Stand: November 2006), Köln 2006 (zitiert: Kübler/Prütting-*Bearbeiter*, InsO)

Kuhn, Georg / *Uhlenbruck*, Wilhelm — Kommentar zur Konkursordnung, 11. Auflage, München 1994, (zitiert: Kuhn/Uhlenbruck-*Bearbeiter*, KO)

Larenz, Karl — Methodenlehre der Rechtswissenschaft, 6. Auflage, Berlin u.a. 1991

Löhr, Joseph — Das Hypothekenbankgesetz vom 13. Juli 1899 – herausgegeben mit kurzen erläuternden Anmerkungen und einem Anhang: Das Recht der Hypothekenpfandbriefe, Leipzig 1906 (zitiert: *Löhr*, HypBankG)

Lührs, Dieter — Lebensversicherung – Produkte, Recht und Praxis, Wiesbaden 1997 (zitiert: *Lührs*, Lebensversicherung)

Manes, Alfred / *Hagen*, Otto — Das Reichsgesetz über die privaten Versicherungsunternehmen vom 12. Mai 1901 – mit Erläuterungen, 2. Auflage, Tübingen 1909 (zitiert: Manes/Hagen-*Bearbeiter*, VAG)

Maus, Rainer — Der Konkurs der Lebensversicherungsgesellschaft, Köln 1993

Metzler, Marco — Ein Konkurssicherungsfonds in der deutschen Versicherungswirtschaft: „Ei des Kolumbus", „Windei" oder vielleicht doch eine „Eierlegende Wollmilchsau"?, in: ZfV 2003, 496-500

Michaels, Bernd — Reformbedarf aus Sicht der Versicherungswirtschaft, in: Reformbedarf im Versicherungsrecht, Münsteraner Reihe, Heft 56, Karlsruhe 1999 (zitiert: *Michaels*, Reformbedarf aus Sicht der Versicherungswirtschaft)

Müller, Helmut — Versicherungsbinnenmarkt – Die europäische Integration im Versicherungswesen, München 1995 (zitiert: *Müller*, Versicherungsbinnenmarkt)

Müller, Holger — Weltweit umfassendster Insolvenzschutz zum günstigsten Preis? – Umsetzung des deutschen Sicherungsfonds für Lebensversicherer kritikwürdig, in: VW 2005, 170-170

Müller-Stüler, Michael — Policyholder Protection – Verbraucherschutz bei finanziellem Zusammenbruch des Versicherers in Großbritannien (Teil 1), in: NVersZ 2001, 247-253

Müller-Stüler, Michael — Policyholder Protection – Verbraucherschutz bei finanziellem Zusammenbruch des Versicherers in Großbritannien (Teil 2), in: NVersZ 2001, 297-301

Münchener — Kommentar zum Bürgerlichen Gesetzbuch, Band 1, Allgemeiner Teil, 1. Halbband: §§ 1-240 BGB, ProstG, 5. Auflage, München 2006 (zitiert: MünchKommBGB-*Bearbeiter*)

Münchener — Kommentar zur Insolvenzordnung, Band 1: §§ 1-102 InsO, Insolvenzrechtliche Vergütungsverordnung (InsVV), München 2001 (zitiert: MünchKommInsO-*Bearbeiter*)

Münchener — Kommentar zur Insolvenzordnung, Band 2: §§ 103-269 InsO, München 2002 (zitiert: MünchKomm InsO-*Bearbeiter*)

Münchener — Kommentar zur Zivilprozeßordnung – mit Gerichtsverfassungsgesetz und Nebengesetzen, Band 3: §§ 803-1066 ZPO, EGZPO, GVG, EGGVG, Internationales Zivilprozeßrecht, 2. Auflage, München 2001 (zitiert: MünchKommZPO-*Bearbeiter*)

Nagel, Heinrich / *Gottwald*, Peter — Internationales Zivilprozessrecht, 6. Auflage, Münster 2007 (zitiert: *Nagel/Gottwald*, Internationales Zivilprozessrecht)

Nerlich, Jörg / *Römermann*, Volker — Kommentar zur Insolvenzordnung, Loseblatt-Ausgabe: 11. Ergänzungslieferung (Stand: April 2006), München 2006 (zitiert: Nerlich/Römermann-*Bearbeiter*, InsO)

Nöbel, Hellmut — Das Deckungskapital in der Lebensversicherung, insbesondere sein Rechtsverhältnis zum Versicherungsnehmer, Leipzig 1930, (zitiert: *Nöbel*, Das Deckungskapital in der Lebensversicherung)

Palandt, Otto — Kommentar zum Bürgerlichen Gesetzbuch mit Einführungsgesetz (Auszug), Allgemeines Gleichbehandlungsgesetz (Auszug), BGB-Informationspflichten-Verordnung, Unterlassungsklagengesetz, Produkthaftungsgesetz, Erbbaurechtsverordnung, Wohnungseigentumsgesetz, Hausratsverordnung, Vormünder- und Betreuervergütungsgesetz, Lebenspartnerschaftsgesetz, Gewaltschutzgesetz (Auszug), 66. Auflage, München 2007 (zitiert: Palandt-*Bearbeiter*, BGB)

Philipp, Bernhard — Die rechtliche Sicherstellung der Pfandbriefgläubiger in der Hypothekenbankgesetzgebung, mit besonderer Berücksichtigung des Treuhänderinstituts, Jena 1912 (zitiert: *Philipp*, Die rechtliche Sicherstellung der Pfandbriefgläubiger in der Hypothekenbankgesetzgebung)

Präve, Peter — Die Bedeutung der Überschußbeteiligung des Versicherungsnehmers bei der Lebensversicherungs-AG für die Umbildung von Versicherungsgruppen, in: ZfV 1992, 334-342

Präve, Peter — Aufsichtsrecht im Dilemma – Eine Bestandaufnahme und Analyse des Aufsichtsrechts wird immer dringender, in: VW 2004, 1800-1801

Präve, Peter — Der Sicherungsfonds für die Lebensversicherung, in: VersR 2005, 1023-1031

Prölss, Erich R. / *Martin*, Anton — Versicherungsvertragsgesetz – Kommentar zu VVG und EGVVG sowie Kommentierung wichtiger Versicherungsbedingungen, unter Berücksichtigung des ÖVVG und österreichischer Rechtsprechung, 27. Auflage, München 2004 (zitiert: Prölss/Martin-*Bearbeiter*, VVG)

Prölss, Erich R. / *Schmidt*, Reimer / *Sasse*, Jürgen — Kommentar zum Versicherungsaufsichtsgesetz, Bundesaufsichtsgesetze, Kartellrecht der Versicherungswirtschaft (§ 102 GWB) und andere Nebengesetze, 6. Auflage, München 1971 (zitiert: Prölss/Schmidt/Sasse-*Bearbeiter*, VAG [6. Aufl.])

Prölss, Erich R. / *Schmidt*, Reimer — Kommentar zum Versicherungsaufsichtsgesetz mit Europäischem Gemeinschaftsrecht und Recht der Bundesländer, 11. Auflage, München 1997 (zitiert: Prölss/Schmidt-*Bearbeiter*, VAG [11. Aufl.])

Prölss, Erich R. / *Kollhosser*, Helmut — Kommentar zum Versicherungsaufsichtsgesetz mit Europäischem Gemeinschafsrecht und Recht der Bundesländer, 12. Auflage, München 2005 (zitiert: Prölss/Kollhosser-*Bearbeiter*, VAG)

Prölss, Erich R. — Kommentar zum Versicherungsaufsichtsgesetz – Ergänzungsband zur 12. Auflage, München 2005 (zitiert: Prölss-Ergänzungsband, VAG)

Prütting, Hanns — Die Unabhängigkeit des Insolvenzverwalters, in: ZIP 2002, 1965-1974

Prütting, Hanns — Die Bestellung des Insolvenzverwalters und die geplante Änderung des § 56 InsO, in: ZIP 2005, 1097-1104

Quassowski, Leo / *Schröder*, Georg — Bankdepotgesetz – Gesetz über die Verwahrung und Anschaffung von Wertpapieren vom 4. Februar 1937 – Kommentar, Berlin 1937 (zitiert: *Quassowski/Schröder*, DepotG)

Riesser, Jakob — Das Bankdepotgesetz (in der Fassung der Verordnung über die Aufbewahrung fremder Wertpapiere vom 21. November 1923) – Kommentar, 5. Auflage, Berlin 1928 (zitiert: *Riesser*, DepotG)

Schmidt, Jürgen F. — Die Deregulierung der Versicherungsaufsicht und die Versicherungsvermittlung in Deutschland, Berlin 2003 (zitiert: *Schmidt*, Die Deregulierung der Versicherungsaufsicht)

Schmidt, Karsten — Gesellschaftsrecht, 4. Auflage, Köln/Berlin/Bonn/München 2002

Stelkens, Paul — Rechtsgrundlagen der Überschußbeteiligung in der privaten Lebensversicherung, Köln 1965

Streinz, Rudolf — EUV/EGV – Vertrag über die Europäische Union und Vertrag zur Gründung der Europäischen Gemeinschaft, München 2003 (zitiert: Streinz-*Bearbeiter*, EUV/EGV)

Stürner, Rolf — Die Sicherung der Pfandbrief- und Obligationengläubiger vor einer Insolvenz der Hypothekenbank – Geltendes Recht und Reformvorschläge, Schriftenreihe des Verbandes deutscher Hypothekenbanken, Band 7, Frankfurt am Main 1998 (zitiert: *Stürner*, Die Sicherung der Pfandbrief- und Obligationengläubiger vor einer Insolvenz der Hypothekenbank)

Thaler, Joseph — Der Konkurs des Versicherungsvereins auf Gegenseitigkeit, München 1902

Uhlenbruck, Wilhelm — Kommentar zur Insolvenzordnung, 12. Auflage, München 2003 (zitiert: Uhlenbruck-*Bearbeiter*, InsO)

Velthusen, Karl-Horst — Der Schutz des Kunden nach dem neuen Depotgesetz, Köln 1939

Wasner, Peter — Die deutsche und britische Lebensversicherung – Ein Vergleich hinsichtlich eines zukünftigen gemeinsamen Binnenmarktes, München 1991 (zitiert: *Wasner*, Die deutsche und britische Lebensversicherung)

Weyers, Hans-Leo / *Wandt*, Manfred — Versicherungsvertragsrecht, 3. Auflage, München/Unterschleißheim 2003

Will, Reiner — Solvabilität und Solvabilitätspolitik von Lebensversicherungsunternehmen im deregulierten deutschen Lebensversicherungsmarkt, Lohmar/Köln 1997 (zitiert: *Will*, Solvabilität und Solvabilitätspolitik von Lebensversicherungsunternehmen)

Zöller, Richard — Kommentar zur Zivilprozessordnung mit Gerichtsverfassungsgesetz und den Einführungsgesetzen, mit Internationalem Zivilprozessrecht, EG-Verordnungen, Kostenanmerkungen, 26. Auflage, Köln 2007 (zitiert: Zöller-*Bearbeiter*, ZPO)

Einleitung

Das Versicherungsprodukt „Lebensversicherung" erfreut sich nach wie vor großer Beliebtheit in Deutschland – auch nach dem endgültigen Wegfall der Steuervorteile für die nach dem 31. Dezember 2004 abgeschlossenen Lebensversicherungsverträge. Mit jeder Meldung über die angespannte Finanzlage in der gesetzlichen Rentenversicherung[1] wächst in der Bevölkerung die Erkenntnis, dass eine zusätzliche private Altersvorsorge unabdingbar ist, um den gewohnten Lebensstandard im Alter zu halten[2]. Die Lebensversicherung wird daher weiterhin neben, aber auch in Konkurrenz zu anderen Vorsorgeprodukten eine wichtige Rolle innerhalb des Wachstumsmarkts „private Altersvorsorge" einnehmen[3].

Bereits heute dienen eine Vielzahl der aktuell etwa 95 Millionen Lebensversicherungsverträge[4] in Deutschland mit Laufzeiten von zum Teil mehr als 30 Jahren[5] der Vorsorge für das Alter – auch und insbesondere deswegen, weil Lebensversicherer als finanzstarke Unternehmen gelten, die regelmäßig nicht in den Zusammenhang mit einem Insolvenzverfahren gebracht werden. Die Vollendung des europäischen Versicherungsbinnenmarktes am 1. Juli 1994 und die damit einhergehende Deregulierung des deutschen Lebensversicherungsmarktes ließ wegen der Intensivierung des Prämien- und Produktwettbewerbs zwar eine erhöhte Gefahr für die finanzielle Stabilität der deutschen Lebensversicherer befürchten[6]. Ein Insolvenzverfahren schien dennoch lange Zeit als nahezu ausgeschlossen. Umso bitterer waren sowohl für die Versicherungskunden als auch die Versicherungswirtschaft die Ereignisse in der jüngeren Vergangen-

---

1 Erstmalig seit Bestehen der Bundesrepublik Deutschland benötigte die gesetzliche Rentenkasse zum Jahresende 2005 ein Bundesdarlehen in Höhe von 900 Millionen Euro, um die Zahlungsfähigkeit sicherzustellen, vgl. etwa Frankfurter Allgemeine Zeitung vom 30. November 2005 (Nr. 279), S. 11.

2 Nach einer aktuellen Studie des Deutschen Instituts für Altersvorsorge unterschätzen knapp 60 Prozent der Deutschen ihre Versorgungslücke im Alter, vgl. Frankfurter Allgemeine Zeitung vom 3. August 2005 (Nr. 178), S. 9.

3 Nach dem Wegfall der Steuervorteile zeichnet sich innerhalb der Lebensversicherung jedoch eine Trendwende ab. Die „klassische" Kapitalbildende Lebensversicherung verliert, die private Rentenversicherung gewinnt an Bedeutung, vgl. etwa Süddeutsche Zeitung vom 30. Dezember 2005 (Nr. 301), S. 30.

4 Zahlen für 2004; Quelle: Gesamtverband der Deutschen Versicherungswirtschaft e.V. (GDV).

5 Bei der Kapitalbildenden Lebensversicherung beträgt die durchschnittliche Vertragsdauer 26 Jahre, Abschlussbericht der Kommission zur Reform des Versicherungsvertragsrechts vom 19. April 2004, S. 97.

6 Vgl. etwa aus wirtschaftswissenschaftlicher Sicht *Gebhard*, Gefahren für die finanzielle Stabilität der auf dem deutschen Markt vertretenen Lebensversicherer im Zuge des europäischen Binnenmarktes, S. 1 ff.

heit. Erstmals seit 1926[7] stand zur Jahresmitte 2003 mit der Mannheimer Lebensversicherungs-AG ein Lebensversicherer kurz vor der Insolvenz, die letztendlich nur durch den Rettungseinsatz der Protektor Lebensversicherungs-AG, einem Zusammenschluss der privaten Versicherungswirtschaft, unter größten Kraftanstrengungen abgewendet werden konnte.

Die vorliegende Abhandlung nimmt daher die „Beinahe-Insolvenz" eines deutschen Lebensversicherers zum Anlass, sich mit dem Insolvenzverfahren eines Lebensversicherungsunternehmens und dem vorgeschalteten Eröffnungsverfahren zu beschäftigen. Neben den aktuellen Ereignissen geben auch bedeutende Gesetzesänderungen Anlass für diese Untersuchung. Die Insolvenzordnung (InsO) hat die Konkursordnung (KO) zum 1. Januar 1999 abgelöst. Das Versicherungsaufsichtsgesetz (VAG), das für Versicherungsunternehmen zahlreiche insolvenzrechtliche Sondertatbestände normiert, erfuhr durch das Gesetz zur Umsetzung aufsichtsrechtlicher Bestimmungen zur Sanierung und Liquidation von Versicherungsunternehmen und Kreditinstituten vom 10. Dezember 2003 (BGBl. I 2003, 2478) wesentliche Änderungen betreffend das Eröffnungs- und Insolvenzverfahren eines Versicherers[8]. Diese Abhandlung untersucht schwerpunktmäßig die Änderungen des Versicherungsaufsichtsgesetzes durch die Novellierung von 2003 und ihre Auswirkungen auf das Eröffnungs- und Insolvenzverfahren eines Lebensversicherers. Am Ende der Arbeit wird sodann ein Überblick über den zum Jahresende 2004 neu geschaffenen Sicherungsfonds für die Lebensversicherung und private Krankenversicherung gegeben.

---

[7] 1926 wurde ein Konkursverfahren über das Vermögen der Fides Lebensversicherungs-AG in Hannover eröffnet, vgl. *Backes*, Die Insolvenz des Versicherungsunternehmens, S. 2; *Maus*, Der Konkurs der Lebensversicherungsgesellschaft, S. 1.

[8] Das Gesetz zur Umsetzung aufsichtsrechtlicher Bestimmungen zur Sanierung und Liquidation von Versicherungsunternehmen und Kreditinstituten vom 10. Dezember 2003 (BGBl. I 2003, 2478) dient im Wesentlichen der Umsetzung der Richtlinie 2001/17/EG des Europäischen Parlaments und des Rates vom 19. März 2001 über die Sanierung und Liquidation von Versicherungsunternehmen (ABl. EG L 110/28 vom 20. April 2001) und der Umsetzung der Richtlinie 2001/24/EG des Europäischen Parlaments und des Rates vom 4. April 2001 über die Sanierung und Liquidation von Kreditinstituten (ABl. EG L 125/15 vom 5. Mai 2001)

Kapitel 1: Die Eröffnung des Insolvenzverfahrens

A. Zulässigkeit

I. Antragsberechtigte Personen

1. Regelungen nach der Insolvenzordnung, §§ 13 ff. InsO

Ein Insolvenzverfahren wird gemäß § 13 Abs. 1 Satz 1 InsO nur auf Antrag eröffnet. Zum Antrag berechtigte Personen sind nach § 13 Abs. 1 Satz 2 InsO ausschließlich die Gläubiger und der Schuldner. Somit ist eine Eröffnung von Amts wegen nach der Insolvenzordnung von vornherein ausgeschlossen[9].

2. Sonderregelung nach dem Versicherungsaufsichtsgesetz, § 88 VAG

Abweichend von der Insolvenzordnung kann der Antrag auf Eröffnung eines Insolvenzverfahrens über das Vermögen eines Versicherungsunternehmens *nur* von der Aufsichtsbehörde gestellt werden, § 88 Abs. 1 VAG.

a) Rechtslage bis zum 31. Dezember 1998

Bis zum Inkrafttreten der Insolvenzordnung am 1. Januar 1999[10] und der damit einhergehenden Änderungen des Versicherungsaufsichtsgesetzes hatte das Konkursgericht gemäß § 88 Abs. 1 Satz 1 Halbsatz 1 VAG a.F. auf Antrag der Aufsichtsbehörde den Konkurs über das Vermögen eines Versicherungsunternehmens zu eröffnen (Bindungswirkung des Antrags). Das alleinige Antragsrecht (Antragsprivileg) lag bei der Aufsichtsbehörde, § 88 Abs. 1 Satz 2 VAG a.F. Das Konkursgericht durfte nicht prüfen, ob die Konkursvoraussetzungen tatsächlich vorgelegen haben[11]. Durch den Antrag der Aufsichtsbehörde waren die Konkursvoraussetzungen insoweit nachgewiesen und der Antrag für das Kon-

---

9 Braun-*Kind*, InsO § 13 Rn. 1.

10 Die Insolvenzordnung vom 5. Oktober 1994 (BGBl. I 1994, 2866) trat am 1. Januar 1999 gemäß Art. 110 Abs. 1 EGInsO in Kraft und löste damit die Konkursordnung vom 10. Februar 1877 (RGBl. 1877, 351), die Vergleichsordnung vom 26. Februar 1935 (RGBl. I 1935, 321, ber. 356) sowie die Gesamtvollstreckungsordnung in der Fassung der Bekanntmachung vom 23. Mai 1991 (BGBl. I 1991, 1185) ab.

11 Prölss/Schmidt-*Kollhosser*, VAG [11. Aufl.] § 88 Rn. 5.

kursgericht somit bindend[12]. Dieses konnte lediglich nach § 88 Abs. 1 Satz 1 Halbsatz 2 VAG a.F. i.V.m. § 107 Abs. 1 KO prüfen, ob eine den Kosten des Verfahrens entsprechende Masse vorhanden war. Entgegen dem Wortlaut des § 88 Abs. 1 VAG a.F. ging die herrschende Meinung davon aus, dass das Gericht zusätzlich die eigene Zuständigkeit und die Ordnungsmäßigkeit des Antrags prüfen durfte[13]. Diese – auch bei Vertretung der herrschenden Meinung – sehr stark eingeschränkte Prüfungskompetenz des Konkursgerichts begründete der historische Gesetzgeber damit, dass nur die Aufsichtsbehörde kompetent beurteilen könne, ob ein Versicherungsunternehmen in den Konkurs fallen soll[14]. Im Übrigen wurde darauf verwiesen, dass die Aufsichtsbehörde im Rahmen des vorgeschalteten Sanierungsverfahrens nach § 89 VAG das Bestehen eines Konkursgrundes bereits geprüft habe und gegen diese Entscheidung der Aufsichtsbehörde der Verwaltungsrechtsweg eröffnet sei[15]. Eine erneute Überprüfung würde das Verfahren nur unnötig verzögern und sei damit für die Gläubiger nicht hinnehmbar[16]. Der Eröffnungsbeschluss des Konkursgerichts war gemäß § 88 Abs. 1 Satz 3 VAG a.F. unanfechtbar. Dieser nach heutigen insolvenz- und insbesondere verfassungsrechtlichen Grundsätzen[17] als äußerst problematisch einzustufende Verfahrensablauf wurde im Zuge der Einführung der Insolvenzordnung, auch wegen der verfassungsrechtlichen Bedenken[18], abgeändert.

b) Aktuelle Rechtslage

aa) Änderungen durch das Einführungsgesetz zur Insolvenzordnung[19]

Mit Inkrafttreten der Insolvenzordnung zum 1. Januar 1999 und der damit einhergehenden Neufassung von § 88 VAG[20] ist der Aufsichtsbehörde lediglich das Antragsprivileg verblieben. Auch nach der Neufassung kann der Antrag auf Eröffnung eines Insolvenzverfahrens über das Vermögen eines Versicherungsun-

---

12 Prölss/Schmidt-*Kollhosser*, VAG [11. Aufl.] § 88 Rn. 4 ff.

13 Goldberg/Müller-*Müller*, VAG § 88 Rn. 3.

14 Begründung zum Gesetzentwurf des VAG, RT-Drucksache 10. Legislaturperiode, II. Session 1900/1901 Erster Anlageband Nr. 5, S. 198; Bundesaufsichtsamt, Motive zum VAG, S. 51.

15 *Maus*, Der Konkurs der Lebensversicherungsgesellschaft, S. 13.

16 *Maus*, Der Konkurs der Lebensversicherungsgesellschaft, S. 13.

17 Verfassungsrechtlich problematisch ist hier insbesondere unter dem Gesichtspunkt der Gewaltenteilung sowie der Unabhängigkeit der Rechtsprechung, dass ein Gericht an den Antrag einer Verwaltungsbehörde gebunden ist.

18 Begründung zum Gesetzentwurf des EGInsO, BR-Drucksache 511/92, S. 105, 108 sowie BT-Drucksache 12/3803, S. 105, 108.

19 Gesetz vom 5. Oktober 1994 (BGBl. I 1994, 2911).

20 § 88 VAG wurde durch Art. 87 EGInsO vom 5. Oktober 1994 (BGBl. I 1994, 2911) mit Wirkung zum 1. Januar 1999 neu gefasst.

ternehmens *nur* von der Aufsichtsbehörde gestellt werden, § 88 Abs. 1 VAG. Die sonstigen Regelungen des § 88 Abs. 1 VAG a.F. wurden dagegen ersatzlos gestrichen. Somit hat das Insolvenzgericht bei Versicherungsunternehmen die gleichen Prüfungskompetenzen und Prüfungspflichten im Eröffnungsverfahren wie bei jedem sonstigen Unternehmen auch[21].

(1) Wegfall der Bindungswirkung

Der grundsätzlich zu befürwortende Wegfall der Bindungswirkung des aufsichtsbehördlichen Eröffnungsantrages hat möglicherweise jedoch – sozusagen als Kehrseite der Medaille – auch negative Auswirkungen auf die Eröffnung des Insolvenzverfahrens und deren Beteiligte; nämlich die Gläubiger, das Versicherungsunternehmen und die Aufsichtsbehörde.

Historisch wurde die Bindungswirkung hauptsächlich mit der besonderen Sachkunde der Aufsichtsbehörde begründet[22]. Aufgrund der „Eigentümlichkeiten des Versicherungsgeschäfts" und der permanenten Überwachung des Geschäftsbetriebs der Versicherungsunternehmen durch die Aufsichtsbehörde könne nur diese sicher in der Lage sein, „die Notwendigkeit des Einschreitens des Konkursgerichtes zu erkennen"[23]. Später wurde die Bindungswirkung mit dem Argument untermauert, dass die Aufsichtsbehörde den Eröffnungsgrund bereits im Wege des vorgeschalteten Sanierungsverfahren nach § 89 VAG umfassend geprüft habe und eine erneute Prüfung durch das Konkursgericht zu einer nicht hinnehmbaren Verzögerung für die Gläubiger führen würde[24]. Gegen die Entscheidung der Aufsichtsbehörde, die Konkurseröffnung zu beantragen, könne ja bereits mit der Anfechtungsklage der Verwaltungsrechtsweg bestritten werden[25].

---

21 *Backes*, Die Insolvenz des Versicherungsunternehmens, S. 38.

22 Begründung zum Gesetzentwurf des VAG, RT-Drucksache 10. Legislaturperiode, II. Session 1900/1901 Erster Anlageband Nr. 5, S. 198; Bundesaufsichtsamt, Motive zum VAG, S. 51.

23 Begründung zum Gesetzentwurf des VAG, RT-Drucksache 10. Legislaturperiode, II. Session 1900/1901 Erster Anlageband Nr. 5, S. 198; Bundesaufsichtsamt, Motive zum VAG, S. 51.

24 *Maus*, Der Konkurs der Lebensversicherungsgesellschaft, S. 13.

25 Prölss/Schmidt-*Kollhosser*, VAG [11. Aufl.] § 88 Rn. 5, 8. Gegen die Entscheidung der Aufsichtsbehörde, Konkurs- bzw. Insolvenzeröffnung zu beantragen – bis zum 30. April 2002 erging ein Beschluss im Rahmen des Beschlusskammerverfahrens nach der Dritten Durchführungsverordnung zum Gesetz über die Errichtung eines Bundesaufsichtsamtes für das Versicherungswesen (Verfahrens- und Geschäftsordnung); an die Stelle des aufwendigen und zeitintensiven Beschlusskammerverfahrens, welches durch Art. 20 Abs. 1 Nr. 5 des Gesetzes über die integrierte Finanzdienstleistungsaufsicht (FinDAG) vom 22. April 2002 (BGBl. I 2002, 1310, 1335) abgeschafft wurde, ist ein für alle Aufsichtsbereiche einheitliches Verwaltungsverfahren nach dem Verwaltungsverfahrensgesetz (VwVfG) getreten – ist der

Aufgrund dieses verwaltungsgerichtlichen Rechtsschutzes wurde eine erneute Prüfung durch das Konkursgericht als überflüssig angesehen, da dadurch erneut der Rechtsweg (diesmal gegen die Entscheidung des Konkursgerichtes) eröffnet gewesen wäre[26]. Zusammenfassend lässt sich damit festhalten, dass die Bindungswirkung im Wesentlichen mit einer vermeintlichen Zeitersparnis sowie der besonderen Sachkunde der Aufsichtsbehörde begründet und gerechtfertigt worden ist.

Die besondere (versicherungsaufsichtsrechtliche) Sachkompetenz der Aufsichtsbehörde[27] bietet jedoch keinen vernünftigen Anlass dafür, die Sachkompetenz der Insolvenzgerichte in Frage zu stellen[28]. Ganz im Gegenteil sind es gerade die Insolvenzgerichte, die hier durch die Vielzahl der eröffneten und abgewiesenen Insolvenzverfahren eine besondere (insolvenzrechtliche) Sachkunde vorweisen können[29]. Darüber hinaus wiegen die verfassungsrechtlichen Bedenken – ein an sich unabhängiges Gericht ist an den Antrag einer Bundesbehörde[30] gebunden[31] – zu schwer, als dass sie mit der „besonderen Sachkunde" der Aufsichtsbehörde überwunden werden könnten. Die besondere Sachkompetenz der Aufsichtsbehörde ist daher für die Begründung der Bindungswirkung des Eröffnungsantrags nicht geeignet.

Verwaltungsrechtsweg gemäß § 40 Abs. 1 Verwaltungsgerichtsordnung (VwGO) eröffnet. Früher sah die ganz herrschende Meinung in der Entscheidung der Aufsichtsbehörde einen Verwaltungsakt, der mit der Anfechtungsklage angegriffen werden konnte. Nach dem Wegfall der Bindungswirkung ist nunmehr streitig, ob diese Entscheidung weiterhin als Verwaltungsakt zu qualifizieren ist, siehe dazu auch unten Kapitel 5: A. II.

26 *Maus*, Der Konkurs der Lebensversicherungsgesellschaft, S. 13.

27 Bis zum 30. April 2002 war das Bundesaufsichtsamt für das Versicherungswesen als Bundesbehörde für die Beaufsichtigung der Versicherungsunternehmen zuständig. Mit Wirkung zum 1. Mai 2002 sind das Bundesaufsichtsamt für das Kreditwesen, das Bundesaufsichtsamt für das Versicherungswesen sowie das Bundesaufsichtsamt für den Wertpapierhandel durch Art. 1 des Gesetzes über die integrierte Finanzdienstleistungsaufsicht vom 22. April 2002 (BGBl. I 2002, 1310, 1310 ff.) in der selbständigen Bundesanstalt für Finanzdienstleistungsaufsicht (BaFin) organisatorisch zusammengeführt worden. Durch die Zusammenlegung erhofft sich der Gesetzgeber eine effizientere sektorübergreifende Aufsicht, die den Veränderungen an den Finanzmärkten Rechnung tragen soll („Allfinanzaufsicht"), vgl. Begründung zum Gesetzentwurf des FinDAG, BR-Drucksache 636/01, S. 85 ff. sowie BT-Drucksache 14/7033, S. 31 ff.

28 So auch *Backes*, Die Insolvenz des Versicherungsunternehmens, S. 41.

29 Im Jahr 2004 mussten von den deutschen Gerichten insgesamt 118.274 Insolvenzen bearbeitet werden, wovon etwa ein Drittel (39.213) auf Unternehmen entfielen (Quelle: Statistisches Bundesamt).

30 Seit dem 1. Mai 2002 Bundesanstalt; vgl. auch Fn. 27.

31 Siehe auch Fn. 17 f.

Es verbleibt somit lediglich das Argument der vermeintlichen Zeitersparnis: Die nunmehr gegebene umfassende Prüfungskompetenz des Insolvenzgerichts könnte zu einer Verzögerung der Eröffnung des Insolvenzverfahrens führen. Dies wiederum könnte eine für die Gläubiger „nicht hinnehmbare Verzögerung der Abwicklung" bedeuten[32].

Nach der Gesetzesänderung kann das betroffene Versicherungsunternehmen auf zwei Wegen gegen die (drohende) Insolvenzeröffnung vorgehen. Zum einen kann es wie bereits früher möglich die Entscheidung der Aufsichtsbehörde, Konkurs- bzw. Insolvenzeröffnung zu beantragen, auf dem verwaltungsgerichtlichen Rechtsweg angreifen[33]. Darüber hinaus kann der Versicherer jetzt aber auch die Entscheidung des Insolvenzgerichts überprüfen lassen[34]. Die sofortige Beschwerde gemäß § 34 Abs. 2 InsO ist hier das einschlägige Rechtsmittel[35]. Diese nunmehr zwei möglichen Rechtswege, die von dem Versicherungsunternehmen auch parallel beschritten werden können[36], lassen vordergründig auf eine zeitliche Verzögerung der Insolvenzeröffnung schließen. Dabei kommt beim Verwaltungsrechtsweg noch hinzu, dass hier aufgrund von Verfahrensänderungen mit einer insgesamt längeren Verfahrensdauer zu rechnen ist[37].

---

32 *Maus*, Der Konkurs der Lebensversicherungsgesellschaft, S. 13.

33 Siehe dazu auch unten Kapitel 5: A. II.

34 Da nunmehr der Eröffnungsbeschluss aufgrund des Wegfalls der Bindungswirkung eine eigenständige Entscheidung des Insolvenzgerichts ist, ist auch dessen Überprüfung rechtsstaatlich geboten, vgl. *Backes*, Die Insolvenz des Versicherungsunternehmens, S. 41.

35 Gemäß § 34 Abs. 2 InsO steht dem Schuldner die sofortige Beschwerde zu, wenn das Insolvenzverfahren eröffnet wird.

36 *Backes*, Die Insolvenz des Versicherungsunternehmens, S. 40.

37 Bei Insolvenzanträgen der Aufsichtsbehörde ist seit der Aufhebung von § 7 Abs. 2 Nr. 10 Dritte Durchführungsverordnung zum Gesetz über die Errichtung eines Bundesaufsichtsamtes für das Versicherungswesen (Verfahrens- und Geschäftsordnung) durch Gesetz vom 21. Dezember 2000 (BGBl. I 2000, 1857, 1869), grundsätzlich ein Vorverfahren durchzuführen. Eine weitere Verfahrensverzögerung ist durch die Aufhebung von § 10a des Gesetzes über die Errichtung eines Bundesaufsichtsamtes für das Versicherungswesen durch das Gesetz über die integrierte Finanzdienstleistungsaufsicht (FinDAG) vom 22. April 2002 (BGBl. I 2002, 1310, 1334) zu befürchten. Diese aufgehobene Vorschrift begründete die erstinstanzliche Zuständigkeit des Bundesverwaltungsgerichts (als Tatsacheninstanz), was eine auf die Versicherungsaufsicht zugeschnittene absolute Ausnahme war und auf der Sondereinrichtung des Beschlusskammerverfahrens beruhte. Da das Beschlusskammerverfahren durch das FinDAG abgeschafft wurde (vgl. auch Fn. 25), konnte auch die erstinstanzliche Zuständigkeit des Bundesverwaltungsgerichts nicht weiter aufrechterhalten werden, vgl. Begründung zum Gesetzentwurf des FinDAG, BR-Drucksache 636/01, S. 117 sowie BT-Drucksache 14/7033, S. 43. Durch den jetzt zu bestreitenden Instanzenzug ist mit einer zeitlichen Verzögerung zu rechnen.

Die Änderungen durch das Einführungsgesetz zur Insolvenzordnung müssen aber nicht *zwangsläufig* zu einer Verzögerung der Eröffnung des Insolvenzverfahrens führen. Jedenfalls führt die tatsächliche und rechtliche Prüfung des Insolvenzgerichts, ob ein Insolvenzverfahren über das Vermögen des Versicherungsunternehmens zu eröffnen ist, nicht zu einer wesentlichen Verzögerung der Insolvenzeröffnung. Zudem wird durch die insolvenzgerichtliche Prüfung der Gefahr, dass ein Insolvenzverfahren fälschlicherweise eröffnet und dann rückabgewickelt werden muss, erheblich vorgebeugt, woran alle Verfahrensbeteiligten ein Interesse haben. Die nunmehr mögliche sofortige Beschwerde (§ 34 Abs. 2 InsO) gegen den Eröffnungsbeschluss des Insolvenzgerichts muss auch nicht zwingend zur Verzögerung der Insolvenzeröffnung führen, da dieses Rechtsmittel grundsätzlich keine aufschiebende Wirkung hat[38]. Gleiches gilt für das verwaltungsgerichtliche Verfahren gegen den aufsichtsbehördlichen Eröffnungsantrag, da Widerspruch und Anfechtungsklage hier ebenfalls keine aufschiebende Wirkung haben, § 89a VAG[39]. Darüber hinaus ist es durchaus denkbar, dass der Versicherer auf das verwaltungsgerichtliche Verfahren gegen den Eröffnungsantrag gänzlich verzichtet, wenn er sich auf das insolvenzgerichtliche Verfahren beschränken will[40]. Dies kann für den Versicherer unter dem Gesichtspunkt des Prozess- und Kostenrisikos vorteilhaft sein, wenn ausschließlich insolvenzrechtliche Fragestellungen streitig sind, die dann durch das sachnähere Insolvenzgericht zügig geprüft werden könnten[41].

Zusammenfassend lässt sich daher feststellen, dass der Wegfall der Bindungswirkung im Einzelfall durchaus zu einer zeitlichen Verzögerung führen *kann*, dies aber nicht zwangsläufig die Folge des Wegfalls der Bindungswirkung des aufsichtsbehördlichen Eröffnungsantrags sein muss. Eine mögliche Verzögerung der Insolvenzeröffnung würde für die Gläubiger auch nur dann „nicht hinnehmbar“ sein, wenn ihre berechtigten Interessen (Vermögen) durch die Verzögerung gefährdet wären. Eine solche Gefährdung ist aber nicht gegeben, da das Insolvenzgericht gemäß § 21 Abs. 1 Satz 1 InsO alle erforderlich erscheinenden Maßnahmen zu treffen hat, um eine Verschlechterung der Vermögenslage beim Schuldner bis zur Insolvenzeröffnung zu verhindern[42].

---

[38] Siehe auch unten Kapitel 1: A. I. 2. b) aa) (2).

[39] Siehe dazu aber auch unten Kapitel 5: A. II.

[40] Vgl. auch *Backes*, Die Insolvenz des Versicherungsunternehmens, S. 40.

[41] Während der Konkursordnung war die Prüfung im Rahmen des verwaltungsgerichtlichen Verfahrens im Wesentlichen auf das Vorliegen eines Konkursgrundes beschränkt, vgl. *Maus*, Der Konkurs der Lebensversicherungsgesellschaft, S. 10 f.

[42] § 21 Abs. 2 InsO führt zulässige Sicherungsmaßnahmen als Regelbeispiele auf. § 21 Abs. 3 InsO ist nur als ultima ratio anwendbar, wenn andere Sicherungsmaßnahmen als nicht ausreichend erscheinen. Zum Problem der Verhältnismäßigkeit der Sicherungsmaßnahmen siehe *Haarmeyer/Wutzke/Förster*, Handbuch zur InsO, Kapitel 3 Rn. 237 ff.

Das Versicherungsunternehmen wird durch die Änderungen durch das Einführungsgesetz zur Insolvenzordnung sogar besser gestellt, da dass Insolvenzgericht nunmehr von Amts wegen umfassend prüft, ob ein Insolvenzverfahren zu eröffnen ist. Die Gefahr einer rechtswidrigen Insolvenzeröffnung ist damit erheblich vermindert.

Dagegen erscheint der Wegfall der Bindungswirkung des aufsichtsbehördlichen Eröffnungsantrags vordergründig wie eine Schwächung der Versicherungsaufsichtsbehörde. Jedoch wird durch die insolvenzgerichtliche Prüfung nicht das weiter bestehende Antragsprivileg der Aufsichtsbehörde beschnitten. Damit sind die aufsichtsbehördlichen Sanierungsmaßnahmen im Vorfeld einer Insolvenz nicht gefährdet[43]. Auch hat die Aufsichtsbehörde, die zu rechtmäßigem Handeln gesetzlich verpflichtet ist, ein ureigenes Interesse an einer gerichtlichen Prüfung, da so mögliche aufsichtsbehördliche Fehleinschätzungen von dem Insolvenzgericht *vor* einer Verfahrenseröffnung korrigiert werden können.

(2) Wegfall der Unanfechtbarkeit

Der Wegfall der Unanfechtbarkeit des konkursgerichtlichen Eröffnungsbeschlusses (§ 88 Abs. 1 Satz 3 VAG a.F.) ist die zwingende und rechtsstaatlich gebotene Folge des Wegfalls der Bindungswirkung des aufsichtsbehördlichen Eröffnungsantrags[44]. Durch die nunmehr gegebene Möglichkeit, gegen den Eröffnungsbeschluss des Insolvenzgerichts die sofortige Beschwerde gemäß § 34 Abs. 2 InsO einzulegen, ist – wie oben bereits bei dem Wegfall der Bindungswirkung ausgeführt – nicht zwangsläufig eine Verzögerung der Insolvenzeröffnung zu erwarten. Zum einen ist das Rechtsmittel innerhalb der kurzen Notfrist von zwei Wochen einzulegen, § 569 Abs. 1 Satz 1 ZPO i.V.m. § 4 InsO. Zum anderen hat die sofortige Beschwerde grundsätzlich keine aufschiebende Wirkung, § 570 Abs. 1 ZPO i.V.m. § 4 InsO. Insgesamt handelt es sich um ein straffes Beschwerdeverfahren. Dem Insolvenzgericht steht gemäß § 572 Abs. 1 Satz 1 Halbsatz 1 ZPO i.V.m. § 4 InsO eine eigene Abhilfebefugnis zu. Gegen die Entscheidung des Beschwerdegerichts (Landgericht) kann noch die Rechtsbeschwerde (§§ 574 ff. ZPO i.V.m. §§ 7, 4 InsO) erhoben werden[45]. Lehnt das Insolvenzgericht die Eröffnung des Verfahrens ab, so kann nunmehr auch die Auf-

---

43 Siehe auch unten Kapitel 2: D.

44 *Backes*, Die Insolvenz des Versicherungsunternehmens, S. 41.

45 Nach Inkrafttreten des Gesetzes zur Reform des Zivilprozesses (BGBl. I 2001, 1887) am 1. Januar 2002 ist nunmehr der Bundesgerichtshof ausschließlich für die Rechtsbeschwerde gem. §§ 574 ff. ZPO zuständig, § 133 GVG. Gemäß § 575 Abs. 1 Satz 1 ZPO i.V.m. § 4 InsO ist die Rechtsbeschwerde innerhalb der Notfrist von einem Monat nach Zustellung des Beschlusses einzulegen.

sichtsbehörde gegen die Entscheidung des Insolvenzgerichts die sofortige Beschwerde erheben, § 34 Abs. 1 InsO.

bb) Änderungen durch das Gesetz zur Umsetzung aufsichtsrechtlicher Bestimmungen zur Sanierung und Liquidation von Versicherungsunternehmen und Kreditinstituten[46]

Das Sanierungs- und Liquidationsgesetz dient im Wesentlichen der Umsetzung mehrerer EU-Richtlinien[47]. Durch die Umsetzung der Richtlinie über die Sanierung und Liquidation von Versicherungsunternehmen[48] musste das Versicherungsaufsichtsgesetz an den betreffenden Stellen zum Teil grundlegend geändert werden. Kernziel der Sanierungs- und Liquidationsrichtlinie ist, dass die Eröffnung von Sanierungsmaßnahmen und Auflösungsverfahren bei Versicherungsunternehmen *ausschließlich* durch die zuständige Behörde des Herkunftsmitglied- oder Vertragsstaates[49] erfolgen soll (Einheitsgrundsatz) und die anderen Mitglied- und Vertragsstaaten die Verfahren *vorbehaltlos* anzuerkennen haben (Universalitätsgrundsatz)[50]. Eine Gleichbehandlung der Gläubiger soll dabei europaweit gewährleistet werden[51]. Zudem sind für die Forderungen aus den Versicherungsverträgen ein besonderes Sicherungsvermögen zu schaffen, dessen Summe jederzeit mindestens dem Betrag der versicherungstechnischen Rückstellungen entsprechen muss[52].

---

46 Im Folgenden Sanierungs- und Liquidationsgesetz genannt: Gesetz vom 10. Dezember 2003 (BGBl. I 2003, 2478), das am 17. Dezember 2003 in Kraft getreten ist (mit Ausnahme der Art. 1 Nr. 12b, 13c, 15, 31, 58 sowie Art. 4, die erst am 1. Januar 2004 in Kraft getreten sind).

47 Für diese Abhandlung von besonderer Relevanz ist dabei die Richtlinie 2001/17/EG des Europäischen Parlaments und des Rates vom 19. März 2001 über die Sanierung und Liquidation von Versicherungsunternehmen (ABl. EG L 110/28 vom 20. April 2001) sowie die Richtlinie 2002/83/EG des Europäischen Parlaments und des Rates vom 5. November 2002 über Lebensversicherungen (ABl. EG L 345/1 vom 19. Dezember 2002). Darüber hinaus wurden durch das Gesetz die Richtlinie 2001/24/EG des Europäischen Parlaments und des Rates vom 4. April 2001 über die Sanierung und Liquidation von Kreditinstituten (ABl. EG L 125/15 vom 5. Mai 2001) und die Richtlinie 2002/13/EG des Europäischen Parlaments und des Rates vom 5. März 2002 zur Änderung der Richtlinie 73/239/EWG des Rates hinsichtlich der Bestimmungen über die Solvabilitätsspanne für Schadenversicherungsunternehmen (ABl. EG L 77/17 vom 20. März 2002) umgesetzt.

48 Siehe Fn. 47, im Folgenden Sanierungs- und Liquidationsrichtlinie genannt.

49 Gemäß § 6 Abs. 1 Satz 2 VAG bezeichnet die Klammerdefinition „Mitglied- und Vertragsstaaten" die Mitgliedstaaten der Europäischen Gemeinschaft und aller anderen Vertragsstaaten des Abkommens über den Europäischen Wirtschaftsraum (EWR-Abkommen) in der Fassung des Anpassungsprotokolls vom 17. März 1993 (BGBl. II 1993, 1294).

50 Art. 8 Abs. 1 und Abs. 2 Sanierungs- und Liquidationsrichtlinie.

51 Art. 16 Abs. 1 und Abs. 2 Sanierungs- und Liquidationsrichtlinie.

52 Art. 10 Sanierungs- und Liquidationsrichtlinie.

Die hier bedeutsamen Regelungen zur Antragstellung wurden durch das Sanierungs- und Liquidationsgesetz ebenfalls, zumindest was grenzüberschreitende Sachverhalte betrifft, reformiert. So wurde § 88 VAG durch die Absätze 1a, 1b, 3, 4 und 5 erweitert. Zudem wurde § 88a VAG neu eingefügt, der detailliert regelt, wie die Gläubiger zu unterrichten sind.

(1) Problem der vorbehaltlosen Anerkennung, § 88 Abs. 1a VAG

Nach der neuen Vorschrift von § 88 Abs. 1a Satz 1 VAG sind für die Eröffnung eines Insolvenzverfahrens über das Vermögen eines Versicherungsunternehmens im Bereich des Europäischen Wirtschaftsraumes allein die jeweiligen Behörden des Herkunftsstaates zuständig. Wird in einem Mitglied- oder Vertragsstaat ein solches Insolvenzverfahren über das Vermögen eines Versicherungsunternehmens eröffnet, so ist dieses Verfahren gemäß § 88 Abs. 1a Satz 2 VAG ohne Rücksicht auf die Voraussetzungen des § 343 Abs. 1 InsO[53] in Deutschland anzuerkennen. Durch die Regelung des § 88 Abs. 1a VAG wurde Art. 8 Abs. 1 und Abs. 2 der Sanierungs- und Liquidationsrichtlinie umgesetzt. Art. 8 Abs. 1 der Richtlinie bestimmt, dass die zuständigen Behörden des Herkunftsmitgliedstaates als Einzige dazu befugt sind, über die Eröffnung eines Verfahrens zur Liquidation eines Versicherungsunternehmens, einschließlich seiner Zweigniederlassungen[54] in anderen Mitgliedstaaten, zu entscheiden. Nach Art. 8 Abs. 2

53 § 343 InsO wurde – wie der gesamte Elfte Teil der Insolvenzordnung, der nunmehr das deutsche Internationale Insolvenzrecht kodifiziert – durch das Gesetz zur Neuregelung des Internationalen Insolvenzrechts vom 14. März 2003 (BGBl. I 2003, 345) neu in die Insolvenzordnung eingefügt. Bis dahin war das deutsche Internationale Insolvenzrecht nur lückenhaft und unzureichend in Art. 102 EGInsO a.F. geregelt. Zwar sah der Regierungsentwurf der Insolvenzordnung aus dem Jahre 1992 im Neunten Teil (BT-Drucksache 12/2443, S. 68 ff.) bereits eine umfassende Regelung des Internationalen Insolvenzrechts vor, dieser Teil wurde aber mit Rücksicht auf die laufenden Beratungen zum Europäischen Insolvenzübereinkommen (EuIÜ), welches jedoch nie in Kraft getreten ist, auf Empfehlung des Rechtsausschusses des Deutschen Bundestages komplett gestrichen, vgl. hierzu ausführlich Begründung zum Entwurf eines Gesetzes zur Neuregelung des Internationalen Insolvenzrechts, BR-Drucksache 715/02, S. 13 ff. sowie BT-Drucksache 15/16, S. 13 f. und *Gottwald*, Grenzüberschreitende Insolvenzen, S. 13 ff.

54 Gemäß Art. 2 Buchstabe b der Sanierungs- und Liquidationsrichtlinie wird der Begriff „Zweigniederlassung" als jede ständige Präsenz eines Versicherungsunternehmens im Gebiet eines anderen Mitgliedstaates als des Herkunftsmitgliedstaates, die den Betrieb von Versicherungsgeschäften zum Gegenstand hat, definiert. Bei dieser Definition ist gemäß dem Erwägungsgrund 7 der Richtlinie zu beachten, dass nur das Versicherungsunternehmen – und nicht die Zweigniederlassung – Rechtspersönlichkeit hat. Die Frage, wie im Fall der Liquidation des Versicherungsunternehmens das Vermögen und die Verbindlichkeiten einer unabhängigen Person zu behandeln sind, die befugt ist, auf Dauer für das Versicherungsunternehmen als Bevollmächtigter zu handeln, soll nach dem Recht des Herkunftsmitgliedstaates entschieden werden.

der Richtlinie ist eine nach dem Recht des Herkunftsmitgliedstaates ergangene Entscheidung zur Eröffnung eines Liquidationsverfahrens, wiederum einschließlich der Zweigniederlassungen, im Hoheitsgebiet aller anderen Mitgliedstaaten ohne weitere Formalität anzuerkennen und dort wirksam, sobald die Entscheidung in dem Mitgliedstaat, in dem das Verfahren eröffnet wurde, wirksam wird. Der von der Richtlinie geforderten Anerkennung der ausländischen Entscheidung „ohne weitere Formalität" kommt der deutsche Gesetzgeber nach, indem er in § 88 Abs. 1a Satz 2 VAG bestimmt, dass das Insolvenzverfahren „ohne Rücksicht auf die Voraussetzungen des § 343 Abs. 1 der Insolvenzordnung" anerkannt wird. Dies hat zur gewünschten Folge, dass die ausländische Entscheidung in Deutschland ohne jede Nachprüfung und ohne jeden Vorbehalt anzuerkennen ist (strikter Universalitätsgrundsatz)[55]. Dies würde dann auch für den zwar unwahrscheinlichen, aber dennoch nicht gänzlich ausgeschlossenen Fall gelten, dass die ausländische Entscheidung unter Verstoß gegen fundamentale deutsche Rechtsstandards ergangen ist[56]. Aus deutscher verfassungsrechtlicher Sicht ist diese vorbehaltlose Anerkennung einer ausländischen Entscheidung ohne jede Nachprüfungsmöglichkeit jedoch als äußerst problematisch einzustufen und bedarf somit einer näheren Untersuchung.

Das deutsche Internationale Insolvenzrecht[57] wird von dem Grundsatz der automatischen Anerkennung beherrscht[58], vgl. § 343 Abs. 1 Satz 1 InsO. Die Anerkennung der Eröffnung des ausländischen Insolvenzverfahrens bedeutet, dass dieses Verfahren unmittelbar, also ohne Durchführung eines besonderen Anerkennungsverfahrens[59], im Inland grundsätzlich die Wirkungen entfaltet, die sich nach dem maßgeblichen Insolvenzstatut des Eröffnungsstaates richten, vgl. §

---

[55] Bei dem hier eingeschlagenen Weg der vorbehaltlosen Anerkennung einer ausländischen Entscheidung handelt es sich um ein absolutes Novum in der Staatenpraxis, vgl. *Geimer*, Anerkennung ausländischer Entscheidungen in Deutschland, S. 1.

[56] So zum Beispiel, wenn das ausländische Insolvenzverfahren gegen elementare (Mindest-)Prinzipien eines rechtsstaatlichen Verfahrens verstößt.

[57] Siehe auch Fn. 53. Das Gesetz zur Neuregelung des Internationalen Insolvenzrechts vom 14. März 2003 (BGBl. I 2003, 345) diente ebenfalls der Umsetzung der Sanierungs- und Liquidationsrichtlinie für Versicherungsunternehmen, vgl. Begründung zum Entwurf des Gesetzes zur Neuregelung des Internationalen Insolvenzrechts, BR-Drucksache 715/02, S. 15 sowie BT-Drucksache 15/16, S. 14. Die Bestimmungen des neuen Elften Teils der Insolvenzordnung sind daher grundsätzlich auch für Versicherungsunternehmen anwendbar. Dagegen sind Versicherungsunternehmen aus dem Anwendungsbereich der Verordnung (EG) Nr. 1346/2000 des Rates vom 29. Mai 2000 über Insolvenzverfahren (ABl. EG L 160/1 vom 30. Juni 2000; EuInsVO) ausdrücklich ausgenommen, vgl. Art. 1 Abs. 2 EuInsVO.

[58] Begründung zum Entwurf des Gesetzes zur Neuregelung des Internationalen Insolvenzrechts, BR-Drucksache 715/02, S. 25 f. sowie BT-Drucksache 15/16, S. 21.

[59] Wie zum Beispiel ein Exequaturverfahren, vgl. *Geimer*, Anerkennung ausländischer Entscheidungen in Deutschland, S. 189.

335 InsO. Jedoch verbietet das Grundgesetz eine ausländische Entscheidung *blindlings* anzuerkennen[60]. Das Grundgesetz und insbesondere dessen Grundrechtsschutz machen vor Sachverhalten mit Auslandsberührung nicht halt[61]. Durch den Vorbehalt des anerkennungsrechtlichen ordre public[62] wird rechtstechnisch durchgesetzt, dass ausländische Entscheidungen, die im Ergebnis mit wesentlichen Grundsätzen des deutschen Rechts offensichtlich unvereinbar sind, insbesondere weil sie mit Grundrechten unvereinbar sind, in Deutschland nicht anerkannt werden[63]. Dies gilt nach § 343 Abs. 2 InsO auch entsprechend für Sicherungsmaßnahmen, die nach dem Eröffnungsantrag getroffen werden sowie für Entscheidungen, die zur Durchführung oder Beendigung des anerkannten Insolvenzverfahrens ergangen sind.

Hier ist dieser anerkennungsrechtliche ordre public (§ 343 Abs. 1 Satz 2 Nr. 2 InsO) jedoch gemäß § 88 Abs. 1a Satz 2 VAG ausdrücklich ausgeschlossen. Sieht man nun in dem Vorbehalt des ordre public einen verfassungsrechtlichen Kern[64], so ist ein gänzlicher Ausschluss dieses Vorbehaltes nicht mit der deutschen Verfassung zu vereinbaren. Ein Rückgriff – eventuell in analoger Anwendung – auf den „allgemeinen" ordre public von § 328 Abs. 1 Nr. 4 ZPO wäre unzulässig, da der Wortlaut beider Vorschriften nahezu identisch ist und ein „Umweg" über § 328 Abs. 1 Nr. 4 ZPO dem Willen des Gesetzgebers, nämlich der Nichtanwendung von § 343 Abs. 1 Satz 2 Nr. 2 InsO, zuwiderlaufen würde.

Bei den hier gemachten Ausführungen ist jedoch zu beachten, dass die vorbehaltlose Anerkennung ausschließlich die Mitgliedstaaten der Europäischen Gemeinschaft sowie alle anderen Vertragsstaaten des EWR-Abkommens[65] betrifft. Der Anwendungsbereich des deutschen Internationalen Insolvenzrechts, und damit § 343 Abs. 1 InsO, umfasst dagegen das gesamte Ausland. Die Gefahr eines Verstoßes gegen fundamentale (deutsche) Rechtsstandards ist daher in Be-

---

60 *Geimer*, Anerkennung ausländischer Entscheidungen in Deutschland, S. 18 f.

61 *Bungert*, Das Recht ausländischer Kapitalgesellschaften auf Gleichbehandlung im deutschen und US-amerikanischen Recht – Zugleich ein Beitrag zu einem internationalen Grundrechtskollisionsrecht, S. 182 ff.

62 Der anerkennungsrechtliche ordre public ist zum Beispiel in § 328 Abs. 1 Nr. 4 ZPO, § 16a Nr. 4 FGG sowie – für diese Abhandlung relevant – in § 343 Abs. 1 Satz 2 Nr. 2 InsO normiert (Art. 102 Abs. 1 Satz 2 Nr. 2 EGInsO a.F.). Der anerkennungsrechtliche ordre public hat ein weiteres Anwendungsfeld als der kollisionsrechtliche ordre public (Art. 6 EGBGB), vgl. hierzu ausführlich *Geimer*, Anerkennung ausländischer Entscheidungen in Deutschland, S. 59 ff.

63 Darüber hinaus wird im deutschen Internationalen Insolvenzrecht gemäß § 343 Abs. 1 Satz 2 Nr. 1 InsO ein ausländisches Insolvenzverfahren nicht anerkannt, wenn die Gerichte des Staates der Verfahrenseröffnung nach deutschem Recht nicht zuständig sind.

64 *Geimer*, Anerkennung ausländischer Entscheidungen in Deutschland, S. 18 f.

65 Siehe auch Fn. 49.

zug auf die Mitglied- und Vertragsstaaten als eher geringer, im Vergleich zu Drittstaaten, einzustufen. Zudem ist der Zweck des strengen Einheits- und Universalitätsgrundsatzes hervorzuheben. Das Insolvenzverfahren, und insbesondere dessen Abwicklung soll durch die gegenseitige Anerkennung beschleunigt werden. Bei den in Rede stehenden Zweigniederlassungen[66] handelt es sich lediglich um *rechtlich unselbständige* Organisationseinheiten des ausländischen Versicherungsunternehmens in Deutschland. Die Finanzaufsicht über die Geschäftstätigkeit dieser Zweigniederlassungen obliegt gemäß § 110a Abs. 3 Satz 1 Halbsatz 1 VAG ohnehin *alleine* der Aufsichtsbehörde des Herkunftsmitgliedstaates[67]. Die deutsche Aufsichtsbehörde hat somit hinsichtlich der Finanzsituation des ausländischen Versicherungsunternehmens bzw. dessen deutscher Zweigniederlassung regelmäßig keine näheren Informationen, anhand derer sie über einen Insolvenzantrag über das Vermögen der deutschen Zweigniederlassung kompetent entscheiden könnte. Daher ist es sachgerecht, wenn die ausländische Aufsichtsbehörde des Herkunftsmitgliedstaates alleine für die Eröffnung des Insolvenzverfahrens, einschließlich der Zweigniederlassungen in anderen Mitglied- und Vertragsstaaten, zuständig ist. Anders wäre das nur für den Fall, dass der ausländische Versicherer in Deutschland ein rechtlich selbständiges Tochterunternehmen – sei es in der Rechtsform der Aktiengesellschaft (AG) oder des Versicherungsvereins auf Gegenseitigkeit (VVaG) – betreiben würde. In diesem Fall würde sich die Insolvenzeröffnung im Ausland dann aber auch *nicht* auf das deutsche, rechtlich selbständige, Tochterunternehmen erstrecken. Hier wäre insoweit die deutsche Aufsichtsbehörde sowohl für die Finanzaufsicht, als auch für die Insolvenzantragstellung alleine zuständig.

Insgesamt sind die Regelungen zur Sanierung und Liquidation von Versicherungsunternehmen auf die europarechtlichen Zulassungsbestimmungen zum Versicherungsgeschäft abgestimmt und in diesem Zusammenhang zu sehen. Versicherungsunternehmen, die im Rahmen der Niederlassungs- und Dienstleistungsfreiheit auch in anderen Mitglied- und Vertragsstaaten tätig sein wollen, benötigen hierfür nur *eine* einzige Zulassung von der Aufsichtsbehörde ihres Herkunftsmitgliedstaates, vgl. § 110a VAG. Die umgesetzten Regelungen der Sanierungs- und Liquidationsrichtlinie sind daher durchaus vernünftig und auch sachgerecht. Dies ändert jedoch nichts an dem aufgezeigten verfassungsrechtlichen Problem. Durch die gänzlich vorbehaltlose Anerkennung der ausländischen Entscheidung wird diese im Ergebnis *blindlings* anerkannt. Vom Gesetzgeber ist daher zu fordern, dass der Vorbehalt des anerkennungsrechtlichen ordre public (§ 343 Abs. 1 Satz 2 Nr. 2 InsO) auch für die ausländischen Entscheidungen

---

66 Siehe auch Fn. 54.

67 Der deutschen Aufsichtsbehörde verbleibt – neben der Aufsichtsbehörde des Herkunftsstaates – lediglich die übrige Aufsicht, § 110a Abs. 3 Satz 1 Halbsatz 2 VAG.

nach § 88 Abs. 1a VAG zu gelten hat. Insoweit könnte der durch § 88 Abs. 1a Satz 2 VAG normierte Ausschluss von § 343 *Abs. 1* InsO auf § 343 *Abs. 1 Satz 2 Nr. 1* InsO begrenzt werden. Somit wäre der ordre public nach § 343 Abs. 1 Satz 2 Nr. 2 InsO auch bei den hier in Frage kommenden Entscheidungen zu beachten.

Damit stellt sich aber die Folgefrage, ob der deutsche Gesetzgeber überhaupt einen deutschen ordre public für solche ausländischen Entscheidungen einführen *darf*, oder ob er mit einer derartigen gesetzgeberischen Maßnahme möglicherweise gegen die Zielvorgaben der Sanierungs- und Liquidationsrichtlinie verstoßen würde. Europäische Richtlinien (Art. 249 Abs. 3 EGV) schreiben – anders als europäische Verordnungen und Entscheidungen, die in allen ihren Teilen verbindlich sind – den Mitgliedstaaten als Adressaten lediglich das zu erreichende Ziel verbindlich vor[68]. Bei der Umsetzung dieses Ziels sind die Mitgliedstaaten jedoch grundsätzlich in ihrer Vorgehensweise frei[69]. Das schließt im Einzelfall aber nicht aus, dass diese Ziele so detailliert durch die Richtlinie definiert worden sind, dass dem Mitgliedstaat faktisch kein Handlungsspielraum mehr gegeben ist[70]. Sobald eine Richtlinie in nationales Recht umgesetzt worden ist, darf dass nationale Recht nachträglich nicht mehr in Widerspruch zur Richtlinie abgeändert werden[71].

Vorliegend zielt Art. 8 Sanierungs- und Liquidationsrichtlinie darauf ab, dass ein Liquidationsverfahren über das Vermögen eines Versicherungsunternehmen mit grenzüberschreitendem europäischen Bezug – insbesondere hinsichtlich der Zweigniederlassungen in den Mitglied- und Vertragsstaaten – zügig und reibungslos eröffnet und abgewickelt werden kann. Durch die gegenseitige Anerkennung der Entscheidungen „ohne weitere Formalität" (Art. 8 Abs. 2 Sanierungs- und Liquidationsrichtlinie) soll ein zügiges und reibungsloses Liquidationsverfahren sichergestellt werden. Es soll so verhindert werden, dass das Liquidationsverfahren durch Maßnahmen der jeweiligen nationalen Aufsichtsbehörden betreffend die jeweiligen Zweigniederlassungen in den einzelnen Mitglied- und Vertragsstaaten unnötig verzögert wird. Fraglich ist somit, ob ein Vorbehalt des ordre public eine „weitere Formalität" im Sinne von Art. 8 Abs. 2 Sanierungs- und Liquidationsrichtlinie darstellt, und wenn es zu einer Verweigerung der Anerkennung aufgrund des ordre public kommen würde, dies noch mit der Zielvorgabe der Sanierungs- und Liquidationsrichtlinie vereinbar wäre.

---

68 von der Groeben/Schwarze-*Schmidt*, EUV/EGV Art. 249 Rn. 38.
69 Streinz-*Schroeder*, EUV/EGV Art. 249 Rn. 68.
70 von der Groeben/Schwarze-*Schmidt*, EUV/EGV Art. 249 Rn. 38.
71 Streinz-*Schroeder*, EUV/EGV Art. 249 Rn. 80.

Der Vorbehalt des ordre public greift nur in den krassen Fällen ein, in denen das ausländische Insolvenzverfahren gegen fundamentale (Mindest-) Standards eines rechtsstaatlichen Verfahrens verstößt[72]. Darüber hinaus kann er auch dann greifen, wenn das ausländische Verfahren so tief in Rechtspositionen der Beteiligten eingreift, dass die Eigentumsgarantie von Art. 14 Grundgesetz verletzt ist[73]. Handelt es sich bei der ausländischen Entscheidung jedoch „nur" um eine Fehlentscheidung, so wird diese, ebenso wie bei inländischen Gerichten, in Kauf genommen[74]. Die „bloße" Rechtswidrigkeit der ausländischen Entscheidung nach dem Recht des Herkunftsstaates sowie die „bloße" Unvereinbarkeit mit deutschem zwingendem Recht stehen einer Anerkennung nicht entgegen[75]. Der Vorbehalt des ordre public würde somit nichts an dem Prinzip ändern, dass die ausländische Entscheidung automatisch „ohne weitere Formalität" anzuerkennen wäre. Der Vorbehalt des ordre public würde insbesondere kein vorgeschaltetes förmliches Anerkennungsverfahren sein. Vielmehr würde der Vorbehalt nur in absoluten Ausnahmefällen zu einer Verweigerung der Anerkennung aufgrund der oben genannten Gründe führen. Dies wäre aber keine „weitere Formalität" im Sinne der Sanierungs- und Liquidationsrichtlinie. Die Zielvorgabe der Sanierungs- und Liquidationsrichtlinie, ein zügiges und reibungsloses Liquidationsverfahren sicherzustellen, wäre insgesamt nicht gefährdet. Eine Verweigerung der Anerkennung der ausländischen Entscheidung aufgrund des deutschen ordre public wäre nur in ganz wenigen Ausnahmefällen zu erwarten. Für den überwiegenden Großteil der (theoretisch denkbaren) Verfahren würden sich keine Verzögerungen ergeben[76].

Damit ist festzustellen, dass der aus verfassungsrechtlichen Gründen zu fordernde deutsche ordre public mit der Sanierungs- und Liquidationsrichtlinie noch zu vereinbaren ist.

---

72 *Nagel/Gottwald*, Internationales Zivilprozessrecht, § 11 Rn. 173 ff. Zu solchen rechtsstaatlichen Mindeststandards gehören z.B. der Grundsatz der Unabhängigkeit und Unparteilichkeit des Gerichts, der Grundsatz des rechtlichen Gehörs sowie der Grundsatz, dass jede Partei einen Anspruch auf ein faires Verfahren hat, vgl. *Geimer*, Internationales Zivilprozeßrecht, 14. Teil Rn. 3516 sowie 12. Teil Rn. 2947 f.

73 Da die Abgrenzung im Einzelnen jedoch schwierig ist, hat man es bisher vermieden, eine Pflicht zur Verweigerung der Anerkennung aus Art. 14 GG abzuleiten, vgl. *Geimer*, ZfRV 1992, 401, 408.

74 Zöller-*Geimer*, ZPO § 328 Rn. 208.

75 *Geimer*, Anerkennung ausländischer Entscheidungen in Deutschland, S. 186.

76 Dabei ist zu beachten, dass für den Bereich der Versicherungsunternehmen – im Vergleich und Gegensatz zu anderen Wirtschaftsbereichen – ohnehin nicht mit einer Vielzahl von Liquidationsverfahren zu rechnen ist.

(2) Problem des Ausschlusses von Sekundärinsolvenzverfahren und sonstigen Partikularverfahren, § 88 Abs. 1b VAG

Der ebenfalls neu eingefügte § 88 Abs. 1b VAG normiert in Satz 1, dass Sekundärinsolvenzverfahren und sonstige Partikularverfahren bezüglich der Versicherungsunternehmen, die ihren Sitz in einem anderen Mitglied- und Vertragsstaat haben, unzulässig sind[77]. Dieser Ausschluss von Parallelverfahren ist im Zusammenhang mit dem Dritten Abschnitt des neuen Elften Teils der Insolvenzordnung (§§ 354 bis 358 InsO) zu sehen[78]. In diesem Abschnitt wird das Partikularverfahren einschließlich Sekundärinsolvenzverfahren über das Inlandsvermögen geregelt.

Deutsche Sekundärinsolvenzverfahren (§ 356 InsO) sind Verfahren, die nach Eröffnung eines Hauptinsolvenzverfahrens in einem Mitglied- und Vertragsstaat in Deutschland eröffnet werden und nur das in Deutschland belegene Vermögen erfassen[79]. Diese Sekundärinsolvenzverfahren werden nach deutschem Insolvenzrecht abgewickelt und blockieren somit weitgehend die Wirkungen des ausländischen Hauptinsolvenzverfahrens[80]. Um eine effiziente Verwertung der Masse zu gewährleisten, ist gemäß § 357 InsO eine Zusammenarbeit der Verwalter beider Verfahren vorgesehen. Partikularverfahren (§ 354 InsO) erfassen ebenfalls nur das inländische Vermögen[81]. Hier wird jedoch, anders als bei Sekundärinsolvenzverfahren, kein ausländisches Hauptinsolvenzverfahren vorausgesetzt[82]. Beide territorialen Verfahren sind nur unter bestimmten Voraussetzungen, die im Einzelnen § 354 InsO normiert, zulässig[83]. Bei beiden inländi-

---

77 Nach Satz 2 des § 88 Abs. 1b VAG gilt dies jedoch nicht für Niederlassungen von Versicherungsunternehmen eines Drittstaates im Sinne des § 105 Abs. 1 und Abs. 2 VAG und in den Fällen des § 110d VAG.

78 Zur Neuregelung des deutschen Internationalen Insolvenzrechts vgl. auch Fn. 53 und 57.

79 Entsprechendes gilt für Sekundärinsolvenzverfahren, die in anderen Mitglied- und Vertragsstaaten eröffnet werden.

80 Vgl. FrankfurtKommInsO-*Wimmer*, Vor §§ 354 ff. Rn. 1; HeidelbergKommInsO-*Stephan*, § 354 Rn. 18.

81 Vgl. *Haarmeyer/Wutzke/Förster*, Handbuch zur InsO, Kapitel 10 Rn. 138.

82 Begründung zum Entwurf des Gesetztes zur Neuregelung des Internationalen Insolvenzrechts, BR-Drucksache 715/02, S. 30 sowie BT-Drucksache 15/16, S. 25.

83 So ist gemäß § 354 Abs. 1 InsO für eine Verfahrenseröffnung erforderlich, dass ein deutsches Gericht zur Insolvenzeröffnung über das *gesamte* Vermögen des Schuldners *nicht* zuständig ist und der Schuldner im Inland eine Niederlassung oder sonstiges Vermögen hat. Für den Fall, dass der Schuldner im Inland keine Niederlassung hat, ist der Antrag gemäß § 354 Abs. 2 Satz 1 InsO nur zulässig, wenn der Gläubiger als Antragsteller ein „besonderes Interesse an der Eröffnung des Verfahrens hat“. Ein besonderes Interesse ist nach § 354 Abs. 2 Satz 1 InsO insbesondere dann gegeben, wenn der Gläubiger „in einem ausländischen Verfahren voraussichtlich erheblich schlechter stehen wird als in einem inländischen Verfahren“.

schen Sonderverfahren handelt es sich jedoch nicht um eine „Sonderinsolvenz“ für inländische Gläubiger, da sich am deutschen Partikularverfahren sämtliche Gläubiger aus aller Welt beteiligen können[84].

Mit der Zulassung solcher Territorialverfahren wird gezielt der strikte Einheits- und Universalitätsgrundsatz durchbrochen[85]. Die Durchbrechung dieses Grundsatzes, dessen rechtspolitische Verwirklichung von den Staaten ja eigentlich angestrebt wird, geschieht hauptsächlich im Interesse der lokalen Gläubiger sowie zum Schutze des inländischen Rechtsverkehrs[86]. Insbesondere der Schutz der inländischen Gläubiger ist hier hervorzuheben. So kann der verfassungsrechtlich gesicherte Anspruch auf effiziente Zwangsvollstreckung – als Teil des Anspruchs auf effiziente Justizgewährung[87] – verletzt sein, wenn die inländischen Gläubiger *unzumutbar* ins ferne Ausland verwiesen werden, um sich am ausländischen Insolvenzverfahren zu beteiligen[88]. Schon im Regierungsentwurf der Insolvenzordnung[89] aus dem Jahre 1992 wurde hervorgehoben, dass das Sonderinsolvenzverfahren über das inländische Vermögen die beste Möglichkeit biete, „den unverzichtbaren Schutz inländischer Interessen zu gewährleisten. Dies ist offensichtlich für den Fall der inländischen Zweigniederlassung: Ein Sonderkonkurs über das Vermögen der Zweigniederlassung kann die Schwierigkeit vermeiden, die beispielsweise die Durchsetzung von Ansprüchen der Arbeitnehmer aus einem Sozialplan oder von Steuerforderungen des deutschen Fiskus im Ausland verursachen würde; die Geschäftspartner und Kunden der Niederlassung kommen auf einfachem Wege zu ihrem Recht. Aber auch wenn sich nur einzelne wertvolle Vermögensgegenstände im Inland befinden, wäre es schwer hinnehmbar, wenn dieses Vermögen auch dann dem ausländischen Insolvenzverwalter ausgehändigt werden müßte, wenn deutlich ist, daß die inländischen Gläubiger im ausländischen Insolvenzverfahren erheblich schlechtere Befriedigungschancen haben als in einem inländischen Verfahren, z.B. weil ihnen nach dem ausländischen Insolvenzrecht zahlreiche bevorrechtigte Gläubiger vorgehen[90].“ Es stellt sich daher die Frage, ob inländische Gläubiger durch den Ausschluss von Sekundärinsolvenzverfahren und sonstigen Partikularverfahren gemäß § 88 Abs. 1b VAG in *unzumutbarer* Weise ins Ausland verwiesen werden,

---

84 Vgl. *Gottwald*, Insolvenzrechts-Handbuch, § 130 Rn. 117.

85 Insoweit spricht man dann von *gemäßigter* Einheit und Universalität.

86 Begründung zum Entwurf des Gesetztes zur Neuregelung des Internationalen Insolvenzrechts, BR-Drucksache 715/02, S. 30 sowie BT-Drucksache 15/16, S. 24 f.

87 Vgl. hierzu *Geimer*, Internationales Zivilprozeßrecht, 5. Teil Rn. 1990 f.

88 *Geimer*, Internationales Zivilprozeßrecht, 14. Teil Rn. 3394; *Aderhold*, Auslandskonkurs im Inland, S. 45 ff.; *Habscheid*, ZaöRV 50 (1990), 282, 303 f.

89 BT-Drucksache 12/2443.

90 Begründung zum Gesetzentwurf der Insolvenzordnung, BR-Drucksache 1/92, S. 237 sowie BT-Drucksache 12/2443, S. 237.

mit der Folge, dass deren verfassungsrechtlich gesicherter Anspruch auf effiziente Zwangsvollstreckung[91] verletzt sein könnte[92].

Vorneweg ist festzustellen, dass (potentielle) Gläubiger hier nicht auf das gesamte „weltweite Ausland" verwiesen sind[93]. Vielmehr kommen als mögliche Orte für ein ausländisches Insolvenzverfahren ausschließlich die Mitglied- und Vertragsstaaten der Sanierungs- und Liquidationsrichtlinie in Betracht. Aufgrund der bereits vorgenommenen Verfahrensvereinheitlichungen, insbesondere auch wegen der Sanierungs- und Liquidationsrichtlinie, kann grundsätzlich von einem fairen und reibungslosen Verfahren für *alle* Gläubiger ausgegangen werden. Jeder Gläubiger hat das Recht, seine Forderung anzumelden oder schriftlich zu erläutern, Art. 16 Sanierungs- und Liquidationsrichtlinie. Es sind alle Gläubiger, ohne Unterscheidung aufgrund von Staatsangehörigkeit oder Wohnsitz, bei gleichwertigen Forderungen, insbesondere im Hinblick auf die inländischen Gläubiger des Herkunftsstaates des Versicherungsunternehmens, gleich zu behandeln (Gleichbehandlungsgrundsatz)[94]. Gemäß Art. 14 Sanierungs- und Liquidationsrichtlinie[95] ist die Eröffnung des Liquidationsverfahrens, neben der öffentlichen Bekanntmachung entsprechend den Bestimmungen des Herkunftsstaates, im „Amtsblatt der Europäischen Gemeinschaften" zu veröffentlichen.

---

91 Siehe auch Fn. 87.

92 In diesem Zusammenhang ist zu beachten, dass gemäß § 354 InsO die Gläubiger – und beim Sekundärinsolvenzverfahren gemäß § 356 Abs. 2 InsO zusätzlich der ausländische Insolvenzverwalter – antragsberechtigt sind. Unabhängig von der Frage, ob eventuelle Parallelverfahren bei der Liquidation von Versicherungsunternehmen überhaupt mit der Sanierungs- und Liquidationsrichtlinie zu vereinbaren wären, müßte für Partikularverfahren nach § 354 InsO – wo noch kein ausländisches Hauptinsolvenzverfahren eröffnet wurde – die Antragsbefugnis auf die nationale Aufsichtsbehörde beschränkt werden (Antragsprivileg). Zur Problematik, dass durch einen (frühzeitigen) Insolvenzantrag der nationalen Aufsichtsbehörde über das Vermögen der inländischen Zweigniederlassung eventuelle Sanierungsmaßnahmen der Aufsichtsbehörde des Herkunftsstaates vereitelt werden könnten, siehe ausführlich Backes, Die Insolvenz des Versicherungsunternehmens, S. 43 ff. In Bezug auf Sekundärinsolvenzverfahren nach § 356 InsO – wo ein ausländisches Hauptinsolvenzverfahren bereits anhängig ist und somit keine Sanierungsmaßnahmen mehr vereitelt werden können – stellt sich diese Problematik nicht. Daher könnten hier sowohl Gläubiger und ausländischer Insolvenzverwalter als auch nationale Aufsichtsbehörde antragsberechtigt sein. So auch schon Art. 91 Nr. 12 a) des Regierungsentwurfes zum Einführungsgesetz zur Insolvenzordnung (EGInsO), der jedoch aufgrund der kompletten Streichung des Neunten Teils der Insolvenzordnung (siehe dazu auch Fn. 53) nicht mit diesem Regelungsinhalt umgesetzt wurde.

93 Anders bei §§ 354 ff. InsO, wo die Regelungen das gesamte Ausland betreffen.

94 Erwägungsgrund Nr. 21 sowie Art. 16 Sanierungs- und Liquidationsrichtlinie.

95 Art. 14 Sanierungs- und Liquidationsrichtlinie wurde durch § 88 Abs. 3 VAG umgesetzt.

Art. 15 und 17 Sanierungs- und Liquidationsrichtlinie[96] schreiben detailliert vor, in welcher Art und Weise die dem Versicherungsunternehmen bekannten Gläubiger unterrichtet werden müssen. Art. 18 Sanierungs- und Liquidationsrichtlinie[97] normiert, dass die Liquidatoren die Gläubiger regelmäßig in geeigneter Form über den Fortgang des Verfahrens unterrichten müssen. Aufgrund der Vielzahl von Gläubigerrechten, die sowohl inländischen als auch ausländischen Gläubigern *gleichermaßen* zustehen, ist nicht zu erwarten, dass inländische Gläubiger im ausländischen Insolvenzverfahren *erheblich* schlechtere Befriedigungschancen als in einem inländischen Parallelverfahren haben werden.

Zudem ist hervorzuheben, dass die Sanierungs- und Liquidationsrichtlinie weiterhin sogenannte „Sonderanknüpfungen" zulässt, durch die Abweichungen von dem ansonsten anwendbaren Insolvenzrecht des Eröffnungsstaates möglich sind[98]. So bestimmt Art. 9 Abs. 1 Sanierungs- und Liquidationsrichtlinie: "Für die Entscheidung über die Eröffnung eines Verfahrens zur Liquidation eines Versicherungsunternehmens, das Liquidationsverfahren und dessen Wirkungen sind die Rechts- und Verwaltungsvorschriften des Herkunftsmitgliedstaats maßgebend, *soweit in den Artikeln 19 bis 26 nicht etwas anderes bestimmt ist.*"[99] Diese Ausnahmen betreffen die Wirkungen solcher Sanierungsmaßnahmen und Liquidationsverfahren auf bestimmte Verträge und Rechte (Art. 19), die dinglichen Rechte Dritter (Art. 20), Eigentumsvorbehalte (Art. 21), Aufrechnungen (Art. 22), geregelte Märkte (Art. 23), benachteiligte Rechtshandlungen (Art. 24), Schutz des Dritterwerbers (Art. 25) und anhängige Rechtsstreitigkeiten (Art. 26 Sanierungs- und Liquidationsrichtlinie). Neben dem Schutz des Vertrauens und der Rechtssicherheit in Bezug auf bestimmte Transaktionen (Schutz des inländischen Rechtsverkehrs) werden durch diese Sonderanknüpfungen auch lokale Gläubiger geschützt.

Somit ist insgesamt festzustellen, dass inländische Gläubiger durch den Ausschluss von Sekundärinsolvenzverfahren und sonstigen Partikularverfahren gemäß § 88 Abs. 1b VAG nicht in *unzumutbarer* Weise ins Ausland verwiesen werden. Mithin ist auch der verfassungsrechtlich gesicherte Anspruch auf effiziente Zwangsvollstreckung nicht verletzt.

---

96 Art. 15 und 17 Sanierungs- und Liquidationsrichtlinie wurden durch den neu eingefügten § 88a VAG umgesetzt.

97 Art. 18 Sanierungs- und Liquidationsrichtlinie wurde durch § 88a Abs. 4 VAG umgesetzt.

98 Erwägungsgrund Nr. 24 Sanierungs- und Liquidationsrichtlinie.

99 Gleiches gilt für Sanierungsmaßnahmen, vgl. Art. 4 Abs. 2 Sanierungs- und Liquidationsrichtlinie.

II. Allgemeine Verfahrensvoraussetzungen

1. Zuständigkeit

Nach der Vorschrift von § 2 Abs. 1 InsO ist sachlich das Amtsgericht, in dessen Bezirk ein Landgericht seinen Sitz hat, als Insolvenzgericht für den Bezirk des Landgerichts ausschließlich zuständig[100].

Örtlich ist gemäß § 3 Abs. 1 Satz 1 InsO ausschließlich das Gericht zuständig, in dessen Bezirk der Schuldner seinen allgemeinen Gerichtsstand hat. Liegt der Mittelpunkt einer selbständigen wirtschaftlichen Tätigkeit des Schuldners an einem anderen Ort, so ist gemäß § 3 Abs. 1 Satz 2 InsO ausschließlich das Insolvenzgericht zuständig, in dessen Bezirk dieser Ort liegt. Ergeben sich mehrere örtliche Zuständigkeiten, schließt nach § 3 Abs. 2 InsO das Gericht, bei dem zuerst Insolvenzeröffnung beantragt wurde, die übrigen Gerichte aus[101].

Bei einem Unternehmen mit mehreren Zweigniederlassungen ist die örtliche Zuständigkeit des Insolvenzgerichts dort begründet, wo sich die Hauptniederlassung befindet[102]. Dabei kommt es für die Bestimmung der Hauptniederlassung darauf an, wo der Mittelpunkt der wirtschaftlichen Tätigkeit liegt; z.B. von welchem Ort aus die Geschäfte geleitet werden[103]. Die Anmeldung eines Gewerbebetriebs, die Eintragung im Handelsregister oder die Sitzfestlegung in der Satzung einer juristischen Person sind zwar wichtige Indizien für die Bestimmung, letztendlich entscheidend sind jedoch immer nur die *tatsächlichen* Verhältnisse[104]. Bei deutschen Versicherungsunternehmen muss sich gemäß § 7 Abs. 1a VAG der Ort der Hauptverwaltung im Inland befinden[105].

Eine Zweigniederlassung ist für die Begründung der örtlichen Zuständigkeit grundsätzlich nicht ausreichend[106]. Ist die Zweigniederlassung jedoch rechtlich

---

100 Zu beachten ist jedoch § 2 Abs. 2 InsO, der die Landesregierungen zu abweichenden Regelungen ermächtigt, vgl. dazu ausführlich MünchKommInsO-*Ganter*, § 2 Rn. 14 ff.

101 Zu den mehrfachen örtlichen Zuständigkeiten vgl. ausführlich MünchKommInsO-*Ganter*, § 3 Rn. 20 f.

102 *Haarmeyer/Wutzke/Förster*, Handbuch zur InsO, Kapitel 2 Rn. 10 f.

103 Uhlenbruck-*Uhlenbruck*, InsO § 3 Rn. 4.

104 MünchKommInsO-*Ganter*, § 3 Rn. 10, 13.

105 Daraus ergibt sich auch, dass es ausländischen Versicherungsunternehmen nicht gestattet ist, ihren *tatsächlichen* Verwaltungssitz ins Inland zu verlegen, um die aus dem Ausland „mitgebrachte" Rechtsform zu behalten, vgl. Fahr/Kaulbach-*Bähr*, VAG § 7 Rn. 7a.

106 Ausnahmsweise kann bei internationalen Zuständigkeiten eine rechtlich unselbständige Zweigniederlassung einen Insolvenzgerichtsstand für das Inlandsvermögen eines im Aus-

selbständig, also insolvenzfähig im Sinne von § 11 InsO, findet am Ort der Zweigniederlassung ein selbständiges Insolvenzverfahren statt[107]. Es gibt in Deutschland insoweit kein Konzerninsolvenzrecht, das eine Verfahrenskonzentration von verbundenen Unternehmen (Schwestergesellschaften oder Mutter- und Tochtergesellschaften) bei einem Insolvenzgericht zulässt[108].

2. Insolvenzfähigkeit

Die Parteifähigkeit für ein Insolvenzverfahren wird auf der Seite des Schuldners als Insolvenzfähigkeit bezeichnet. Die entsprechenden Regelungen sind in den §§ 11 und 12 InsO niedergelegt.

a) Deutsche Lebensversicherungsunternehmen

Privatrechtliche deutsche Versicherungsunternehmen dürfen gemäß § 7 Abs. 1 VAG nur in der Rechtsform der Aktiengesellschaft (§ 1 AktG) oder des Versicherungsvereins auf Gegenseitigkeit (§§ 15 ff. VAG) betrieben werden[109]. Diese juristischen Personen des Privatrechts sind nach § 11 Abs. 1 Satz 1 InsO insolvenzfähig. Nach dem Inkrafttreten der europäischen Verordnung über das Statut der Europäischen Gesellschaft[110] („Societas Europaea" – SE) am 8. Oktober 2004 und dem Inkrafttreten des deutschen Einführungsgesetzes[111] der SE am 29.

---

land lebenden Schuldners begründen, vgl. § 354 Abs. 1 InsO. Dies hat für ausländische Versicherungsunternehmen mit Sitz in einem anderen Mitglied- oder Vertragsstaat jedoch wegen des Ausschlusses von Sekundärinsolvenzverfahren und sonstigen Partikularverfahren gemäß § 88 Abs. 1b Satz 1 VAG keine Bedeutung mehr, siehe auch oben Kapitel 1: A. I. 2. b) bb) (2).

107 Uhlenbruck-*Uhlenbruck*, InsO § 3 Rn. 4. Teilweise wird jedoch die Meinung vertreten, dass auch im Falle der rechtlichen Selbständigkeit der Zweigniederlassung noch keine örtliche Zuständigkeit begründet wird, wenn diese Zweigniederlassung nicht auch wirtschaftlich selbständig geführt wird, vgl. MünchKommInsO-*Ganter*, § 3 Rn. 11.

108 MünchKommInsO-*Ganter*, § 3 Rn. 14.

109 Darüber hinaus dürfen gemäß § 7 Abs. 1 VAG auch Körperschaften und Anstalten des öffentlichen Rechts das Versicherungsgeschäft betreiben. Zum Stichtag 31. Dezember 2004 waren von insgesamt 105 Lebensversicherungsunternehmen mit Geschäftstätigkeit, die unter Bundesaufsicht standen, nur ein Lebensversicherer als Anstalt des öffentlichen Rechts organisiert (Quelle: Jahresbericht 2004 der Bundesanstalt für Finanzdienstleistungsaufsicht). Aufgrund dieser eher geringen Bedeutung für den Bereich der Lebensversicherungsunternehmen wird hier auf eine Erörterung verzichtet.

110 Verordnung (EG) Nr. 2157/2001 des Rates vom 8. Oktober 2001 über das Statut der Europäischen Gesellschaft (SE) (ABl. EG L 294/1 vom 10. November 2001).

111 Gesetz zur Einführung der Europäischen Gesellschaft (SEEG) vom 22. Dezember 2004 (BGBl. I 2004, 3675).

Dezember 2004 ist der Weg für diese neue europäische Gesellschaftsrechtsform nun endgültig frei. Europaweit tätige Unternehmen können nun einheitlich – als europäische Kapitalgesellschaft – auf dem gemeinsamen Binnenmarkt auftreten[112]. Da die SE eine Rechtspersönlichkeit hat (Art. 1 Abs. 3 der Verordnung[113]), ist sie ebenfalls nach § 11 Abs. 1 Satz 1 InsO insolvenzfähig.

b) Ausländische Lebensversicherungsunternehmen

Vom Grundsatz her sind ausländische Lebensversicherungsunternehmen dann als insolvenzfähig zu betrachten, wenn sie nach dem Recht des Sitzlandes rechtsfähig oder zumindest passiv parteifähig sind[114]. Der nach ausländischem Recht rechtsfähige Lebensversicherer wird in Deutschland nach dem internationalen Privatrecht grundsätzlich als rechtsfähig anerkannt, es sei denn, die Rechtsnorm des ausländischen Staates, aufgrund derer sich die Rechtsfähigkeit ergibt, verstößt gegen den deutschen ordre public gemäß Art. 6 EGBGB[115].

aa) Mitglied- und Vertragsstaaten der EU und des EWR-Abkommens

Die zulässige Rechtsform ausländischer Versicherungsunternehmen aus den Mitgliedstaaten der Europäischen Union (EU) sowie aller anderen Vertragsstaaten des Abkommens über den Europäischen Wirtschaftsraum (EWR-Abkommen), die in Deutschland ihre Tätigkeit im Rahmen der Dienstleistungs- und/oder Niederlassungsfreiheit ausüben, bestimmt sich nach dem Recht ihres Sitzlandes[116]. Auch nach dem Recht des Sitzlandes richtet sich dann die Frage, ob das ausländische Versicherungsunternehmen insolvenzfähig ist[117].

Bis zur Umsetzung der europäischen Sanierungs- und Liquidationsrichtlinie[118] durch das deutsche Sanierungs- und Liquidationsgesetz[119] war es streitig, ob sich bei ausländischen Versicherungsunternehmen aus den Mitglied- und Vertrags-

---

112 Nach anfänglichen Vorbehalten in Deutschland gegen diese neue Rechtsform prüfen – nach der Ankündigung des Versicherers Allianz AG im September 2005, eine Umwandlung in die neue Rechtsform der Europäischen Aktiengesellschaft (SE) vorzunehmen – auch andere Unternehmen eine mögliche Umwandlung, siehe dazu auch Süddeutsche Zeitung vom 12. September 2005 (Nr. 210), S. 1 und Süddeutsche Zeitung vom 13. September 2005 (Nr. 211) S. 27 sowie Süddeutsche Zeitung vom 8./9. Oktober 2005 (Nr. 232) S. 22.

113 Siehe Fn. 110.

114 Vgl. FrankfurtKommInsO-*Schmerbach*, § 11 Rn. 22, 37.

115 *Nagel/Gottwald*, Internationales Zivilprozessrecht, § 4 Rn. 12 ff.

116 Prölss/Kollhosser-*Präve*, VAG § 7 Rn 7.

117 MünchKommInsO-*Ganter*, § 3 Rn. 24 f.

118 Richtlinie 2001/17/EG vom 19. März 2001 (ABl. EG L 110/28 vom 20. April 2001).

119 Gesetz vom 10. Dezember 2003 (BGBl. I 2003, 2478).

staaten die Insolvenzfähigkeit hinsichtlich des in Deutschland belegenen Vermögens nach deutschem Recht richtet[120]. Da nunmehr durch den Grundsatz der strikten Universalität und dem strengen Einheitsverfahren keine deutschen Sekundärinsolvenzverfahren und sonstige Partikularverfahren mehr zulässig sind (§ 88 Abs. 1b VAG)[121], richtet sich auch die Insolvenzfähigkeit in Bezug auf das inländische (deutsche) Vermögen ausschließlich nach dem Recht des Herkunftsstaates. Alleine die zuständige Behörde des Herkunftsstaates ist jetzt für die Eröffnung des Insolvenzverfahrens über das *gesamte* Vermögen des Versicherungsunternehmens (Inland und EU-/EWR-Ausland) zuständig, § 88 Abs. 1a VAG[122].

bb) Drittstaaten

Für Versicherungsunternehmen aus Drittstaaten[123], die auf dem deutschen Versicherungsmarkt tätig werden wollen, gelten die strengen Zulassungsvoraussetzungen der §§ 105 ff. VAG[124]. Der ausländische Versicherer muss in Deutschland eine Niederlassung (§ 106 Abs. 2 VAG) mit einem Hauptbevollmächtigten (§ 106 Abs. 3 VAG) unterhalten. Die Erteilung der Erlaubnis zum Geschäftsbetrieb[125] ist nicht an bestimmte Unternehmensformen der Sitzländer gebunden[126]. Das betreffende Unternehmen muss jedoch nach dem Recht des Sitzlandes eine eigene Rechtspersönlichkeit besitzen und dort ein Versicherungsunternehmen sein[127].

Im Falle der Insolvenz eines Versicherungsunternehmens aus einem Drittstaat ist weiterhin ein deutsches Sekundärinsolvenzverfahren oder sonstiges Partikularverfahren gemäß den §§ 354 ff. InsO zulässig[128]. Für den Antrag auf Eröffnung eines solchen Insolvenzverfahrens über das Vermögen der inländischen

---

120 Vgl. *Backes*, Die Insolvenz des Versicherungsunternehmens, S. 8 ff.

121 Siehe auch ausführlich oben Kapitel 1: A. I. 2. b) bb) (2).

122 Siehe auch ausführlich oben Kapitel 1: A. I. 2. b) bb) (1).

123 Drittstaat im Sinne des VAG ist jeder Staat, der nicht Mitglied- oder Vertragsstaat ist, § 105 Abs. 1 Satz 2 VAG.

124 Ungeachtet dessen kann ein Versicherungsunternehmen aus einem Drittstaat in Deutschland oder einem anderen EU-/EWR-Staat eine eigene Versicherungsgesellschaft gründen.

125 Über den bei der Bundesanstalt zu stellenden Antrag auf Erlaubnis entscheidet das Bundesministerium der Finanzen, § 106b Abs. 1 Satz 1 VAG.

126 Prölss/Kollhosser-*Präve*, VAG § 7 Rn. 8.

127 Dies hat die zuständige Behörde des Sitzlandes zu bescheinigen und ist dem Antrag auf Erlaubnis (neben anderen Unterlagen) beizufügen, § 106b Abs. 1 Satz 2 Nr. 2 VAG.

128 Der Ausschluss von § 88 Abs. 1b Satz 1 VAG gilt nicht für Niederlassungen von Versicherungsunternehmen eines Drittstaates im Sinne des § 105 Abs. 1 und Abs. 2 VAG, § 88 Abs. 1b Satz 2 VAG.

(deutschen) Niederlassung ist die nationale Aufsichtsbehörde alleine zuständig, vgl. §§ 88 Abs. 1 in Verbindung mit Abs. 5 VAG[129]. Aufgrund des Umstandes, dass die Erteilung der Erlaubnis zum Geschäftsbetrieb an das Vorhandensein einer Rechtspersönlichkeit gebunden ist, ist auch von einer Insolvenzfähigkeit des ausländischen Versicherers beziehungsweise dessen in Deutschland belegenen Vermögens bei einem Sekundärinsolvenzverfahren oder sonstigen Partikularverfahren gemäß den §§ 354 ff. InsO auszugehen.

III. Angabe des Eröffnungsgrundes, § 16 InsO

1. Eröffnungsgründe nach der Insolvenzordnung, §§ 17 ff. InsO

Nach der Insolvenzordnung kommen als Eröffnungsgründe die Zahlungsunfähigkeit (§ 17 InsO), die drohende Zahlungsunfähigkeit (§ 18 InsO) und die Überschuldung (§ 19 InsO) in Betracht. Welcher Insolvenzgrund im insolvenzgerichtlichen Verfahren konkret geltend gemacht werden kann, hängt von der Rechtsform des Schuldners sowie dem Antragsteller ab[130].

a) Zahlungsunfähigkeit, § 17 InsO

Die Zahlungsunfähigkeit gemäß § 17 InsO gilt als allgemeiner Eröffnungsgrund für sämtliche Rechtsträger und Vermögensmassen[131]. Nach der Legaldefinition von § 17 Abs. 2 Satz 1 InsO ist der Schuldner zahlungsunfähig, wenn er nicht in der Lage ist, die fälligen Zahlungspflichten zu erfüllen. Dabei wird gemäß § 17 Abs. 2 Satz 2 InsO widerlegbar vermutet, dass Zahlungsunfähigkeit gegeben ist, wenn der Schuldner seine Zahlungen eingestellt hat. Von der Zahlungsunfähigkeit ist die nur vorübergehende Zahlungsstockung abzugrenzen, was in der Praxis mitunter schwierig sein kann[132].

---

[129] Die nationale Aufsichtsbehörde unterrichtet unverzüglich nach Antragstellung alle anderen Aufsichtsbehörden der Mitglied- oder Vertragsstaaten, in denen das betreffende Versicherungsunternehmen auch eine Niederlassung unterhält, § 88 Abs. 5 Satz 1 VAG. Dabei soll sich die Aufsichtsbehörde insgesamt um ein abgestimmtes Vorgehen bemühen, § 88 Abs. 5 Satz 2 VAG.

[130] MünchKommInsO-*Schmahl*, § 16 Rn. 1.

[131] MünchKommInsO-*Eilenberger*, § 17 Rn. 1.

[132] Zu den Einzelheiten siehe ausführlich Jaeger-*Müller*, InsO § 17 Rn. 23 ff.

b) Drohende Zahlungsunfähigkeit, § 18 InsO

Der Insolvenztatbestand der drohenden Zahlungsunfähigkeit gemäß § 18 InsO ist hinsichtlich der Konkursordnung neu in die Insolvenzordnung aufgenommen worden[133]. Nach § 18 Abs. 1 InsO kann sich jedoch ausschließlich der Schuldner auf diesen Eröffnungsgrund berufen. Dadurch soll dem Schuldner bereits im Anfangsstadium einer wirtschaftlichen Krise, ohne dass die Gläubiger hier schon durch eine Antragstellung Druck ausüben können, die Möglichkeit eröffnet werden, durch rechtzeitige Einleitung eines Insolvenzverfahrens die Chancen einer Sanierung zu erhöhen[134]. Drohende Zahlungsunfähigkeit liegt nach § 18 Abs. 2 InsO vor, wenn der Schuldner voraussichtlich nicht in der Lage sein wird, die bestehenden Zahlungspflichten im Zeitpunkt der Fälligkeit zu erfüllen. Anhand einer Prognose über die künftige Liquiditätsentwicklung (zumeist in Form eines Liquiditäts- und Finanzplans) wird die drohende Zahlungsunfähigkeit festgestellt[135]. Dabei bildet der Zeitpunkt des Fälligwerdens der letzten gegenwärtig bestehenden Verbindlichkeit die äußerste Grenze für den konkreten Prognosezeitraum[136]. Bei dieser Prognose sind alle bestehenden Verbindlichkeiten[137], unabhängig von ihrer Fälligkeit, zu berücksichtigen. Umstritten, aber mit der herrschenden Meinung zu bejahen, ist, ob in den Prognosezeitraum auch die zukünftigen Schulden, die zwar gegenwärtig noch nicht entstanden sind, deren Entstehung im Laufe des Prognosezeitraums aber vorhersehbar sind, einzubeziehen sind[138].

c) Überschuldung, § 19 InsO

Die Überschuldung nach § 19 InsO kommt als Eröffnungsgrund grundsätzlich nur bei juristischen Personen in Betracht, § 19 Abs. 1 InsO[139]. Überschuldung ist gemäß § 19 Abs. 2 Satz 1 InsO gegeben, wenn das Vermögen des Schuldners die bestehenden Verbindlichkeiten nicht mehr deckt, also wenn die Passiva (= Schulden) die Aktiva (= Vermögen) übersteigen. Nach verbreiteter Ansicht soll sich aus § 19 Abs. 2 InsO eine zwingende Prüfungsreihenfolge ergeben[140]. Da-

---

133 Jaeger-*Müller*, InsO § 18 Rn. 1.

134 MünchKommInsO-*Drukarczyk*, § 18 Rn. 3.

135 Jaeger-*Müller*, InsO § 18 Rn. 7.

136 Jaeger-*Müller*, InsO § 18 Rn. 7.

137 Eine Verbindlichkeit besteht, wenn bereits sämtliche für ihre Entstehung notwendigen Tatbestandsmerkmale verwirklicht sind, vgl. HeidelbergKommInsO-*Kirchhof*, § 18 Rn. 6.

138 Jaeger-*Müller*, InsO § 18 Rn. 8 ff.

139 Gemäß § 11 Abs. 1 Satz 2 InsO wird der nicht rechtsfähige Verein einer juristischen Person gleichgestellt. Darüber hinaus ist die Überschuldung gemäß § 19 Abs. 3 InsO auch Eröffnungsgrund bei solchen Gesellschaften ohne Rechtspersönlichkeit, bei denen keiner der persönlich haftenden Gesellschafter eine natürliche Person ist (GmbH & Co. KG).

140 Anderer Ansicht ist etwa Jaeger-*Müller*, InsO § 19 Rn. 28 ff.

nach sollen in einer ersten Überschuldungsbilanz die Aktiva und Passiva gegenübergestellt werden. Dabei sind die Aktiva grundsätzlich mit ihren Liquidationswerten anzusetzen, also so, als würde zum Bilanzstichtag die Liquidation beschlossen und das Unternehmen in seinen einzelnen Bestandteilen veräußert[141]. Ergibt sich aus dieser ersten Bilanz eine rechnerische Überschuldung, so ist anhand einer Fortführungsprognose zu ermitteln, ob das Unternehmen fortführungsfähig ist. Eine Fortführung ist gemäß § 19 Abs. 2 Satz 2 Halbsatz 2 InsO zu bejahen, wenn diese nach den Umständen überwiegend wahrscheinlich ist, also mehr dafür als dagegen spricht. Im Falle einer positiven Fortführungsprognose ist eine zweite Überschuldungsbilanz zu erstellen, in der die Aktiva dann mit den Fortführungswerten (going-concern-Werte) anzusetzen sind, § 19 Abs. 2 Satz 2 Halbsatz 1 InsO.

2. Sonderregelungen nach dem Versicherungsaufsichtsgesetz

Sobald das Versicherungsunternehmen zahlungsunfähig wird, hat dies der Unternehmensvorstand der Aufsichtsbehörde anzuzeigen, § 88 Abs. 2 Satz 1 VAG. Dies gilt nach Satz 2 entsprechend, wenn das Versicherungsunternehmen überschuldet ist. Damit normiert § 88 Abs. 2 Satz 1 und Satz 2 VAG eine Anzeigepflicht, die an Stelle der dem Vorstand durch andere gesetzliche Vorschriften[142] auferlegten Pflicht tritt, bei Zahlungsunfähigkeit oder Überschuldung die Insolvenzeröffnung zu beantragen, § 88 Abs. 2 Satz 3 VAG. Dies ist in dem versicherungsaufsichtsrechtlichen Sonderumstand begründet, dass nur die Aufsichtsbehörde nach § 88 Abs. 1 VAG – und nicht etwa der Vorstand wie bei anderen Wirtschaftsunternehmen, die in der Rechtsform der Aktiengesellschaft geführt werden – die Eröffnung des Insolvenzverfahrens beantragen kann. Die Anzeigepflicht soll gewährleisten, dass die Aufsichtsbehörde rechtzeitig von dem Vorliegen der Zahlungsunfähigkeit bzw. Überschuldung erfährt. Die Aufsichtsbehörde ist jedoch nicht an die Wertungen dieser Anzeige gebunden[143].

In Bezug auf die Insolvenztatbestände der Zahlungsunfähigkeit und der Überschuldung ergeben sich hier keine Besonderheiten gegenüber den Regelungen der Insolvenzordnung. Die Regelungen der Insolvenzordnung sind auch für die

---

141 *Haarmeyer/Wutzke/Förster*, Handbuch zur InsO, Kapitel 1 Rn. 95.

142 Etwa die gesetzliche Pflicht des Vorstandes einer Aktiengesellschaft gemäß § 92 Abs. 2 AktG im Falle der Zahlungsunfähigkeit bzw. Überschuldung ohne schuldhaftes Zögern, spätestens jedoch drei Wochen nach Eintritt der Zahlungsunfähigkeit bzw. Überschuldung, Eröffnung des Insolvenzverfahrens zu beantragen.

143 Fahr/Kaulbach-*Bähr*, VAG § 88 Rn. 2.

Lebensversicherungsunternehmen maßgeblich[144]. Die Vorschrift von § 88 Abs. 2 VAG normiert lediglich eine Anzeigepflicht für den Vorstand eines Versicherungsunternehmens, sobald Zahlungsunfähigkeit oder Überschuldung gegeben sind. Es kann insoweit auf die oben gemachten Ausführungen verwiesen werden[145].

Anders verhält es sich jedoch bei dem Eröffnungsgrund der drohenden Zahlungsunfähigkeit gemäß § 18 InsO. Dieser Insolvenztatbestand findet in § 88 Abs. 2 VAG keinerlei Erwähnung. Zudem setzt § 18 InsO einen Eigenantrag des Schuldners voraus, der für den Bereich der Versicherungsunternehmen aufgrund des Antragsprivilegs der Aufsichtsbehörde (§ 88 Abs. 1 VAG) unzulässig ist. Es stellt sich somit die Frage, ob und wenn ja, in welcher Art und Weise die drohende Zahlungsunfähigkeit nach § 18 InsO auch bei einem Lebensversicherungsunternehmen als Eröffnungsgrund zur Anwendung kommen kann.

a) Möglicher Anwendungsausschluss von § 18 InsO durch § 88 Abs. 2 VAG

Durch die Nichtaufführung der drohenden Zahlungsunfähigkeit in § 88 Abs. 2 VAG könnte man den Rückschluss ziehen, dass eine Anwendung von § 18 InsO bei Versicherungsunternehmen gesetzlich ausgeschlossen sein soll[146]. Gegen diese Schlussfolgerung spricht jedoch der Wortlaut von § 88 Abs. 2 VAG, der lediglich Anzeigepflichten für den Vorstand normieren will, zu den Insolvenzgründen selber aber keine Regelungen trifft, sondern diese nur voraussetzt. Zudem sind § 18 InsO und § 88 Abs. 2 VAG in ihrem unterschiedlichen historischen Kontext zu sehen. Die drohende Zahlungsunfähigkeit ist erst mit der Einführung der Insolvenzordnung im Jahre 1999 als ein neuer zusätzlicher Eröffnungsgrund geschaffen worden[147]. Dieser neuartige Insolvenztatbestand war bei der Neufassung von § 88 Abs. 2 VAG im Jahre 1931[148] gar nicht als konkursrechtlicher Eröffnungsgrund zugelassen. Somit ist ein gesetzlicher Anwen-

---

[144] Vgl. noch zur Konkursordnung Prölss/Schmidt-*Kollhosser*, VAG [11. Aufl.] § 88 Rn. 3.

[145] Siehe oben Kapitel 1: A. III. 1.

[146] Vgl. zur gesamten Problematik der Anwendung von § 18 InsO bei Versicherungsunternehmen auch die Ausführungen bei *Backes*, Die Insolvenz des Versicherungsunternehmens, S. 14 ff.

[147] Siehe auch Fn. 10.

[148] Das heutige Gesetz über die Beaufsichtigung der Versicherungsunternehmen (Versicherungsaufsichtsgesetz – VAG) in der Fassung der Bekanntmachung vom 17. Dezember 1992 (BGBl. I 1993, 2) geht auf das am 12. Mai 1901 in Kraft getretene Gesetz über die privaten Versicherungsunternehmen (Versicherungsaufsichtsgesetz) zurück. § 88 Abs. 2 VAG in seiner heutigen Fassung wurde im Zuge der Reform des Versicherungsaufsichtsgesetzes im Jahre 1931 durch Gesetz vom 30. März 1931 (RGBl. 1931, 102) geschaffen.

dungsausschluss von § 18 InsO durch die Vorschrift des § 88 Abs. 2 VAG *bis* zum Inkrafttreten der Insolvenzordnung im Jahre 1999 schlechthin ausgeschlossen, da es bis zu diesem Zeitpunkt keinen wirksamen § 18 InsO gegeben hat, der hätte ausgeschlossen werden können.

Ein Anwendungsausschluss kommt frühestens mit dem Einführungsgesetz zur Insolvenzordnung[149] in Betracht. Nach dem Wortlaut des § 88 Abs. 2 VAG werden auch weiterhin nur *Anzeigepflichten* hinsichtlich der Insolvenzgründe Zahlungsunfähigkeit (§ 17 InsO) und Überschuldung (§ 19 InsO) normiert, was eher *gegen* die Annahme eines gesetzlich gewollten Ausschlusses von § 18 InsO spricht. Andererseits aber spricht der Umstand, dass § 88 VAG im Rahmen des Einführungsgesetzes zur Insolvenzordnung geändert wurde, der Gesetzgeber aber auf eine Aufnahme der drohenden Zahlungsunfähigkeit in § 88 Abs. 2 VAG verzichtet hat, obwohl dieser neue Eröffnungsgrund nunmehr bekannt war, gleichzeitig auch *für* die Annahme eines gesetzlich gewollten Ausschlusses von § 18 InsO bei Versicherungsunternehmen. Ein klarer gesetzgeberischer Regelungswille ist daher auch wegen fehlenden Ausführungen bei der Gesetzesbegründung[150], nicht zu erkennen[151].

Anders verhält es sich jedoch nunmehr im Rahmen des Sanierungs- und Liquidationsgesetzes[152] von 2003, dem bei der Beantwortung der hier aufgeworfenen Frage eine entscheidende Bedeutung zukommt. Durch Art. 2 des Gesetzes wurde § 46b Abs. 1 Kreditwesengesetz (KWG)[153], der mit § 88 Abs. 2 VAG vergleichbar ist, geändert. Die Vorschrift des § 46b KWG regelt das Insolvenzantragsrecht bei Kreditinstituten, das ebenfalls (wie bei den Versicherungsunternehmen) bei der zuständigen Aufsichtsbehörde liegt. Daher normiert auch § 46b KWG entsprechende Anzeigepflichten der Geschäftsleitung, damit die Aufsichtsbehörde unverzüglich informiert wird. Vor der Neufassung der Vorschrift durch Art. 2 des Sanierungs- und Liquidationsgesetzes wurden in § 46b Abs. 1 Satz 1 KWG ebenfalls – wie bei § 88 Abs. 2 Satz 1 und Satz 2 VAG – nur die Zahlungsunfähigkeit und Überschuldung als anzeigepflichtige Tatbestände aufgeführt. Nach der Neufassung führt § 46b Abs. 1 Satz 1 Halbsatz 2 KWG nun-

---

149 Siehe auch Fn. 19.

150 Vgl. Begründung zum Gesetzentwurf des EGInsO, BR-Drucksache 511/92, S. 108 sowie BT-Drucksache 12/3803, S. 108.

151 *Backes*, Die Insolvenz des Versicherungsunternehmens, S. 15 f. schließt aus diesem Umstand, dass jedenfalls kein genereller Ausschluss des Eröffnungsgrundes der drohenden Zahlungsunfähigkeit bei Versicherungsunternehmen anzunehmen ist, da ein solcher Ausschluss einer ausdrücklichen gesetzgeberischen Begründung bedurft hätte.

152 Siehe auch Fn. 46.

153 Gesetz über das Kreditwesen (Kreditwesengesetz – KWG) vom 9. September 1998 (BGBl. I 1998, 2776).

mehr auch die drohende Zahlungsunfähigkeit als einen anzeigepflichtigen Tatbestand auf. In der Gesetzesbegründung wird dazu ausgeführt: „Mit der Aufnahme des Insolvenzgrundes der „drohenden Zahlungsunfähigkeit“ in § 46b KWG soll das Kreditwesengesetz strukturell der Insolvenzordnung angepasst und die Handlungsmöglichkeiten der Bundesanstalt erweitert werden.[154]“ Dagegen verzichtete der Gesetzgeber im Rahmen der Änderungen durch das Sanierungs- und Liquidationsgesetz auf eine entsprechende Anpassung des § 88 Abs. 2 VAG. Die Aufnahme der drohenden Zahlungsunfähigkeit in die Vorschrift des § 46b Abs. 1 KWG einerseits, und der Verzicht des Gesetzgebers auf eine vergleichbare Regelung in § 88 Abs. 2 VAG andererseits, zeigt nunmehr deutlich, dass der neue Insolvenzgrund der drohenden Zahlungsunfähigkeit (§ 18 InsO) bei Versicherungsunternehmen *nicht* zur Anwendung kommen soll.

Als Ergebnis lässt sich somit festhalten, dass nach den Änderungen durch das Sanierungs- und Liquidationsgesetzes § 88 Abs. 2 VAG eine – auch analoge – Anwendung von § 18 InsO bei Versicherungsunternehmen ausschließt.

b) Möglicher Bedarf des neuen Eröffnungsgrundes der drohenden Zahlungsunfähigkeit (§ 18 InsO) bei Versicherungsunternehmen

Das soeben festgestellte Ergebnis eines gesetzlichen Anwendungsausschlusses von § 18 InsO bedeutet aber nicht, dass der Gesetzgeber für die Zukunft daran gehindert wäre, die drohende Zahlungsunfähigkeit auch bei Versicherungsunternehmen als Eröffnungsgrund zuzulassen. Eine Aufnahme der drohenden Zahlungsunfähigkeit in den Tatbestand des § 88 Abs. 2 VAG würde aber nur dann Sinn machen, wenn (erstens) eine Anwendung von § 18 InsO bei Versicherungsunternehmen auch möglich ist und (zweitens) für diesen neuen Eröffnungsgrund überhaupt ein versicherungsaufsichtsrechtliches Regelungsbedürfnis, insbesondere im Hinblick auf die hier in Rede stehenden Lebensversicherer, besteht.

aa) Problem der Anwendung von § 18 InsO bei Lebensversicherungsunternehmen

Zuvor ist zu klären, wie eine konkrete Anwendung von § 18 InsO bei Lebensversicherungsunternehmen erfolgen kann. Auf den Umstand, dass nur der Schuldner gemäß § 18 Abs. 1 InsO Insolvenzantrag stellen kann bzw. darf, ein solcher Eigenantrag bei Versicherungsunternehmen jedoch unzulässig ist, wurde

---

154 Begründung zum Gesetzentwurf des Sanierungs- und Liquidationsgesetztes, BR-Drucksache 543/03, S. 58 sowie BT-Drucksache 15/1653, S. 32.

oben schon hingewiesen[155]. Die Möglichkeit einer direkten Anwendung von § 18 InsO, ohne auf die versicherungsaufsichtsrechtlichen Besonderheiten Rücksicht zu nehmen, scheidet daher von vornherein aus[156]. Vielmehr müsste § 18 InsO, sollte dieser zukünftig auch bei Versicherungsunternehmen als Eröffnungsgrund zugelassen werden, den versicherungsaufsichtsrechtlichen Besonderheiten angepasst werden.

Mit der Schaffung des neuen Eröffnungsgrundes nach § 18 InsO wollte der Gesetzgeber dem Schuldner die Möglichkeit eröffnen, bereits in dem frühen Stadium einer sich abzeichnenden finanziellen Krise die günstigen Rahmenbedingungen der Insolvenzordnung für ein gerichtlich überwachtes Schuldenbereinigungsverfahren zu nutzen, um dadurch die Chancen einer erfolgreichen Sanierung insgesamt zu erhöhen[157]. Der Schuldner ist berechtigt, aber nicht verpflichtet, einen Antrag wegen drohender Zahlungsunfähigkeit zu stellen[158]. Der Gesetzgeber hat daher vielfältige insolvenzrechtliche Anreize geschaffen, den Schuldner zu einer frühzeitigen Antragstellung zu bewegen. Zu nennen sind hier insbesondere die nachfolgenden Vorzüge: Das Recht zur Vorlage eines Insolvenzplans (§ 218 InsO), die Möglichkeit der Eigenverwaltung (§§ 270 ff. InsO), Vollstreckungsschutz nach Maßgabe von §§ 21 Abs. 2 Satz 1 Nr. 3, 88 ff. InsO sowie § 30d ZVG, Schutz vor Verwertungsmaßnahmen dinglich gesicherter Gläubiger (§§ 107 Abs. 2, 165 ff. InsO), Kündigungssperre für Miet- und Pachtverhältnisse (§ 112 InsO), Erleichterungen im Bereich des Arbeitsrechts, insbesondere erweiterte Möglichkeiten der Freisetzung von Mitarbeitern (§§ 113, 125 ff. InsO), Kündigung von Betriebsvereinbarungen (§ 120 InsO) sowie die Begrenzung des Umfangs von Sozialansprüchen (§ 123 InsO)[159]. Durch die Beschränkung auf Schuldneranträge soll verhindert werden, dass Außenstehende den Schuldner in diesem frühen Stadium durch einen Insolvenzantrag unter Druck setzen können[160]. Auch sollten zu diesem frühen Zeitpunkt nicht die Bemühungen um eine außergerichtliche Sanierung behindert werden[161]. Diese Intention von § 18 InsO, der die Interessen des Schuldners und dessen Schutz in den Vordergrund stellt, wäre auch bei einer Übertragung auf die Versicherungs-

---

155 Siehe auch oben Kapitel 1: A. III. 1. b).

156 Vgl. dazu auch die Ausführungen bei *Backes*, Die Insolvenz des Versicherungsunternehmens, S. 16 ff., die sich mit der Möglichkeit einer analogen Anwendung von § 18 InsO bei Versicherungsunternehmen befassen.

157 Jaeger-*Müller*, InsO § 18 Rn. 1.

158 Siehe auch oben Kapitel 1: A. III. 1. b).

159 Jaeger-*Müller*, InsO § 18 Rn. 24.

160 Begründung zum Gesetzentwurf der Insolvenzordnung, BR-Drucksache 1/92, S. 114 sowie BT-Drucksache 12/2443, S. 114.

161 Begründung zum Gesetzentwurf der Insolvenzordnung, BR-Drucksache 1/92, S. 114 sowie BT-Drucksache 12/2443, S. 114.

unternehmen zu beachten. Daher dürfte ein Insolvenzverfahren wegen drohender Zahlungsunfähigkeit nur mit ausdrücklicher Billigung des Lebensversicherers beantragt werden.

Auf der anderen Seite wären aber von der Aufsichtsbehörde auch die Interessen der Versicherungskunden zu beachten, denn der Schutz der Versicherten und ihrer Belange nimmt im Versicherungsaufsichtsrecht eine zentrale Bedeutung ein[162]. Dies gilt insbesondere für den Bereich der Lebensversicherer, wenn man bedenkt, dass hier die über einen langen Zeitraum eingezahlten Versicherungsprämien in ganz überwiegendem Maße zum Zwecke der Altersvorsorge verwendet werden. Ein bereits sehr früh eingeleitetes gerichtlich überwachtes Schuldenbereinigungsverfahren, mit dem alleinigen Ziel der finanziellen Gesundung des Versicherungsunternehmens – sozusagen auf „Kosten" der Versicherten –, würde gegen fundamentale aufsichtsrechtliche Prinzipen verstoßen. Vielmehr müssten vor einer Insolvenzantragstellung wegen drohender Zahlungsunfähigkeit auch die aufsichtsrechtlichen Sanierungsmaßnahmen ausgeschöpft werden.

Daher wären, sollte die Einführung der drohenden Zahlungsunfähigkeit auch bei Versicherungsunternehmen erwogen werden, diese widerstreitenden Interessen von § 18 InsO einerseits und dem Versicherungsaufsichtsrecht andererseits in Einklang zu bringen. Ein Eigenantrag des Versicherers würde daher schon wegen § 88 Abs. 1 VAG ausscheiden, da andernfalls aufsichtsbehördliche Sanierungsmaßnahmen gefährdet werden könnten. Ein Antrag der Aufsichtsbehörde ohne jedwede Beteiligung des Versicherers muss ebenfalls ausscheiden, da die Aufsichtsbehörde dann einen Insolvenzantrag auch gegen den Willen des Versicherungsunternehmens stellen könnte, was dem grundlegenden Regelungsgedanken des § 18 InsO zuwiderlaufen würde. Daher wäre die Aufnahme der drohenden Zahlungsunfähigkeit in die Vorschrift des § 88 Abs. 2 VAG als anzeige-*pflichtiger* Tatbestand nur dann zulässig, wenn der Versicherer einer Antragstellung durch die Aufsichtsbehörde auch ausdrücklich zustimmt[163]. Erst nach erfolgter Zustimmung könnte die Aufsichtsbehörde einen Antrag wegen drohender Zahlungsunfähigkeit stellen. Vor dieser Antragstellung hätte die Aufsichtsbehörde jedoch eingehend zu prüfen, ob die Belange der Versicherten auf einem anderen – für die Versicherten besseren – Wege verfolgt werden können. Hier ist insbesondere an Sanierungsmaßnahmen nach § 89 VAG (Zahlungsverbot

---

[162] Vgl. Prölss/Kollhosser-*Schmidt/Präve*, VAG Vorbem. Rn. 56; *Schmidt*, Die Deregulierung der Versicherungsaufsicht, S. 34.

[163] Vorbildfunktion käme hier der Regelung in § 46b Abs. 1 Satz 5 KWG zu, der für die Antragstellung der Aufsichtsbehörde die Zustimmung des Kreditinstituts voraussetzt.

sowie Herabsetzung von Leistungen) zu denken[164]. Würde die Prüfung ergeben, dass es andere Sanierungsmöglichkeiten gibt, die die Interessen und Belange der Versicherten besser berücksichtigen, so hätte eine Antragsstellung der Aufsichtsbehörde zwingend zu unterbleiben.

Somit ist als Zwischenergebnis festzuhalten, dass der Eröffnungsgrund der drohenden Zahlungsunfähigkeit grundsätzlich, nach entsprechender gesetzlicher Regelung, auch bei Versicherungsunternehmen zur Anwendung kommen kann. Die Anpassung des § 18 InsO an die versicherungsaufsichtrechtlichen Besonderheiten hätte in der Weise zu erfolgen, dass die Aufsichtsbehörde den Insolvenzantrag wegen drohender Zahlungsunfähigkeit *erst* nach einer entsprechenden Anzeige des Versicherers und mit dessen ausdrücklicher Zustimmung sowie einer eingehenden Prüfung des Sachverhalts, insbesondere im Hinblick auf die Belange der Versicherten, stellen könnte.

bb) Versicherungsaufsichtsrechtlicher Bedarf einer Antragstellung wegen drohender Zahlungsunfähigkeit bei Lebensversicherungsunternehmen – Überlegungen am Fall der Mannheimer Lebensversicherungs-AG

Die Möglichkeit einer Antragstellung wegen drohender Zahlungsunfähigkeit würde aber nur dann sinnvoll sein, wenn bei Versicherungsunternehmen – und hier insbesondere Lebensversicherungsunternehmen – eine Antragstellung wegen drohender Zahlungsunfähigkeit auch tatsächlich in Betracht kommen würde. Möglicherweise gibt es für eine Antragstellung wegen drohender Zahlungsunfähigkeit, jedenfalls im Hinblick auf die Lebensversicherer, überhaupt keinen versicherungsaufsichtsrechtlichen Bedarf.

Ein genereller Bedarf – dies gilt im Übrigen für sämtliche Wirtschaftsunternehmen – ist schon dadurch eingeschränkt, dass sich die Insolvenzgründe der drohenden Zahlungsunfähigkeit und Überschuldung zum Teil überschneiden[165]. So überschneiden sich die beiden Insolvenztatbestände in zwei von insgesamt vier möglichen Konstellationen[166]. In einer ersten (sich nicht überschneidenden) Konstellation fällt die Fortbestehensprognose im Sinne einer Zahlungsfähigkeitsprognose positiv aus. Das zu Fortführungswerten bewertete Vermögen ü-

---

164 § 46b Abs. 1 Satz 5 KWG setzt zudem voraus, dass die Sanierungsmaßnahmen nach §§ 46 oder 46a KWG „nicht erfolgversprechend erscheinen".

165 Das kann jedenfalls dann der Fall sein, soweit es sich um Rechtsträger handelt, für die *beide* Insolvenztatbestände relevant sein können; z.B. die Aktiengesellschaft. Der Insolvenztatbestand des § 18 InsO (drohende Zahlungsunfähigkeit) gilt für alle Rechtsträger; dagegen ist der Insolvenztatbestand des § 19 InsO (Überschuldung) auf bestimmte Rechtsträger beschränkt, siehe auch oben Kapitel 1: A. III. 1. c).

166 MünchKommInsO-*Drukarczyk*, § 18 Rn. 54 ff.

bersteigt die bestehenden Verbindlichkeiten. Es liegt somit keine Überschuldung vor[167]. Kann der Schuldner für einen durch die Fortbestehensprognose im Rahmen der Überschuldungsprüfung nicht mehr erfassten Zeitraum den Eintritt der Zahlungsunfähigkeit mit der erforderlichen Mindestwahrscheinlichkeit erwarten und plausibel begründen[168], so kann er einen Insolvenzantrag auf § 18 InsO stützen[169]. In einer zweiten (sich ebenfalls nicht überschneidenden) Konstellation fällt die Fortbestehensprognose negativ aus. Das zu Liquidationswerten bewertete Vermögen übersteigt die bestehenden Verbindlichkeiten und es liegt somit wiederum keine Überschuldung vor[170]. In einer dritten (sich nunmehr überschneidenden) Konstellation fällt die Fortbestehensprognose positiv aus. Das zu Fortführungswerten bewertete Vermögen unterschreitet die bestehenden Verbindlichkeiten. Damit ist Überschuldung sowie die daraus resultierende Antrags*pflicht* gegeben[171]. Ein zusätzliches Antrags*recht*, das bestehen könnte, wenn in einem längeren Prognosezeitraum Zahlungsunfähigkeit drohte, ist jedoch ohne Wert[172]. In einer vierten (sich ebenfalls überschneidenden) Konstellation fällt die Fortbestehensprognose negativ aus. Das zu Liquidationswerten bewertete Vermögen unterschreitet die bestehenden Verbindlichkeiten. Überschuldung ist mithin gegeben[173]. Ein eventuell bestehendes Antragsrecht aufgrund des § 18 InsO würde wiederum durch die Antragspflicht des § 19 InsO überlagert[174]. Diese Ausführungen zeigen, dass in den zwei Konstellationen, in denen Überschuldung gegeben ist (Rechtsfolge: Antrags*pflicht*), ein mögliches Antrags*recht* aufgrund von drohender Zahlungsunfähigkeit „wertlos" wird.

Verbleiben noch die zwei Konstellationen, in denen keine Überschneidung der beiden Insolvenztatbestände möglich ist und der Schuldner somit eine wirkliche Option zur Antragstellung hat. Diese beiden Konstellationen sind grundsätzlich auch bei Versicherungsunternehmen denkbar[175]. So bleibt es bei der Ausgangsfrage, ob für diese möglichen Konstellationen im Bereich der Lebensversiche-

167 MünchKommInsO-*Drukarczyk*, § 18 Rn. 54.

168 Nach überwiegender Auffassung umfasst die Fortbestehensprognose (erste Stufe der Überschuldungsprognose) einen Zeitraum von zwei Jahren, siehe auch oben Kapitel 1: A. III. 1. c). Weil der im Rahmen von § 18 InsO längstens zulässige Prognosezeitraum sich an der Restlaufzeit bestehender Verbindlichkeiten orientiert, kann dieser Prognosezeitraum grundsätzlich deutlich länger als zwei Jahre sein, siehe auch oben Kapitel 1: A. III. 1. b).

169 MünchKommInsO-*Drukarczyk*, § 18 Rn. 55.

170 MünchKommInsO-*Drukarczyk*, § 18 Rn. 54.

171 MünchKommInsO-*Drukarczyk*, § 18 Rn. 54, 56.

172 MünchKommInsO-*Drukarczyk*, § 18 Rn. 56.

173 MünchKommInsO-*Drukarczyk*, § 18 Rn. 54.

174 MünchKommInsO-*Drukarczyk*, § 18 Rn. 58.

175 Siehe dazu auch ausführlich *Backes*, Die Insolvenz des Versicherungsunternehmens, S. 31 f.

rungsunternehmen überhaupt ein Bedarf in der versicherungsaufsichtsrechtlichen Praxis vorhanden ist. Diese Frage soll unter Einbeziehung des Falles der Mannheimer Lebensversicherungs-AG (Mannheimer Leben) untersucht werden[176].

Die Mannheimer Lebensversicherungs-AG wurde von der allgemein schlechten Entwicklung an den Kapitalmärkten und Börsen in den Jahren 2000 bis 2002 besonders hart getroffen[177]. Insbesondere wegen des starken Aktienverfalls seit dem Höchststand im März 2000 geriet die Mannheimer Leben in eine finanzielle Schieflage[178]. Zum Jahresende 2002 betrugen die stillen Lasten der Aktiengesellschaft 216 Millionen Euro gegenüber 120 Millionen Euro im Vorjahr. Dem Lebensversicherer drohte infolge der Unterdeckung eine Insolvenzantragstellung wegen Überschuldung (§ 19 InsO). Zwar hatte das Unternehmen aufgrund eines aktienrechtlichen Beherrschungs- und Ergebnisabführungsvertrages mit der börsennotierten Mannheimer AG Holding (Mannheimer AG) einen Anspruch auf Verlustausgleich. Die Geltendmachung des Ausgleichsanspruchs hätte jedoch die Insolvenz bei der ebenfalls angeschlagenen Mannheimer AG Holding ausgelöst[179]. Dadurch wäre der Ausgleichsanspruch ins Leere gelaufen, mit der Folge, dass das hohe Insolvenzrisiko wegen Überschuldung bei der Mannheimer Leben weiterhin bestanden hätte.

Nachdem die Verkaufsverhandlungen und Sanierungsbemühungen um die Mannheimer Lebensversicherungs-AG im Mai 2003 endgültig gescheitert waren, kam es zum ersten Einsatz der Protektor Lebensversicherungs-AG (Protektor). Protektor ist eine Auffanggesellschaft für notleidende Lebensversicherungsunternehmen[180], die auf Initiative der privaten Versicherungswirtschaft ge-

---

176 Die nachfolgenden Ausführungen zur Mannheimer Leben beruhen maßgeblich auf den Darstellungen bei *Bost*, Die Protektor Lebensversicherungs-AG, in: Aktuelle Fragen in der Versicherungswirtschaft, S. 25 ff. sowie *Himstedt*, Protektor Lebensversicherungs-AG: Erfahrungen im Fall Mannheimer, S. 1 ff.

177 Der Deutsche Aktienindex (DAX) ist im Jahr 2001 um 19,8 Prozent und im Jahr 2002 erneut um etwa 44 Prozent gesunken. Negativ auf die Erträge der Lebensversicherer wirkten sich zudem das anhaltend niedrige Zinsniveau sowie die allgemein schlechte konjunkturelle Lage aus. Im Falle der Mannheimer Lebensversicherungs-AG stellt sich darüber hinaus die Frage nach unternehmerischen Fehlentscheidungen, die zu einer solchen dramatischen Entwicklung offensichtlich beigetragen haben müssen.

178 Siehe ausführlich zu den einzelnen Zahlen und Daten der Mannheimer Lebensversicherungs-AG sowie deren Entwicklung VW 2004, 581.

179 *Himstedt*, Protektor Lebensversicherungs-AG: Erfahrungen im Fall Mannheimer, S. 11.

180 Für den Bereich der privaten Krankenversicherungsunternehmen wurde Mitte 2003 ebenfalls eine Auffanggesellschaft (Medicator AG) gegründet, die aber aktuell – anders als Protektor – eine reine Beteiligungsgesellschaft ist.

gründet worden ist, um die Versicherungsverträge der Kunden abzusichern. Ziel von Protektor ist die Übernahme der Lebensversicherungsverträge und aller damit in Zusammenhang stehenden Leistungsverpflichtungen, die Sanierung des Versicherungsbestandes sowie die anschließende Veräußerung der Bestände an einen am Markt etablierten Lebensversicherer, um danach als Auffanggesellschaft wieder in einen „Ruhezustand" ohne operatives Geschäft zurückkehren. Dagegen findet eine Sanierung des von der Insolvenz bedrohten Versicherungsunternehmens nicht statt. Die Protektor Lebensversicherungs-AG, die zum Jahresende 2002 gegründet worden ist, ist ein „gewöhnlicher" Lebensversicherer, jedoch mit der entscheidenden Ausnahme, dass kein Neukundengeschäft betrieben wird. Alle 103 deutschen Lebensversicherungsunternehmen sind Gesellschafter von Protektor, die mit einem Grundkapital von 3,2 Millionen Euro ausgestattet ist[181]. Darüber hinaus hat sich jeder Gesellschafter verpflichtet, bis zu einem Prozent seiner Kapitalanlagen zur Verfügung zu stellen, was insgesamt ein Haftungskapital von etwa 5 Milliarden Euro ausmacht.

Ende Juni 2003 untersagte die Bundesanstalt für Finanzdienstleistungsaufsicht der Mannheimer Lebensversicherungs-AG das Neukundengeschäft. Im Juli 2003 begannen dann die Verhandlungen zwischen der Mannheimer Leben und Protektor um eine Überleitung des Vertragsbestandes. Nach Abschluss der Verhandlungen im September 2003 erfolgte am 1. Oktober 2003, nach vorheriger Genehmigung des Vertrages durch die Aufsichtsbehörde, die Übernahme der etwa 340.000 Verträge von etwa 250.000 Kunden durch Protektor (Übernahme des Vertragsbestands de facto)[182]. Nachdem die Übertragung des Versicherungsbestandes abgeschlossen war, wurde die Mannheimer Leben (nunmehr ohne Geschäftszweck) noch im Jahr 2003 liquidiert[183].

In der Zusammenfassung zeigt der Fall der Mannheimer Lebensversicherungs-AG, dass alle Beteiligten, und dies gilt ausdrücklich auch für die Versicherungsaufsichtsbehörde, mit größten Anstrengungen versucht haben, *ein Insolvenzverfahren zu vermeiden*. In der Endphase, also in der Phase, als Protektor die Verhandlungen mit der Mannheimer Leben aufnahm, ging es auch nicht mehr um eine Sanierung des Unternehmens, sondern ausschließlich um die Absicherung der Lebensversicherungsverträge, mithin nur noch um die Interessen der Versi-

---

[181] *Bost*, Die Protektor Lebensversicherungs-AG, in: Aktuelle Fragen in der Versicherungswirtschaft, S. 36.

[182] Im Vertrag zwischen der Mannheimer Leben und Protektor wurde vereinbart, dass der Versicherungsbestand wirtschaftlich zum 1. Juli 2003 übergeht (Übernahme des Vertragsbestands de jure).

[183] Um das „Restvermögen" abzuwickeln, wurde die Mannheimer Lebensversicherungs-AG auf die Burg Vermögensverwaltungs-GmbH verschmolzen, vgl. auch Geschäftsbericht 2003 der Mannheimer AG Holding, S. 21.

cherten. Dies zeigt auch der Umstand, dass die Mannheimer Lebensversicherungs-AG nach Übertragung des Versicherungsbestandes liquidiert wurde und somit ganz vom Markt verschwunden ist. Die Vermeidung eines Insolvenzverfahrens ist grundsätzlich immer im Interesse der Versicherten[184]. Dies gilt besonders – im Vergleich zu anderen Versicherungssparten – für die Lebens- und Krankenversicherung[185]. Durch die Eröffnung des Insolvenzverfahrens erlöschen die Lebensversicherungsverträge gemäß § 77b Satz 1 VAG (§ 77 Abs. 3 Halbsatz 1 VAG a.F.)[186]. Für einen erheblichen Teil der Versicherten wäre damit zu befürchten, dass dieser aufgrund einer Verschlechterung des Gesundheitszustandes nicht oder nur zu erschwerten Bedingungen bei einem anderen Unternehmen Versicherungsschutz finden würde[187]. Für sämtliche Versicherten würde gelten, dass sie aufgrund des höheren Eintrittsalters höhere Prämien zu zahlen hätten[188].

Im Fall Mannheimer ergaben sich aufgrund der Konzernstruktur, die jedoch für die Versicherungsbranche nicht unüblich ist, noch weitere Gründe, warum eine Insolvenz – diesmal in Bezug auf die Mannheimer AG Holding – zwingend zu vermeiden war: Um die Rettungs- und Sanierungsbemühungen bei der Mannheimer Lebensversicherungs-AG bzw. die Sicherung dieser Versicherungsverträge nicht faktisch unmöglich werden zu lassen, durfte auch die Mannheimer AG Holding ihrerseits nicht insolvent werden, da diese als Konzernmutter für die Mannheimer Leben vielfältige zwingend erforderliche Dienstleistungen[189] erbrachte, auf die auch Protektor nach einer Übernahme des Vertragsbestandes angewiesen war. Eine eigenständige Organisation dieser Dienstleistungen durch Protektor wäre nur unter erheblichem Zeit- und Kostenaufwand möglich gewesen und hätte die Bestandsübertragung insgesamt gefährdet.

Eine *frühzeitige Insolvenzantragstellung wegen drohender Zahlungsunfähigkeit* – ohne dass vorher sämtliche Rettungs- und Sanierungsmaßnahmen erfolglos durchgeführt worden wären – kann daher, selbst bei einer entsprechenden Zu-

---

184 Fahr/Kaulbach-*Bähr*, VAG § 89 Rn. 1.

185 Fahr/Kaulbach-*Bähr*, VAG § 89 Rn. 1; Prölss/Kollhosser-*Kollhosser*, VAG § 89 Rn. 4.

186 § 77b Satz 1 VAG (§ 77 Abs. 3 Halbsatz 1 VAG a.F.) geht als lex specialis dem § 13 VVG vor, der für den Fall der Insolvenz eines Versicherers normiert, dass das Versicherungsverhältnis mit dem Ablauf eines Monats seit der Eröffnung endet.

187 Prölss/Kollhosser-*Kollhosser*, VAG § 89 Rn. 4.

188 Prölss/Kollhosser-*Kollhosser*, VAG § 89 Rn. 4.

189 Etwa die gesamten Datenverarbeitungsleistungen im Inkasso sowie in der Bestandverwaltung und -pflege.

stimmung des Versicherers[190] nicht in Betracht kommen. Vielmehr wären im Vorfeld einer sich abzeichnenden Insolvenz sämtliche aufsichtsrechtlichen Möglichkeiten des Versicherungsaufsichtsgesetztes auszuschöpfen[191]. Insbesondere ist hier auch an die Vorschrift des § 89 VAG zu denken, der für den Fall einer sich *konkret* abzeichnenden Insolvenz konzipiert worden ist. Danach können verschiedene Sanierungsmaßnahmen[192] eingeleitet werden, wenn sich die Insolvenz eines Versicherungsunternehmens konkret abzeichnet und absehbar eintreten wird, wenn es den Geschäftsbetrieb unverändert fortsetzt (Gefahrenprognose) *und* die Vermeidung im Interesse der Versicherungsnehmer geboten ist[193].

Der Fall Mannheimer Leben hat sehr deutlich gezeigt, dass die Aufsichtsbehörde selbst nach Scheitern sämtlicher Rettungs- und Sanierungsbemühungen im Mai 2003 mit einer Antragstellung wegen *Überschuldung* abgewartet hat, um nicht die Übertragung des Versicherungsbestandes auf Protektor wegen § 77b Satz 1 VAG zu gefährden. Dieser Aspekt gilt seit der Einführung des gesetzlichen Sicherungsfonds zum Jahresende 2004 umso mehr, da die Aufsichtsbehörde nun nach dem Scheitern der Sanierungsmaßnahmen die Übertragung des Versicherungsbestandes auf den Sicherungsfonds anzuordnen hätte, vgl. § 125 Abs. 2 VAG[194]. Damit besteht für eine Antragstellung wegen drohender Zahlungsunfähigkeit kein versicherungsaufsichtsrechtlicher Bedarf.

Gleichwohl würde die Aufnahme der drohenden Zahlungsunfähigkeit als anzeigenpflichtiger Tatbestand in die Vorschrift des § 88 Abs. 2 VAG durchaus sinnvoll sein. Jedoch nicht unter dem Aspekt einer möglichen Antragstellung, sondern um sicherzustellen, dass die Aufsichtsbehörde rechtzeitig von einer drohenden Zahlungsunfähigkeit des Versicherers erfährt, um dann frühzeitig geeignete Sanierungsmaßnahmen anordnen zu können.

---

190 Eine freiwillige Zustimmung zur Antragstellung erscheint zudem äußerst unwahrscheinlich, da der Versicherer regelmäßig kein Interesse an einer frühzeitigen Verfahrenseröffnung haben wird.

191 Zu möglichen Maßnahmen im Vorfeld einer Insolvenz siehe unten Kapitel 2: D.

192 Zum Beispiel kann die Aufsichtsbehörde dem Versicherungsunternehmen gewisse Anordnungen erteilen, deren Durchführung der Weiterführung des Unternehmens im Interesse der Versicherten dient: Änderung der Geschäftsgrundlage oder sonstige Beseitigung von Mängeln (§ 89 Abs. 1 Satz 1 VAG) sowie ein Zahlungsverbot (§ 89 Abs. 1 Satz 2 VAG). Darüber hinaus können unmittelbar wirkende Maßnahmen – die also nicht erst durch den Vorstand auszuführen sind – durchgeführt werden, nämlich die Verpflichtungen eines Lebensversicherungsunternehmens aus seinen Versicherungen dem Vermögensstand entsprechend herabzusetzen, vgl. ausführlich Prölss/Kollhosser-*Kollhosser*, VAG § 89 Rn. 5 ff.

193 Fahr/Kaulbach-*Bähr*, VAG § 89 Rn. 1.

194 Zum neuen gesetzlichen Sicherungsfonds siehe ausführlich unten Kapitel 6.

Als Endergebnis lässt sich somit festhalten, dass es für eine Antragstellung wegen drohender Zahlungsunfähigkeit, jedenfalls hinsichtlich der hier zu betrachtenden Lebensversicherer, keinen versicherungsaufsichtsrechtlichen Bedarf gibt. Trotzdem würde eine Aufnahme der drohenden Zahlungsunfähigkeit als anzeigepflichtiger Tatbestand in die Vorschrift des § 88 Abs. 2 VAG insoweit Sinn machen, als dass die Aufsichtsbehörde dann frühzeitig geeignete aufsichtsrechtliche Sanierungsmaßnahmen, insbesondere gemäß § 89 VAG, einleiten könnte.

IV. Glaubhaftmachung von Forderung und Eröffnungsgrund – Rechtliches Interesse an der Eröffnung des Insolvenzverfahrens – Anhörung des Schuldners

1. Regelungen nach der Insolvenzordnung

a) Gläubigerantrag

Der Insolvenzantrag eines Gläubigers ist in besonderer Art und Weise dazu geeignet, den Kredit des Schuldners nachhaltig zu gefährden, soweit andere Gläubiger von der Antragstellung erfahren[195]. Diesen Umstand könnten sich manche Gläubiger zu Nutze machen, indem der Insolvenzantrag als Druckmittel „missbraucht" wird, um eine rechtlich zweifelhafte Forderung bei einem solventen Schuldner einzutreiben[196]. § 14 InsO soll hier einen angemessenen Ausgleich zwischen den Interessen des Gläubigers einerseits – schneller Zugriff auf das in der Krise noch vorhandene schuldnerische Vermögen – und den Interessen des Schuldners andererseits – eigenverantwortliche Bewältigung seiner finanziellen Schwierigkeiten – schaffen[197].

Der Gläubiger muss deshalb gemäß § 14 Abs. 1 InsO seine Forderung[198] und den Eröffnungsgrund glaubhaft machen und ein rechtliches Interesse an der Eröffnung des Insolvenzverfahrens haben. Dabei gelten für die Glaubhaftmachung von Forderung und Eröffnungsgrund die allgemeinen Regeln des § 294 ZPO in Verbindung mit § 4 InsO. Ein rechtliches Interesse an der Verfahrenseröffnung ist grundsätzlich aufgrund der Gläubigereigenschaft gegeben[199]. Es entfällt jedoch insbesondere dann, wenn dem antragstellenden Gläubiger ein einfacherer, schnellerer und billigerer Weg zur vollständigen Befriedigung seiner Forderung

---

195 MünchKommInsO-*Schmahl*, § 14 Rn. 1.
196 Kübler/Prütting-*Pape*, InsO § 14 Rn. 3.
197 MünchKommInsO-*Schmahl*, § 14 Rn. 2.
198 Es muss jedoch *kein* vollstreckbarer Titel vorhanden oder eine erfolglose Zwangsvollstreckung betrieben worden sein, vgl. Kübler/Prütting-*Pape*, InsO § 14 Rn. 39.
199 MünchKommInsO-*Schmahl*, § 14 Rn. 41 f.

zur Verfügung steht oder der Gläubiger mit dem Antrag (nicht schutzwürdige) verfahrensfremde Zwecke verfolgt[200].

Ist der Antrag des Gläubigers zulässig – es dem Antragsteller also gelungen ist, die Forderung und den Eröffnungsgrund glaubhaft zu machen –, hat das Insolvenzgericht den Schuldner gemäß § 14 Abs. 2 InsO zu hören. Die Anhörung nach § 14 Abs. 2 InsO ist eine nähere Ausgestaltung des Rechts auf rechtliches Gehör gemäß Art. 103 Abs. 1 GG[201]. Unterbleibt eine solche Anhörung, so stellt dies einen Verstoß gegen Art. 103 Abs. 1 GG dar und führt zur Aufhebung des Eröffnungsbeschlusses im Beschwerdeverfahren[202]. Nur in den Fällen des § 10 InsO kann eine Anhörung unterbleiben[203]. Gelingt es dem Schuldner mit einer Gegenglaubhaftmachung die vom Gläubiger behauptete Forderung oder den Eröffnungsgrund wirksam anzugreifen, so wird der ursprünglich zulässige Antrag unzulässig[204].

b) Schuldnerantrag

Bei einem Eigenantrag des Schuldners ist die oben aufgezeigte Gefahr eines „Missbrauchs" der Antragstellung durch einen Gläubiger nicht gegeben. Daher ist grundsätzlich keine Glaubhaftmachung des Eröffnungsgrundes erforderlich[205]. Der Schuldner muss jedoch substantiiert und nachvollziehbar den Eröffnungsgrund darlegen und begründen[206].

2. Sonderregelungen nach dem Versicherungsaufsichtsgesetz

Für den Bereich der Versicherungsunternehmen gilt, dass nur die Aufsichtsbehörde einen Antrag auf Eröffnung eines Insolvenzverfahrens über das Vermögen eines Versicherungsunternehmens stellen kann, § 88 Abs. 1 VAG. Eine direkte Unterscheidung in Gläubiger- und Schuldneranträge, wie sie die Insolvenzordnung vornimmt, scheidet daher aus. Das Versicherungsaufsichtsgesetz enthält

---

200 Siehe dazu ausführlich MünchKommInsO-*Schmahl*, § 14 Rn. 43 ff.

201 Kübler/Prütting-*Prütting*, InsO § 5 Rn. 24 f.

202 Kübler/Prütting-*Pape*, InsO § 14 Rn. 82.

203 So nämlich, wenn der Schuldner sich im Ausland aufhält und seine Anhörung das Verfahren übermäßig verzögern würde oder wenn der Aufenthalt des Schuldners unbekannt ist, § 10 Abs. 1 Satz 1 InsO. In diesem Fall soll ein Vertreter oder Angehöriger des Schuldners gehört werden, § 10 Abs. 1 Satz 2 InsO.

204 Kübler/Prütting-*Pape*, InsO § 14 Rn. 47.

205 Ausnahmen bestehen in den Fällen der §§ 15 Abs. 2 Satz 1, 317 Abs. 2 Satz 1 sowie 333 Abs. 2 Satz 2 InsO.

206 MünchKommInsO-*Schmahl*, § 13 Rn. 84 ff.

jedoch keine Sonderregelungen darüber, inwieweit die Aufsichtsbehörde den Eröffnungsgrund glaubhaft machen oder „nur“ substantiiert und nachvollziehbar darlegen muss. Daher stellt sich die Frage, ob der Antrag der Aufsichtsbehörde eher als Gläubiger- oder eher als Schuldnerantrag zu werten ist.

Bei den Insolvenztatbeständen der Zahlungsunfähigkeit (§ 17 InsO) und Überschuldung (§ 19 InsO) ist der Antrag der Aufsichtsbehörde als Gläubigerantrag zu werten[207]. Ein solcher Insolvenzantrag erfolgt unabhängig von dem Willen des Versicherungsunternehmens, und das Handeln der Aufsichtsbehörde erfolgt grundsätzlich immer im Interesse der Versicherten. Somit muss der Eröffnungsgrund im Falle der §§ 17 und 19 InsO durch die Aufsichtsbehörde glaubhaft gemacht werden. Dagegen ist die Glaubhaftmachung einer Forderung, so wie es die Insolvenzordnung bei Gläubigeranträgen gemäß § 14 Abs. 1 InsO fordert, entbehrlich. Das rechtliche Interesse an der Eröffnung des Insolvenzverfahrens ergibt sich schon aus dem Antragsprivileg der Aufsichtsbehörde[208]. Eine Antragstellung wegen drohender Zahlungsunfähigkeit (§ 18 InsO) ist wie oben festgestellt nach derzeitiger Gesetzeslage nicht möglich[209].

Das Erfordernis einer Anhörung des Schuldners gemäß § 14 Abs. 2 InsO gilt auch bei Versicherungsunternehmen, da der Antrag der Aufsichtsbehörde als Gläubigerantrag zu werten ist. Dies gilt auch in den Fällen, in denen dem Versicherungsunternehmen bereits im Rahmen eines etwaigen Verwaltungsverfahrens die Gelegenheit gegeben wurde, sich zur Sache zu äußern[210]. Bei dem Eröffnungsverfahren handelt es sich um ein eigenständiges gerichtliches Verfahren, bei dem eine gesonderte Schuldneranhörung nach § 14 Abs. 2 InsO zu erfolgen hat, um dem Versicherungsunternehmen die Möglichkeit zu geben, die aus seiner Sicht wesentlichen tatsächlichen und rechtlichen Gesichtspunkte vorzubringen. Unterbliebe eine Anhörung, so würde dies wiederum einen Verstoß gegen Art. 103 Abs. 1 GG bedeuten[211].

---

207 *Backes*, Die Insolvenz des Versicherungsunternehmens, S. 48.

208 *Backes*, Die Insolvenz des Versicherungsunternehmens, S. 48.

209 Siehe oben Kapitel 1: A. III. 2. a). Ein Antrag der Aufsichtsbehörde wäre aber eher als Schuldnerantrag zu werten, da der Versicherer der Antragstellung zuzustimmen hätte, vgl. Kapitel 1: A. III. 2. b) aa).

210 *Backes*, Die Insolvenz des Versicherungsunternehmens, S. 49.

211 Dies würde wiederum zur Aufhebung des Eröffnungsbeschlusses im Beschwerdeverfahren führen.

B. Entscheidung über den Antrag

Das Insolvenzgericht hat von Amts wegen alle Umstände zu ermitteln, die für das Insolvenzverfahren von Bedeutung sind, § 5 Abs. 1 InsO. Dies betrifft insbesondere das Vorliegen des Eröffnungsgrundes, das Bestehen der Forderung sowie das Vorhandensein einer ausreichenden – also kostendeckenden – Insolvenzmasse[212] im Sinne von § 26 Abs. 1 InsO[213].

I. Vorliegen des Eröffnungsgrundes

Das Insolvenzgericht muss sich davon überzeugen, dass ein gesetzlicher Eröffnungsgrund (§§ 17 bis 19 InsO) auch tatsächlich gegeben ist[214]. Dazu bedarf es des vollständigen Beweises im Sinne von § 286 ZPO in Verbindung mit § 4 InsO[215]. Ein im Rahmen der Zulässigkeit durch den Antragsteller glaubhaft gemachter Eröffnungsgrund ist bei der Prüfung der Begründetheit nicht mehr ausreichend[216]. Das Gericht hat sich einen vollständigen Überblick über die schuldnerische Vermögens-, Finanz- und Ertragslage einschließlich der Verbindlichkeiten unter Berücksichtigung der Aus- und Absonderungsrechte zu verschaffen[217]. Zur Aufklärung des Sachverhalts kann es den Schuldner inquisitorisch vernehmen[218] oder die umfangreichen Auskunfts- und Mitwirkungspflichten des Schuldners nutzen[219]. Außerdem kann sich das Gericht aller gesetzlich zulässi-

---

212 Ist keine kostendeckende Insolvenzmasse vorhanden, so ist eine Eröffnung des Verfahrens nur nach Einzahlung eines Kostenvorschusses möglich, § 26 Abs. 1 Satz 2 InsO.

213 Die Frage, ob eine ausreichende Masse vorhanden ist, betrifft nicht mehr die eigentliche Begründetheit (Begründetheit im engeren Sinne) des Eröffnungsantrags, sondern ist eine zusätzliche objektive Bedingung für die Verfahrenseröffnung. Liegt nämlich ein Eröffnungsgrund vor, ohne das die Kosten gedeckt sind, so ist der Antrag gleichwohl begründet, aber dennoch mangels Masse gemäß § 26 Abs. 1 Satz 1 InsO abzuweisen. Diese (vermeintlich nur in der Theorie bedeutende) Unterscheidung hat Auswirkungen auf die Kostenentscheidung bei der Abweisung eines Gläubigerantrags, MünchKommInsO-*Schmahl*, § 16 Rn. 7 sowie MünchKommInsO-*Schmahl*, § 13 Rn. 126 ff.

214 Kübler/Prütting-*Pape*, InsO § 14 Rn. 79.

215 Jaeger-*Gerhardt*, InsO § 14 Rn. 25.

216 MünchKommInsO-*Schmahl*, § 16 Rn. 2.

217 Dabei hat das Insolvenzgericht aufgrund der wirtschaftlichen Bedeutung für alle Beteiligten mit besonderer Sorgfalt zu ermitteln. Andernfalls können Pflichtverletzungen des Insolvenzrichters eine Amtshaftung nach § 839 BGB in Verbindung mit Art. 34 GG begründen, MünchKommInsO-*Schmahl*, § 16 Rn. 10.

218 Die inquisitorische Vernehmung des Schuldners ist von der Anhörung des Schuldners gemäß § 14 Abs. 2 InsO zu unterscheiden.

219 Umfang und Durchsetzung der Auskunfts- und Mitwirkungspflichten des Schuldners ergeben sich aus § 20 in Verbindung mit den §§ 97, 98, 101 Abs. 1 Satz 1 und Satz 2 InsO.

gen Beweismittel bedienen[220]. Darüber hinaus hat das Insolvenzgericht zu prüfen, ob Sicherungsmaßnahmen gemäß § 21 InsO anzuordnen sind. Nach Abschluss der gerichtlichen Ermittlungen haben die Verfahrensbeteiligten grundsätzlich einen Anspruch auf rechtliches Gehör zu dem gefundenen Ermittlungsergebnis[221].

Bei der Prüfung des Eröffnungsgrundes ergeben sich bei Versicherungsunternehmen im Vergleich zu anderen Eröffnungsverfahren keine Besonderheiten. Aufgrund der zu erwartenden Komplexität des Sachverhaltes wird jedoch die Bestellung eines Sachverständigen (Gutachters) mit den einschlägigen Kenntnissen und Erfahrungen unausweichlich sein. Die Rechtsstellung des Sachverständigen bestimmt sich dabei grundsätzlich über § 4 InsO nach den §§ 144 und 402 ff. ZPO. In einem Insolvenzverfahren über das Vermögen eines Versicherungsunternehmens kommt als Sachverständiger, der ausschließlich vom Insolvenzgericht auszuwählen ist[222], jede natürliche Person in Betracht, die die Voraussetzungen des § 11a Abs. 1 VAG erfüllt (Qualifikation des Verantwortlichen Aktuars in der Lebensversicherung)[223]. Nach § 11a Abs. 1 Satz 2 VAG muss die Person zuverlässig und fachlich geeignet sein. Eine fachliche Eignung setzt ausreichende Kenntnisse in der Versicherungsmathematik und Berufserfahrung voraus, § 11a Abs. 1 Satz 3 VAG. Eine ausreichende Berufserfahrung ist gemäß § 11a Abs. 1 Satz 4 VAG regelmäßig dann anzunehmen, wenn eine mindestens dreijährige Tätigkeit als Versicherungsmathematiker nachgewiesen wird. Da der Sachverständige auch häufig zum vorläufigen Insolvenzverwalter gemäß § 22 InsO bestellt wird[224], kann als Auswahlkriterium durchaus auch § 7a Abs. 1 VAG herangezogen werden[225]. Diese (insoweit höheren) Qualifikationsanforderungen sind unter dem Gesichtspunkt, dass bei Verfahrenseröffnung der vorläufige Insolvenzverwalter regelmäßig auch zum Insolvenzverwalter bestellt wird[226], möglicherweise sogar sachgerechter und würden auch den Anforderun-

---

220 Das Gericht kann insbesondere Zeugen und Sachverständige vernehmen, § 5 Abs. 1 Satz 2 InsO.

221 Dazu ausführlich MünchKommInsO-*Schmahl*, § 16 Rn. 23 ff.

222 MünchKommInsO-*Schmahl*, § 16 Rn. 47.

223 *Backes*, Die Insolvenz des Versicherungsunternehmens, S. 50.

224 MünchKommInsO-*Schmahl*, § 16 Rn. 45.

225 § 7a Abs. 1 VAG betrifft die Qualifikation der Geschäftsleiter von Versicherungsunternehmen. Nach Satz 1 müssen diese zuverlässig und fachlich geeignet sein. Eine fachliche Eignung setzt nach Satz 2 in ausreichendem Maße theoretische und praktische Kenntnisse in Versicherungsgeschäften sowie Leitungserfahrung voraus. Dies ist regelmäßig nach Satz 3 anzunehmen, wenn eine dreijährige leitende Tätigkeit bei einem Versicherungsunternehmen von vergleichbarer Größe und Geschäftsart nachgewiesen wird.

226 MünchKommInsO-*Schmahl*, § 16 Rn. 47.

gen, den die Insolvenzordnung an einen Insolvenzverwalter nach § 56 InsO stellt, gerecht[227].

Insgesamt ist jedoch zwingend erforderlich, dass der Sachverständige unabhängig und unparteiisch ist[228]. Daher scheidet die Aufsichtsbehörde als Sachverständiger aus[229]. Die Aufsichtsbehörde hat grundsätzlich die Interessen der Versicherten zu wahren und steht somit den Versicherten näher als dem Versicherungsunternehmen. Zudem stellt die Aufsichtsbehörde den Insolvenzantrag und kann somit nicht mehr als vollkommen neutral und unbefangen eingestuft werden.

II. Bestehen der Forderung

Die glaubhaft gemachte Forderung ist – wie im Rahmen der Zulässigkeit – grundsätzlich ausreichend[230]. Dies gilt dann ausnahmsweise nicht, wenn die Forderung für das Vorliegen des Eröffnungsgrundes maßgeblich ist[231]. Da die Aufsichtsbehörde bei der Antragstellung nicht näher auf eine Forderung einzugehen hat, entfällt hier innerhalb der Begründetheit eine entsprechende Prüfung des Gerichts.

III. Abweisung mangels Masse, § 26 Abs. 1 Satz 1 InsO

1. Regelungen nach der Insolvenzordnung

Das Gericht hat den Antrag auf Eröffnung des Insolvenzverfahrens, auch wenn dieser zulässig und begründet ist, abzuweisen, wenn das Vermögen des Schuldners voraussichtlich nicht ausreichen wird, die Kosten des Verfahrens (für die gesamte Dauer) zu decken, § 26 Abs. 1 Satz 1 InsO. Die zu deckenden Verfahrenskosten bestimmen sich dabei abschließend nach § 54 InsO. Danach sind Kosten des Insolvenzverfahrens die Gerichtskosten für das Insolvenzverfahren (§ 54 Nr. 1 InsO) sowie die Vergütungen und die Auslagen des vorläufigen Insolvenzverwalters, des Insolvenzverwalters und der Mitglieder des Gläubiger-

---

[227] Zu den Anforderungen von § 56 InsO an die Unabhängigkeit des Insolvenzverwalters siehe ausführlich *Prütting*, ZIP 2002, 1965, 1965 ff.

[228] MünchKommInsO-*Schmahl*, § 16 Rn. 47.

[229] Anders *Backes*, Die Insolvenz des Versicherungsunternehmens, S. 50 f., der die Aufsichtsbehörde als Sachverständigen grundsätzlich zulassen will.

[230] Jaeger-*Gerhardt*, InsO § 14 Rn. 26.

[231] Kübler/Prütting-*Pape*, InsO § 14 Rn. 80.

ausschusses (§ 54 Nr. 2 InsO)[232]. Die sonstigen Masseverbindlichkeiten im Sinne von § 55 InsO sind demgemäß bei der Prüfung der Kostendeckung nicht zu berücksichtigen[233].

Die Gerichtskosten (§ 54 Nr. 1 InsO) sind nach dem Gerichtskostengesetz (GKG) zu ermitteln[234]. Hier sind die Kosten (Gebühren und Auslagen) nach § 34 GKG in Verbindung mit Nr. 2310 ff. sowie Nr. 9000 ff. Kostenverzeichnis (KV) des GKG (Anlage 1 des GKG) zu berücksichtigen. Zu beachten ist in diesem Zusammenhang § 58 GKG, der als besondere Wertvorschrift Detailregelungen für Insolvenzverfahren trifft. Die Kosten für das Eröffnungsverfahren (hinsichtlich der Gebühren vgl. Nr. 2310, 2311 KV-GKG) bleiben bei der Berechnung außer Betracht, da diese Kosten bereits entstanden sind und – soweit sie der Masse zur Last fallen – die verfügbare Masse schon gemindert haben[235]. Die Vergütungen und Auslagen des vorläufigen Insolvenzverwalters, des Insolvenzverwalters und der Mitglieder des Gläubigerausschusses (§ 54 Nr. 2 InsO) bestimmen sich nach der Insolvenzrechtlichen Vergütungsverordnung (InsVV).

Insgesamt müssen die Verfahrenskosten gemäß § 54 InsO nicht rechnerisch exakt ermittelt werden, sondern es reicht insoweit (insbesondere angesichts des

---

232 Die Kosten des Insolvenzverfahrens (§ 54 InsO) wurden – im Vergleich zum alten Recht der Konkursordnung (§ 58 Nr. 1 und Nr. 2 KO) – durch die Insolvenzordnung neu geregelt. Durch die Verengung des Kostenbegriffs gemäß § 54 InsO, der sich nun auf die *tatsächlichen* Verfahrenskosten beschränkt, soll die Zahl der eröffneten Insolvenzverfahren deutlich erhöht werden. Die Konkursordnung verlangte dagegen noch zusätzlich eine Deckung (für den großen Bereich) der Ausgaben für die Verwaltung, Verwertung und Verteilung der Masse, § 58 Nr. 2 KO. Aus diesem Grunde wurden in der Endphase der Konkursordnung etwa 80% aller Konkursanträge im gewerblichen Bereich mangels Masse abgewiesen, MünchKommInsO-*Haarmeyer*, § 26 Rn. 2 ff.

233 Die in der Konkursordnung vorgenommene bisweilen wegen Abgrenzungsproblemen schwierige Unterscheidung der Masseverbindlichkeiten in Massekosten (§ 58 KO) und Masseschulden (§ 59 KO) wurde durch die Insolvenzordnung aufgegeben. Nunmehr wird zwischen den Verfahrenskosten nach § 54 InsO und den sonstigen Masseverbindlichkeiten nach § 55 InsO unterschieden.

234 Durch das Gesetz zur Modernisierung des Kostenrechts vom 5. Mai 2004 (BGBl. I 2004, 718), welches am 1. Juli 2004 in Kraft getreten ist, wurde das Gerichtskostengesetz (GKG) sowie das Gesetz über die Vergütung von Sachverständigen, Dolmetscherinnen und Dolmetschern, Übersetzerinnen und Übersetzern sowie die Entschädigung von ehrenamtlichen Richterinnen, ehrenamtlichen Richtern, Zeuginnen, Zeugen und Dritten (Justizvergütungs- und -entschädigungsgesetz – JVEG) [ehemals Gesetz über die Entschädigung von Zeugen und Sachverständigen – ZSEG] reformiert.

235 *Backes*, Die Insolvenz des Versicherungsunternehmens, S. 52. Im Übrigen macht es per Endsaldo keinen quantitativen Unterschied, ob die Kosten des Eröffnungsverfahrens bei der verfügbaren Masse abgezogen werden, oder ob diese Kosten zu den Verfahrenskosten im Sinne von § 54 Nr. 1 InsO addiert werden.

frühen Zeitpunkts der Beurteilung) eine Schätzung[236]. Gleichwohl entbindet das Insolvenzgericht die Ermittlung im Wege der Schätzung nicht von einer sorgfältigen Prüfung des Sachverhaltes – gegebenenfalls unter Zuhilfenahme eines Sachverständigen (Gutachters)[237]. Den geschätzten Verfahrenskosten ist das verwertbare Vermögen des Schuldners[238] (§§ 35 f. InsO) gegenüberzustellen. Die einzelnen Vermögenswerte des Schuldners sind dabei mit den Liquidationswerten anzusetzen[239].

2. Sonderregelungen nach dem Versicherungsaufsichtsgesetz

Bei Lebensversicherern ist hinsichtlich der Abweisung mangels Masse eine differenzierte Untersuchung erforderlich. Dies ist dem Umstand geschuldet, dass das Lebensversicherungsunternehmen neben der allgemeinen Masse eine Sondermasse hat: Das Sicherungsvermögen gemäß § 66 VAG.

Das durch das Sanierungs- und Liquidationsgesetz (VAG-Novelle 2003) neu geschaffene Sicherungsvermögen beruht auf der Umsetzung von Art. 10 Abs. 1 Buchstabe a[240] Sanierungs- und Liquidationsrichtlinie[241]. Das Sicherungsvermögen dient insbesondere der vorrangigen Befriedigung der Forderungen der Versicherten, Versicherungsnehmer, Begünstigten oder geschädigten Dritten, die einen Direktanspruch gegen das Versicherungsunternehmen haben, in Höhe des Anteils am Sicherungsvermögen vor den Forderungen aller übrigen Insolvenzgläubiger (§ 77a Abs. 1 Satz 1 Nr. 1 VAG)[242].

Bereits vor der Einführung des Sicherungsvermögens gemäß § 66 VAG mussten die Lebensversicherungsunternehmen in Deutschland eine Sondermasse zur bevorrechtigten Befriedigung bestimmter Versicherungsforderungen bilden: Den

---

236 Kübler/Prütting-*Pape*, InsO § 26 Rn. 6.

237 MünchKommInsO-*Haarmeyer*, § 26 Rn. 14 f. Bei einer Amtspflichtverletzung können insoweit wiederum haftungsrechtliche Ansprüche gegen den Staat und im Rückgriff gegen den Insolvenzrichter ausgelöst werden, MünchKommInsO-*Haarmeyer*, § 26 Rn. 14.

238 Vermögen des Schuldners im Sinne des § 26 Abs. 1 Satz 1 InsO ist die Zusammenfassung aller gegenwärtigen und zukünftigen liquidierbaren Vermögenswerte (Aktiva), jedoch beschränkt auf die pfändbaren Vermögensgegenstände, aus denen gemäß §§ 35, 36 InsO die Insolvenzmasse gebildet wird, Jaeger-*Schilken*, InsO § 26 Rn. 12.

239 Zu den einzelnen Bewertungsfragen des Schuldnervermögens siehe ausführlich Jaeger-*Schilken*, InsO § 26 Rn. 13 ff.

240 In der im Amtsblatt der Europäischen Union veröffentlichen Fassung der Richtlinie heißt es in Art. 10 Abs. 1 statt „a“ versehentlich „m“ und statt „b“ versehentlich „n“.

241 Zum Sicherungsvermögen siehe ausführlich unten Kapitel 4: D. IV. 2.

242 Zu den Einzelheiten der Privilegierung der Versicherungsforderungen siehe ausführlich unten Kapitel 4: D.

Deckungsstock gemäß § 66 VAG a.F. Auch hier stellte sich schon die Frage, ob und wenn ja, in welchem Umfang die Sondermasse bei der Befriedigung der Verfahrenskosten im Sinne von § 54 InsO herangezogen werden kann. Diese Frage steht mit dem Streit in Zusammenhang, wie sich die Masseverbindlichkeiten (§§ 54, 55 InsO) generell zu der Sondermasse verhalten: konkret also, ob und inwieweit die Vermögenswerte des Sicherungsvermögens (früher: Deckungsstock) zur Vorwegbefriedigung der Masseverbindlichkeiten gemäß § 53 InsO genutzt werden können.

Bei der in diesem Abschnitt relevanten Frage der Abweisung mangels Masse nach § 26 InsO sind von dem Insolvenzgericht nur die Verfahrenskosten gemäß § 54 InsO zu berücksichtigen. Da der Meinungsstreit aber auch mit den sonstigen Masseverbindlichkeiten im Sinne von § 55 InsO in Zusammenhang steht und diese Problemstellung noch im unteren Teil dieser Abhandlung relevant sein wird[243], soll der Meinungsstreit an dieser Stelle umfassend dargestellt und untersucht werden.

a) Vor der VAG-Novelle 2003

aa) Meinungsstand zur Zeit der Konkursordnung

(1) Keine Haftung der Sondermasse für Massekosten und Masseschulden

Nach einer als historisch zu betrachtenden Auffassung sollte die Sondermasse[244] für keinerlei Massekosten und Masseschulden haften[245]. Dies wurde teilweise auch für den Bereich des Hypothekenbankgesetzes (§ 35 HypBankG)[246] vertreten, wobei auch hier keine nähere Begründung angeführt wurde[247]. Mit dem Hinweis auf eine Textpassage einer Entscheidung des Reichsgerichts von 1894[248] – in dem von dem Gericht ausgeführt wird: „Die Massegläubiger stehen zu den Absonderungsberechtigten in keiner Rechtsbeziehung und erhalten ihre

---

243 Unten Kapitel 4: D. VI.

244 Vor Einführung des Deckungsstocks durch Neubekanntmachung des VAG vom 6. Juni 1931 (RGBl. I 1931, 315) aufgrund des Änderungsgesetzes vom 30. März 1931 (RGBl. I 1931, 102) gab es den (vergleichbaren) Prämienreservefonds, der in den §§ 56 ff. VAG a.F. (Fassung vom 12. Mai 1901) geregelt war.

245 Manes/Hagen-*Hagen*, VAG § 61 Anm. 3; *Hagen*, in: Ehrenberg, Handbuch des gesamten Handelsrechts, Achter Band, II. Abteilung, S. 462.

246 Die Regelungen im VAG betreffend die Sondermasse Deckungsstock (bzw. Prämienreservefonds) waren mit den Regelungen über die Sondermassen des HypBankG und DepotG vergleichbar.

247 *Hillig*, HypBankG § 35 Anm. 10.

248 Manes/Hagen-*Hagen*, VAG § 61 Anm. 3; *Hagen*, in: Ehrenberg, Handbuch des gesamten Handelsrechts, Achter Band, II. Abteilung, S. 462.

Befriedigung nur aus dem nach Befriedigung der geltend gemachten Absonderungsansprüche verbleibenden Massebestande."[249] – wurde das Recht auf bevorzugte Befriedigung aus der Sondermasse in die Nähe eines Absonderungsrechts gerückt[250].

Lediglich die Kosten für die Pflegschaft – also die Vergütung des Pflegers sowie die ihm zu erstattenden Auslagen – seien aufgrund von § 62 Abs. 5 VAG a.F.[251] (nunmehr § 78 Abs. 5 VAG) der Sondermasse zu entnehmen.[252] Dies wurde auch später als vermeintliches Argument für einen vollen Haftungsausschluss der Sondermasse angeführt[253]. So sei aus § 78 Abs. 5 Satz 2 VAG im Wege des Umkehrschlusses zu folgern, dass – außer den in § 78 Abs. 5 Satz 2 VAG genannten Kosten der Pflegschaft – keine weiteren Massekosten und Masseschulden der Sondermasse entnommen werden dürften. Jedoch war hier generell umstritten, ob es sich bei den Kosten der Pflegschaft überhaupt um Massekosten – also Ausgaben für die Verwaltung, Verwertung und Verteilung der Masse im Sinne von § 58 Nr. 2 KO – gehandelt hat[254]. Da die Verwaltung, Verwertung und Verteilung der Masse nur dem Konkursverwalter (und nicht dem Pfleger) oblag, seien die Kosten nach § 78 Abs. 5 Satz 2 VAG überhaupt nicht als Massekosten zu qualifizieren[255]. Vielmehr seien dies Kosten, die die Anmeldung von Rechten der Konkursgläubiger – insbesondere Kosten der Feststellung der Anspruchshöhe – betreffen würden[256]. Da gemäß § 63 Nr. 2 KO Kosten, die den Gläubigern durch ihre Teilnahme an dem Verfahren entstehen, ausgeschlossen waren, seien die Kosten der Pflegschaft nach § 78 Abs. 5 Satz 2 VAG als gesetzlich normierte Ausnahme zu § 63 Nr. 2 KO anzusehen[257]. Insoweit würde sich dann ein Umkehrschluss verbieten[258].

---

249 RG vom 10. April 1894 (II 27/94) RGZ 33, 116, 119.

250 Ähnlich *Backes*, Die Insolvenz des Versicherungsunternehmens, S. 55, der davon ausgeht, dass das Recht auf bevorzugte Befriedigung aus der Sondermasse (sogar) in die Nähe eines Aussonderungsrechts gerückt werden sollte.

251 Fassung vom 12. Mai 1901 (RGBl. I 1901, 139).

252 Manes/Hagen-*Hagen*, VAG § 61 Anm. 3; *Hagen*, in: Ehrenberg, Handbuch des gesamten Handelsrechts, Achter Band, II. Abteilung, S. 462.

253 *Backes*, Die Insolvenz des Versicherungsunternehmens, S. 60, der dieses Argument jedoch sogleich wieder verwirft.

254 Wohl bejahend Manes/Hagen-*Hagen*, VAG § 61 Anm. 3; *Hagen*, in: Ehrenberg, Handbuch des gesamten Handelsrechts, Achter Band, II. Abteilung, S. 462 sowie *Hopt*, DB 1975, 1061, 1062. Sich insoweit widersprechend *Maus*, Der Konkurs der Lebensversicherungsgesellschaft, S. 79 f. (verneinend), auf S. 86 aber wiederum konkludent bejahend.

255 *Maus*, Der Konkurs der Lebensversicherungsgesellschaft, S. 79.

256 *Maus*, Der Konkurs der Lebensversicherungsgesellschaft, S. 79.

257 *Maus*, Der Konkurs der Lebensversicherungsgesellschaft, S. 79 f.

258 *Backes*, Die Insolvenz des Versicherungsunternehmens, S. 60 f.

Für die Auffassung, die Sondermasse hafte für keinerlei Massekosten und Masseschulden, konnte allerdings angeführt werden, dass dadurch ein besonders effektiver Schutz der Ansprüche der Versicherungsnehmer im Falle der Insolvenz des Lebensversicherers gegeben sei. Jedoch wurde dem insbesondere entgegengehalten, dass der historische Gesetzgeber durchaus von einer Beteiligung der Sondermasse an den Massekosten und Masseschulden ausgegangen war. So wurde in der Gesetzesbegründung zum HypBankG wie folgt ausgeführt: „Es ergibt sich von selbst, daß die Kosten, die durch Verwertung der einzelnen Massegegenstände entstehen, demjenigen Teile der Masse zur Last fallen, zu welchem sie gehören, und daß im übrigen zur Berichtigung der Massekosten und Masseschulden die in das Hypothekenregister der Bank eingetragenen Hypotheken und sonstigen Bestandteile der Masse nach dem Verhältnis ihres Wertes beizutragen haben“[259]. Eine anfangs mögliche Übertragung auf das VAG, das sich an den entsprechenden Regelungen des HypBankG anlehnen wollte[260], sei jedoch nunmehr durch Gesetzesänderungen als ausgeschlossen anzusehen[261]. So wurde mit der Änderung des VAG im Jahre 1923[262] § 61 Abs. 1a a.F.[263] (seit 1931 § 77 Abs. 2 VAG)[264] eingeführt, der die Zwangsvollstreckung in die Werte des Deckungsstocks einschränkte. Aber erst durch diese Bestimmung, die den Zugriff Dritter wirksam beschränkte, sei der Deckungsstock zum Sondervermögen geworden, mit der Folge, dass die historischen Ansichten des Gesetzgebers insofern nur noch von geringer Bedeutung seien[265].

(2) Volle Haftung der Sondermasse für Massekosten und Masseschulden

Die gegenteilige und ebenfalls als historisch zu betrachtende Ansicht wollte die Sondermasse für sämtliche Massekosten und Masseschulden voll haften lassen[266]. So wurde für den Bereich des „alten“ Depotgesetzes (§ 7a DepotG

---

259 Begründung zum Gesetzentwurf des HypBankG, RT-Drucksache 10. Legislaturperiode, I. Session Nr. 106, veröffentlicht in der 1. Beilage des Deutschen Reichs- und Preußischen Staatsanzeigers vom 27. Februar 1898 Nr. 124, S. 56.

260 Begründung zum Gesetzentwurf des VAG, RT-Drucksache 10. Legislaturperiode, II. Session 1900/1901 Erster Anlageband Nr. 5, S. 196; Bundesaufsichtsamt, Motive zum VAG, S. 49.

261 *Maus*, Der Konkurs der Lebensversicherungsgesellschaft, S. 76 f.

262 Änderungsgesetz vom 19. Juli 1923 (RGBl. I 1923, 684).

263 Fassung vom 19. Juli 1923 (RGBl. I 1923, 684).

264 Neubekanntmachung des VAG vom 6. Juni 1931 (RGBl. I 1931, 315) aufgrund des Änderungsgesetzes vom 30. März 1931 (RGBl. I 1931, 102).

265 *Maus*, Der Konkurs der Lebensversicherungsgesellschaft, S. 77.

266 Für den Bereich von § 35 HypBankG *Philipp*, Die rechtliche Sicherstellung der Pfandbriefgläubiger in der Hypothekenbankgesetzgebung, S. 35. Siehe auch Fn. 246.

a.F.)[267] vertreten, dass die Sondermasse neben der allgemeinen Masse für sämtliche Massekosten und Masseschulden im Wege der Vorwegbefriedigung nach § 57 KO (nunmehr § 53 InsO) hafte[268]. Diese Meinung wurde jedoch dadurch relativiert, dass der Konkursverwalter aus Billigkeitsgründen die Kosten jeweils der Masse entnehmen solle, für welche sie angefallen sei[269]. Im „neuen" DepotG von 1937[270] wurde für den vergleichbaren § 32 DepotG ebenfalls vertreten, dass die Sondermasse in vollem Umfang für sämtliche Massekosten und Masseschulden hafte[271]. Jedoch sollten die Masseverbindlichkeiten in erster Linie aus der allgemeinen Masse entnommen und die Sondermasse nur dann herangezogen werden, wenn die allgemeine Masse zur Befriedigung der Massegläubiger nicht ausreicht[272]. Nur solche Masseverpflichtungen, die mit Bezug auf die Sondermasse entstanden sind, seien – wie zum Beispiel die Kosten einer Pflegschaft nach § 32 Abs. 5 DepotG – in erster Linie der Sondermasse zu entnehmen[273].

Für den Bereich von § 35 HypBankG wurde diese Auffassung damit begründet, dass es sich hier lediglich um ein „eingeschränktes" Vorrecht handeln würde und nur bei einem allgemeinen Vorrecht im Sinne der Konkursordnung seien alle Masseverbindlichkeiten von der allgemeinen Masse zu tragen[274]. Die konkrete Verteilung der Masseverbindlichkeiten auf die jeweiligen Massen sei dann eine Frage des Innenverhältnisses zwischen den Massen[275].

Für diese Auffassung sprach vordergründig, dass – ausgehend von der Einordnung der Ansprüche des § 77 Abs. 4 VAG a.F. (nunmehr § 77a VAG) als Konkursforderungen – sämtliche Massekosten und Masseschulden in vollem Umfang aus der gesamten Konkursmasse nach § 57 KO (nunmehr § 53 InsO) vorweg zu befriedigen waren. Dagegen wurde jedoch angeführt, dass es hier nicht um die Frage des Vorrangs von Masseforderungen gegenüber Konkursforderun-

---

[267] In das Gesetz betreffend die Pflichten der Kaufleute bei Aufbewahrung fremder Wertpapiere („altes" DepotG) vom 5. Juli 1896 (RGBl. 1896, 183) wurde durch Änderungsverordnung vom 21. November 1923 (RGBl. I 1923, 1119) § 7a DepotG eingefügt. Nunmehr ist eine vergleichbare Regelung in § 32 des Gesetzes über die Verwahrung und Anschaffung von Wertpapieren („neues" DepotG) vom 4. Februar 1937 (RGBl. I 1937, 171) enthalten. Siehe auch Fn. 246.

[268] *Riesser*, DepotG S. 177 f.; *Bilfinger*, Der Schutz des Kunden im Konkurs des sogen. Lokalbankiers, S. 43 f.

[269] *Bilfinger*, Der Schutz des Kunden im Konkurs des sogen. Lokalbankiers, S. 44.

[270] Siehe auch Fn. 267.

[271] *Quassowski/Schröder*, DepotG § 32 Rn. 22; *Velthusen*, Der Schutz des Kunden nach dem neuen Depotgesetz, S. 42, 45.

[272] *Quassowski/Schröder*, DepotG § 32 Rn. 22.

[273] *Quassowski/Schröder*, DepotG § 32 Rn. 22.

[274] *Krüger*, Der Konkurs der Hypothekenbanken, S. 56.

[275] *Krüger*, Der Konkurs der Hypothekenbanken, S. 57 f.

gen ginge, sondern vielmehr um die Frage, in welcher Weise die entstehenden Kosten den einzelnen Vermögensmassen zuzuordnen seien[276].

Eine solche Zuordnung setze aber zwingend voraus, dass es sich bei dem Deckungsstock um eine weitgehend verselbstständigte Vermögensmasse im Verhältnis zu der sonstigen Konkursmasse des Lebensversicherungsunternehmens handeln würde[277]. Andernfalls – ließe sich also eine Trennung der Sondermasse Deckungsstock von der sonstigen Konkursmasse nicht begründen[278] – würde sich aus der Einheitlichkeit des Konkursverfahrens ergeben, dass sämtliche Massekosten und Masseschulden vorweg aus der dann einheitlichen Konkursmasse zu berichtigen wären[279]. Eine auch nach „außen" auftretende Trennung der Vermögensmassen wurde hauptsächlich in dem Umstand gesehen, dass § 77 Abs. 4 Satz 1 VAG a.F. den Versicherungsnehmern im Falle des Konkurses des Lebensversicherers ein beschränktes Vorrecht auf die Werte des Deckungsstocks einräumte[280]. Durch die Beschränkung des Zugriffs von Gläubigern auf die Werte des Deckungsstocks auch außerhalb eines Konkursverfahrens aufgrund der Vorschrift von § 77 Abs. 2 VAG werde die rechtliche Verselbstständigung des Deckungsstocks letztendlich komplettiert[281]. Daher seien (aufgrund der festgestellten Trennung der Vermögensmassen) die Massekosten und Masseschulden der jeweiligen Vermögensmasse zuzuordnen, mit der Folge, dass eine volle Haftung des Deckungsstocks abzulehnen sei[282].

Darüber hinaus wurde eine volle Haftung mit dem Argument abgelehnt, dass der Deckungsstock, der ja die Ansprüche der Versicherten absichern soll, bei einer vollen Haftung der Sondermasse für sämtliche Masseverbindlichkeiten in einen „Haftungsfonds" für die Massegläubiger zweckentfremdet würde[283]. Damit ginge eine nicht hinnehmbare Aushöhlung der Rechte der Versicherten einher, da die erhöhte Gefahr bestehen würde, dass die bevorrechtigten Ansprüche der

---

276 *Maus*, Der Konkurs der Lebensversicherungsgesellschaft, S. 77.

277 *Backes*, Die Insolvenz des Versicherungsunternehmens, S. 63.

278 Bei der Frage der Zuordnung sei die Trennung der Vermögensmassen nach „außen" entscheidend. Eine interne Trennung der Vermögensmassen (vgl. z.B. § 66 Abs. 5 und Abs. 6 VAG a.F.) könne den Massegläubigern nicht entgegengehalten werden, *Backes*, Die Insolvenz des Versicherungsunternehmens, S. 63.

279 *Backes*, Die Insolvenz des Versicherungsunternehmens, S. 63.

280 *Backes*, Die Insolvenz des Versicherungsunternehmens, S. 64.

281 *Backes*, Die Insolvenz des Versicherungsunternehmens, S. 64; *Maus*, Der Konkurs der Lebensversicherungsgesellschaft, S. 77 f.

282 *Backes*, Die Insolvenz des Versicherungsunternehmens, S. 64; *Maus*, Der Konkurs der Lebensversicherungsgesellschaft, S. 77 f.

283 *Backes*, Die Insolvenz des Versicherungsunternehmens, S. 64 f.

Versicherten nach Abzug aller Masseverbindlichkeiten nicht mehr befriedigt werden könnten[284].

(3) Anteilige Haftung der Sondermasse für Massekosten und Masseschulden

Eine weitere historische Ansicht vertrat die Auffassung, dass aus dem erzielten Erlös der Sondermasse zunächst Massekosten und Masseschulden zu berichtigen seien, „soweit der Prämienreservefonds[285] an denselben verhältnismäßig teilzunehmen hat“[286]. Eine Begründung für diese Auffassung wurde jedoch nicht angeführt. Insbesondere blieb offen, nach welchem konkreten Verhältnis eine Aufteilung der Massekosten und Masseschulden erfolgen sollte. Für den Bereich des Hypothekenbankgesetzes wurde teilweise vertreten, dass sowohl Sondermasse als auch allgemeine Masse nach dem Verhältnis ihrer Werte zueinander für die Massekosten und Masseschulden aufzukommen hätten[287].

(4) Zuordnung der Massekosten und Verteilung der allgemeinen Massekosten und sämtlicher Masseschulden

Ausgehend von einer Trennung der Vermögensmassen sollten nach dieser Auffassung die Massekosten der Masse entnommen werden, der sie konkret zuzuordnen waren. Diejenigen Massekosten, die nicht konkret zugeordnet werden konnten (allgemeine Massekosten) sowie sämtliche Masseschulden sollten dann auf beide Massen verteilt werden[288]. Der genaue Anteil, der dabei auf die Sondermasse zu entfallen hatte, sollte sich nach dem Verhältnis des Wertes der Sondermasse zu dem Wert der allgemeinen Konkursmasse bestimmen[289].

Zustimmung fand diese Auffassung in der Anerkennung der getrennten Vermögensmassen. Jedoch wurde kritisiert, dass es für eine Beschränkung der primären Zuordnung lediglich auf die Massekosten keinen sachlichen Grund gebe und das Ergebnis somit als willkürlich zu bezeichnen sei[290]. Durch die fehlende primäre Zuordnung hinsichtlich der Masseschulden sei zwangsläufig – auch wenn die Masseschulden anteilsmäßig nach dem Wertverhältnis auf die jeweiligen

---

284 *Backes*, Die Insolvenz des Versicherungsunternehmens, S. 64 f.

285 Siehe auch Fn. 244.

286 *Thaler*, Der Konkurs des Versicherungsvereins auf Gegenseitigkeit, S. 27.

287 Göppert/Seydel/Friedlaender-*Friedlaender*, HypBankG S. 91 (Anmerkungen „Konkurs der Hypothekenbank“ zwischen § 34a und § 35).

288 In diesem Sinne zu verstehen Prölss/Schmidt-*Lipowsky*, VAG [11. Aufl.] § 77 Rn. 19; für den Bereich des HypBankG so zu verstehen *Bellinger/Kerl*, HypBankG § 35 Rn. 16; *Dannenbaum*, HypBankG § 35 Nr. 20; *Löhr*, HypBankG § 35 Nr. 5.

289 Prölss/Schmidt-*Lipowsky*, VAG [11. Aufl.] § 77 Rn. 19.

290 Siehe ausführlich *Backes*, Die Insolvenz des Versicherungsunternehmens, S. 65 ff.

Massen verteilt werden – eine Schlechterstellung einer der beiden Vermögensmassen aufgrund der tatsächlich angefallenen Ausgaben zu befürchten[291].

(5) Zuordnung der Massekosten und Verteilung der allgemeinen Massekosten bei Ausschluss der Masseschulden

Wie die vorherige Auffassung wollte diese Meinung die Massekosten den jeweiligen Massen zuordnen und die allgemeinen Massekosten anteilsmäßig im oben beschriebenen Verhältnis auf die Sondermasse und die allgemeine Konkursmasse verteilen. Dagegen sollten die Masseschulden überhaupt nicht (auch nicht anteilsmäßig) von der Sondermasse getragen werden und wären somit der allgemeinen Masse in vollem Umfang zur Last gefallen[292].

Auch diese Ansicht wurde wegen der Beschränkung der primären Zuordnung auf die Massekosten als willkürlich abgelehnt[293]. Darüber hinaus wurde insbesondere kritisiert, dass nach dieser Auffassung sämtliche Masseschulden der allgemeinen Masse zur Last fallen sollten. So hätte die allgemeine Masse dann auch solche Masseschulden zu tragen, die durch die Sondermasse verursacht worden wären, was im Ergebnis – bei isolierter Betrachtung der Masseschulden – einem nicht zu begründenden Haftungsausschluss der Sondermasse nahekommen würde[294].

(6) Zuordnung der Massekosten und Masseschulden bei Ausschluss der allgemeinen Massekosten und Masseschulden

Diese Meinung wollte sowohl die Massekosten als auch die Masseschulden den jeweiligen Massen zuordnen. Darüber hinaus sollte die Sondermasse aber nicht für die allgemeinen – nicht zuordenbaren – Massekosten und Masseschulden haften[295].

Für diese Auffassung, die jedoch hinsichtlich der konkreten Einzelheiten der Zuordnung keinen einheitlichen Lösungsweg hatte, wurden vielfältige Begründungen angeführt. Dabei wurde das Belastungsverbot der Sondermasse mit den

---

291 *Backes*, Die Insolvenz des Versicherungsunternehmens, S. 67.

292 *Koenige/Petersen*, VAG § 61 Rn. 7; *Bruck*, Das Privatversicherungsrecht, S. 719; *Nöbel*, Das Deckungskapital in der Lebensversicherung, S. 85.

293 *Backes*, Die Insolvenz des Versicherungsunternehmens, S. 65 ff.

294 *Backes*, Die Insolvenz des Versicherungsunternehmens, S. 66.

295 Goldberg/Müller-*Müller*, VAG § 77 Rn. 14; Jaeger-*Lent*, KO [8. Aufl.] § 61 Rn. 5, 3; Kuhn/Uhlenbruck-*Uhlenbruck*, KO § 58 Rn. 12; *Bohlken*, Die Rechte der Versicherungsnehmer, S. 140 f.; *Faber*, Die Stellung der Sondervorrechtsgläubiger im gerichtlichen Vergleichsverfahren, S. 55; *Hopt*, DB 1975, 1061, 1062 ff.

allgemeinen Massekosten und Masseschulden insbesondere auf § 77 Abs. 2 VAG gestützt[296]. Die allgemeinen Massekosten und Masseschulden dürften auch nicht anteilsmäßig aus der Sondermasse gedeckt werden, da es Zweck dieses besonderen Vorrechts sei, im Konkurs des Versicherungsunternehmens die Vorrechtsgläubiger so zu befriedigen, als ob ihnen die Deckungsmasse im Sinne einer Voraushaftung dinglich verstrickt wäre[297].

Aus der Vorschrift von § 78 Abs. 5 Satz 2 VAG, wonach die Kosten der Pflegschaft durch die Sondermasse getragen werden, sei der allgemeine Rechtsgedanke abzuleiten, dass die Sondermasse sämtliche mit ihr in Zusammenhang stehenden Ausgaben zu tragen habe[298]. Es sei nicht einzusehen, dass die zurückgesetzten allgemeinen Konkursgläubiger – die ja nicht an den Werten des Deckungsstocks partizipieren – auch noch die für den Deckungsstock anfallenden Ausgaben zu tragen haben[299]. Dagegen dürften die allgemeinen Massekosten und Masseschulden nicht zu Lasten des Deckungsstocks gehen, da die Vorrechtsgläubiger nach § 77 Abs. 4 VAG a.F. ansonsten schlechter gestellt wären, als die nach § 61 Abs. 1 Nr. 1 bis 5 KO bevorrechtigten Gläubiger, auf die die Masseverbindlichkeiten nicht anteilig im Verhältnis zu der übrigen Konkursmasse entfielen[300]. Ohne grundsätzlich gegen dieses Ergebnis zu sein, wurde diese Begründung jedoch als unzutreffend abgelehnt, da die nach § 61 KO bevorrechtigten Konkursgläubiger dann wirtschaftlich an den Masseverbindlichkeiten teilnehmen würden, wenn die allgemeine Masse nach Abzug der Massekosten und Masseschulden unter den Betrag der nach § 61 KO bevorrechtigten Ansprüche sinken würde[301].

(7) Materieller Sonderkonkurs im formell einheitlichen Konkursverfahren

Diese von Maus entwickelte Auffassung will – aufgrund der Verselbständigung der Sondermasse – das „Verfahren zur Verwertung des Deckungsstocks als einen Sonderkonkurs im Konkurse" behandeln[302]. Unter dem Gesichtspunkt des materiellen Sonderkonkurses im formell einheitlichen Konkursverfahren sollen sich die Massekosten und Masseschulden eindeutig abgrenzen und der jeweili-

---

296 Kuhn/Uhlenbruck-*Uhlenbruck*, KO § 58 Rn. 12; *Faber*, Die Stellung der Sondervorrechtsgläubiger im gerichtlichen Vergleichsverfahren, S. 55.
297 Goldberg/Müller-*Müller*, VAG § 77 Rn. 14; für den Bereich des HypBankG *Hofmann*, HypBankG § 35 Rn. 15.
298 *Hopt*, DB 1975, 1061, 1062.
299 *Hopt*, DB 1975, 1061, 1062.
300 *Hopt*, DB 1975, 1061, 1064.
301 Siehe ausführlich *Maus*, Der Konkurs der Lebensversicherungsgesellschaft, S. 83 ff.
302 *Maus*, Der Konkurs der Lebensversicherungsgesellschaft, S. 85 f.

gen Masse zuordnen lassen[303]. Danach soll der Deckungsstock nur mit solchen Massekosten im Wege der Vorwegbefriedigung nach § 57 KO (nunmehr § 53 InsO) belastet werden, die auch in einem – hypothetischen – selbständigen Konkursverfahren über das Vermögen des Deckungsstocks entstehen und diesem zur Last fallen würden[304]. Entsprechendes soll dabei für die Masseschulden gelten[305]. Diese Auffassung unterscheidet sich im Ergebnis nicht von der zuvor dargestellten Meinung, die auch den Weg der primären Zuordnung der Massekosten und Masseschulden geht. Der „Unterschied" ist hauptsächlich in dem Umstand zu sehen, dass die hier darzustellende Meinung umfangreiche Detaillösungen entwickelt hat, die nachfolgend kurz dargestellt werden sollen. Insoweit kann man hier von einer Weiterentwicklung der zuvor behandelten Auffassung sprechen.

Bestimmte Massekosten und Masseschulden unterliegen keinem festen Regelsatz. Die jeweilige Höhe richtet sich nach dem Wert des Verfahrens[306]. Da es sich aber um ein einheitliches Konkursverfahren handelt, ist zu klären, welcher Masse der Kostenvorteil des gemeinsamen Verfahrens zugute kommen soll. Hier wird von Maus kein einheitlicher Lösungsweg vorgeschlagen, sondern es werden von ihm umfangreiche Detaillösungen entwickelt.

Die Kosten der Pflegschaft fallen nach § 78 Abs. 5 Satz 2 VAG dem Deckungsstock zur Last. Bei den Kosten des gemeinschaftlichen Verfahrens (§ 58 Nr. 1 KO) tritt das Problem der Degression der Gerichtskostentabelle auf. Um den Kostenvorteil des gemeinsamen Verfahrens beiden Massen zugute kommen zu lassen, will Maus die Kosten entsprechend den Werten der Vermögensmassen aufteilen, und zwar nicht entsprechend der ursprünglichen Bewertung der Massen, sondern entsprechend des aufgrund der Verwertung tatsächlich erzielten Erlöses[307]. Die Kosten für Verwaltung, Verwertung und Verteilung der Konkursmasse (§ 58 Nr. 2 KO) sollen – soweit sie konkret der Sondermasse zugeordnet werden können (Sonderkosten) – der Sondermasse voll zur Last fallen[308].

---

303 *Maus*, Der Konkurs der Lebensversicherungsgesellschaft, S. 86 ff.

304 *Maus*, Der Konkurs der Lebensversicherungsgesellschaft, S. 86.

305 *Maus*, Der Konkurs der Lebensversicherungsgesellschaft, S. 91.

306 Zum Beispiel die Gerichtskosten wegen der Degression der Gerichtskostentabelle (§ 34 GKG in Verbindung mit Nr. 2310 ff. Kostenverzeichnis des GKG [Anlage 1 des GKG]) sowie die Vergütung des Konkursverwalters aufgrund der Degression der Vergütungstabelle (§ 3 Abs. 1 VergVO); siehe auch Fn. 309.

307 *Maus*, Der Konkurs der Lebensversicherungsgesellschaft, S. 86 f.

308 Als Beispiel für der Sondermasse klar zuzuordnende Verwaltungskosten werden öffentliche Lasten (z.B. Grundsteuern und Kommunalabgaben), die auf Gegenständen des Deckungsstocks ruhen, angeführt, vgl. *Maus*, Der Konkurs der Lebensversicherungsgesellschaft, S. 87.

Als problematischer Punkt bei den Verwaltungskosten wird die Vergütung des Konkursverwalters hervorgehoben, da sich hier (ebenso wie bei den Gerichtskosten) das Problem der Degression stellt. Der oben vorgestellte Lösungsweg hinsichtlich der Gerichtskosten wird hier jedoch abgelehnt, da zu der Degression noch die Möglichkeit der Erhöhung des Regelsatzes nach § 4 VergVO[309] (nunmehr § 3 InsVV) hinzutritt. Vielmehr sollen diese Kosten in der Weise auf beide Massen verteilt werden, als dass das Konkursgericht jeweils Teilvergütungen entsprechend den getrennt zu verwaltenden Teilmassen unter Berücksichtigung des jeweils hiermit verbundenen Aufwandes festsetzt[310]. Entsprechendes soll für die Kosten der Bestellung eines Gläubigerausschusses, dessen Vergütung sich gemäß § 13 VergVO (nunmehr § 17 InsVV) nach dem angefallenen Zeitaufwand bemisst, sowie der Auslagen des Konkursverwalters gelten[311].

Analog zu den Massekosten sollen bei den Masseschulden nur solche Verbindlichkeiten zu Lasten des Deckungsstocks gehen, die diesen auch in einem selbständigen Konkursverfahren belasten würden. Dabei soll sich bei Ansprüchen, die sich aus den Rechtshandlungen des Konkursverwalters ergeben (§ 59 Abs. 1 Nr. 1 KO), im Regelfall eine klare Zuordnung zur jeweiligen Masse treffen lassen[312]. Sollte ausnahmsweise eine konkrete Zuordnung nicht möglich sein, so soll sich aus der gesetzlichen Grundwertung der §§ 72, 77 Abs. 2 und Abs. 4 VAG a.F. (nunmehr §§ 72, 77 Abs. 2, 77a VAG) ergeben, dass die entsprechenden Kosten nicht zu Lasten der Sondermasse entnommen werden können[313]. Für Rechtsverletzungen des Konkursverwalters haftet grundsätzlich nur die allgemeine Masse[314]. Hervorgehoben wird noch, dass zu den Masseschulden nach § 59 Abs. 1 Nr. 1 KO auch die Kosten für die im Rahmen des Konkursverfahrens beschäftigten Arbeitnehmer gehören, soweit sie aufgrund neuer Arbeitsverträge für die Sondermasse tätig werden, um den Deckungsstock abzuwickeln[315]. Diese Kosten seien in vollem Umfang der Sondermasse zu entnehmen, da diese Kos-

---

309 Verordnung über die Vergütung des Konkursverwalters, des Vergleichsverwalters, der Mitglieder des Gläubigerausschusses und der Mitglieder des Gläubigerbeirats vom 25. Mai 1960 (BGBl. I 1960, 329). Seit 1. Januar 1999 gilt nunmehr die Insolvenzrechtliche Vergütungsverordnung (InsVV) vom 19. August 1998 (BGBl. I 1998, 2205).

310 *Maus*, Der Konkurs der Lebensversicherungsgesellschaft, S. 89.

311 *Maus*, Der Konkurs der Lebensversicherungsgesellschaft, S. 89.

312 *Maus*, Der Konkurs der Lebensversicherungsgesellschaft, S. 91.

313 *Maus*, Der Konkurs der Lebensversicherungsgesellschaft, S. 92.

314 Eine Ausnahme wird hier für den Fall gesehen, dass sich aus dem Eigentum oder der Sachherrschaft an einer Sache, die zum Deckungsstock gehört, unmittelbare Pflichten (z.B. Verkehrssicherungspflichten) ergeben und diese verletzt worden sind.

315 *Maus*, Der Konkurs der Lebensversicherungsgesellschaft, S. 92.

ten auch in einem selbständigen Konkursverfahren über das Vermögen des Deckungsstocks entstanden wären[316].

Bei den Ansprüchen aus zweiseitigen Verträgen (§ 59 Abs. 1 Nr. 2 KO) werden insbesondere die Ansprüche der Arbeitnehmer für die Zeit nach der Konkurseröffnung problematisiert. Die bis zu einer etwaigen Kündigung nach § 22 KO erworbenen Ansprüche stellten Masseverbindlichkeiten nach § 59 Abs. 1 Nr. 2 KO dar, soweit diese den Zeitraum nach der Konkurseröffnung betrafen. Diese Ansprüche dürften aber nicht zu Lasten der Sondermasse gehen, da diese Rechtsgeschäfte ihre Grundlage vor der Konkurseröffnung hatten und die Arbeitnehmer zu diesem Zeitpunkt wegen § 77 Abs. 2 VAG sowieso keinen Zugriff auf den Deckungsstock nehmen konnten[317]. Dies sei auch kein Widerspruch zu der oben getroffenen Aussage, die Gehaltsaufwendungen für die mit der Abwicklung betrauten Arbeitnehmer seien der Sondermasse zu entnehmen, da diese Arbeitnehmer zu Lasten der Sondermasse eingestellt würden und diese Ansprüche Sondermasseschulden nach § 59 Abs. 1 Nr. KO seien[318]. Komme es dagegen nicht zu einem Neuabschluss des Arbeitsvertrages in Bezug auf die mit der Abwicklung des Deckungsstocks betrauten Mitarbeiter, so hätten diese Arbeitnehmer nur einen Anspruch gegen die allgemeine Masse[319]. Gleichwohl sollte der Konkursverwalter die Sondermasse im Wege der Rechnungsstellung mit diesen – durch die allgemeine Masse zu tragenden – Kosten belasten[320].

Unechte Masseschulden gemäß § 59 Abs. 1 Nr. 3 KO, also insbesondere die Ansprüche der Arbeitnehmer aus den letzten sechs Monaten vor Eröffnung des Konkursverfahrens gemäß Buchstabe a, betreffen nach dieser Auffassung niemals die Sondermasse, da die Anspruchsinhaber vor der Verfahrenseröffnung aufgrund des Vollstreckungsverbotes nach § 77 Abs. 2 VAG auch nicht die Möglichkeit hatten, in den Deckungsstock zu vollstrecken[321]. Bei Ansprüchen aus einer rechtlosen Bereicherung der Masse nach § 59 Abs. 1 Nr. 4 KO sei eine klare Zuordnung möglich, da der Bereicherungsanspruch sich gegen die Masse richtet, bei der die Bereicherung eingetreten und noch vorhanden ist[322].

---

316 *Maus*, Der Konkurs der Lebensversicherungsgesellschaft, S. 92.
317 *Maus*, Der Konkurs der Lebensversicherungsgesellschaft, S. 94 f.
318 *Maus*, Der Konkurs der Lebensversicherungsgesellschaft, S. 94 f.
319 *Maus*, Der Konkurs der Lebensversicherungsgesellschaft, S. 95.
320 *Maus*, Der Konkurs der Lebensversicherungsgesellschaft, S. 95.
321 *Maus*, Der Konkurs der Lebensversicherungsgesellschaft, S. 96 f.
322 *Maus*, Der Konkurs der Lebensversicherungsgesellschaft, S. 97.

bb) Meinungsstand nach Inkrafttreten der Insolvenzordnung

Die oben dargestellten Meinungen basieren im Wesentlichen auf den gesetzlichen Regelungen des Versicherungsaufsichtsgesetzes, der Konkursordnung und der Verordnung über die Vergütung des Konkursverwalters. Zum 1. Januar 1999 sind die Konkursordnung und die Verordnung über die Vergütung der Konkursverwalter durch die Insolvenzordnung und die Insolvenzrechtliche Vergütungsverordnung abgelöst worden. Unter diesem Gesichtspunkt wird von Backes untersucht, ob die von ihm favorisierte Auffassung vom materiellen Sonderkonkurs im formell einheitlichen Konkursverfahren auf die neuen gesetzlichen Regelungen übertragbar ist[323].

Nach Backes ist die Theorie vom materiellen Sonderkonkurs im formell einheitlichen Konkursverfahren ohne größere Probleme auf die Insolvenzordnung zu übertragen und hat danach auch weiterhin Bestand[324]. Sowohl die Grundaussage der Theorie – Zuordnung der zuordenbaren Masseverbindlichkeiten – sowie die durch die Theorie entwickelten Detaillösungen seien insbesondere wegen der gleich gebliebenen Grundstrukturen zwischen Konkursordnung und Insolvenzordnung auf die neue Gesetzeslage übertragbar. So unterscheidet die Insolvenzordnung ebenso wie die Konkursordnung zwischen Insolvenz- bzw. Konkursgläubigern (§ 38 InsO / § 3 KO) und Massegläubigern (§ 53 InsO / § 57 KO). Genauso wird bei den Masseverbindlichkeiten (§§ 53 ff. InsO / §§ 57 ff. KO) zwischen den Kosten des Insolvenzverfahrens (§ 54 InsO / Massekosten gemäß § 58 KO) und den sonstigen Masseverbindlichkeiten (§ 55 InsO / Masseschulden gemäß § 59 KO) unterschieden[325]. Zudem war § 77 VAG als zentrale Norm für die Theorie vom materiellen Sonderkonkurs im formell einheitlichen Konkursverfahren zu diesem Zeitpunkt – abgesehen von redaktionellen Anpassungen sowie einer für diese Theorie nicht maßgeblichen Änderung durch Gesetz vom 21. Dezember 2000[326] – in den entscheidenden Absätzen 2 und 4 im Er-

---

323 *Backes*, Die Insolvenz des Versicherungsunternehmens, S. 76 ff.

324 *Backes*, Die Insolvenz des Versicherungsunternehmens, S. 80.

325 Ohne Auswirkung für die Grundaussage der Theorie vom materiellen Sonderkonkurs im formell einheitlichen Konkursverfahren seien dabei die in der Insolvenzordnung vorgenommenen Änderungen hinsichtlich der Masseverbindlichkeiten, Backes, Die Insolvenz des Versicherungsunternehmens, S. 76. Die Ausgaben für die Verwaltung, Verwertung und Verteilung der Masse waren nach dem alten Recht der Konkursordnung nach § 58 Nr. 2 KO Masseschulden und damit Kosten des Verfahrens. Nach dem neuen Recht der Insolvenzordnung sind solche Ausgaben nunmehr – mit Ausnahme der Vergütungen und Auslagen des vorläufigen Insolvenzverwalters, des Insolvenzverwalters und der Mitglieder der Gläubigerausschusses, vgl. § 54 Nr. 2 InsO – sonstige Masseverbindlichkeiten nach § 55 InsO.

326 BGBl. I 2000, 1857.

gebnis unverändert geblieben, wodurch diese Theorie auch unter diesem Gesichtspunkt nicht ihre Gültigkeit verloren hätte[327].

Die für die Theorie vom materiellen Sonderkonkurs im formell einheitlichen Konkursverfahren relevanten Bereiche, die durch die Insolvenzordnung sachliche Änderungen im Vergleich zur Konkursordnung erfahren haben, ständen einer Übertragbarkeit der Theorie auf das neue Recht nicht im Wege. Dies gelte zum Beispiel für den Bereich der Lohn- und Gehaltsansprüche der Arbeitnehmer[328]. Nach dem alten Recht der Konkursordnung handelte es sich hier grundsätzlich um Masseverbindlichkeiten[329]. Seit Inkrafttreten der Insolvenzordnung können die Arbeitnehmer ihre Ansprüche aus dem Arbeitsverhältnis, was die Ansprüche für die Zeit vor der Eröffnung des Verfahrens angeht, grundsätzlich nur noch als Insolvenzgläubiger gemäß § 108 Abs. 2 InsO geltend machen[330]. Für die Zeit nach Verfahrenseröffnung stellen die Ansprüche aus dem Arbeitsverhältnis weiterhin Masseverbindlichkeiten nach § 55 Abs. 1 Nr. 2 InsO dar[331]. Diese sachliche Änderung hätte jedoch im Ergebnis keine Auswirkungen auf die Theorie vom materiellen Sonderkonkurs im formell einheitlichen Konkursverfahren, da lediglich die Zuordnung der vor Verfahrenseröffnung entstandenen Ansprüche der Arbeitnehmer zur allgemeinen Masse entfallen würde[332].

Auch die Änderung hinsichtlich der Ausgaben für die Verwaltung, Verwertung und Verteilung der Masse (soweit es sich nicht um die Vergütungen und Auslagen des vorläufigen Insolvenzverwalters, des Insolvenzverwalters und der Mitglieder des Gläubigerausschusses handelt), die gesetzlich nicht mehr als Verfahrenskosten, sondern nunmehr als sonstige Masseverbindlichkeiten qualifiziert werden, stünden einer Übertragbarkeit nicht im Wege, da die Theorie vom materiellen Sonderkonkurs im formell einheitlichen Konkursverfahren die Massekosten (§ 58 KO; nunmehr Kosten des Insolvenzverfahrens, § 54 InsO) und die

---

327 *Backes*, Die Insolvenz des Versicherungsunternehmens, S. 76.

328 *Backes*, Die Insolvenz des Versicherungsunternehmens, S. 76 f.

329 Die Lohn- und Gehaltsansprüche der Arbeitnehmer waren grundsätzlich Masseschulden; entweder nach § 59 Abs. 1 Nr. 3 Buchstabe a KO (vor Eröffnung des Konkursverfahrens) oder nach § 59 Abs. 1 Nr. 1, 2 KO (nach Eröffnung des Konkursverfahrens).

330 MünchKommInsO-*Ehricke*, § 38 Rn. 72. Ausnahmsweise handelt es sich nach herrschender Meinung um Masseverbindlichkeiten nach § 55 Abs. 2 Satz 2 InsO, wenn ein „starker" vorläufiger Insolvenzverwalter (§ 22 Abs. 1 InsO) die Arbeitnehmer weiterbeschäftigt hat, MünchKommInsO-*Hefermehl*, § 55 Rn. 222 ff. Wegen der Besonderheiten hinsichtlich der auf die Bundesagentur für Arbeit übergegangen Arbeitnehmeransprüche siehe MünchKommInsO-*Hefermehl*, § 55 Rn. 227 ff.

331 MünchKommInsO-*Hefermehl*, § 55 Rn. 165.

332 *Backes*, Die Insolvenz des Versicherungsunternehmens, S. 77.

Masseschulden (§ 59 KO; nunmehr sonstige Masseverbindlichkeiten, § 55 InsO) gleich behandelt[333].

Die Ablösung der Verordnung über die Vergütung der Konkursverwalter durch die Insolvenzrechtliche Vergütungsverordnung ändere auch nichts an dem Ergebnis der Übertragbarkeit, da die für die Theorie vom materiellen Sonderkonkurs im formell einheitlichen Konkursverfahren maßgeblichen Berechnungsgrundsätze, insbesondere hinsichtlich der Degression der Regelsätze, unverändert geblieben sind[334].

b) Nach der VAG-Novelle 2003

aa) Ausgangslage

Aufgrund der Sanierungs- und Liquidationsrichtlinie[335] vom 19. März 2001 waren in Deutschland Änderungen und Anpassungen für den Bereich der Sicherung der Versicherungsforderungen notwendig, die durch das Sanierungs- und Liquidationsgesetz[336] vom 10. Dezember 2003 (VAG-Novelle 2003) umgesetzt worden sind. Artikel 10 der Sanierungs- und Liquidationsrichtlinie lässt den Mitglieds- und Vertragsstaaten die Wahl zwischen zwei Durchführungsmethoden, um die bevorrechtigte Behandlung von Versicherungsforderungen gegenüber anderen Forderungen gegen das Versicherungsunternehmen zu gewährleisten. Die erste Methode nach Art. 10 Abs. 1 Buchstabe a[337] der Sanierungs- und Liquidationsrichtlinie sieht vor, dass Versicherungsforderungen ein absolutes Vorrecht auf Befriedigung aus den Vermögenswerten zur Deckung der versicherungstechnischen Rückstellungen vor allen anderen Forderungen gegen das Versicherungsunternehmen haben. Nach der zweiten Methode gemäß Art. 10 Abs. 1 Buchstabe b der Sanierungs- und Liquidationsrichtlinie sollen Versicherungsforderungen ein Rangvorrecht auf Befriedigung aus dem gesamten Unternehmensvermögen vor allen anderen Forderungen gegen das Versicherungsunternehmen haben. Hiervon ausgenommen werden können nur Forderungen von Arbeitnehmern aufgrund eines Arbeitsverhältnisses, Steuerforderungen öffentlicher Körperschaften, Forderungen der Sozialversicherungsträger sowie dinglich gesicherte Forderungen in Bezug auf Vermögensgegenstände. Der deutsche Gesetzgeber hat sich hauptsächlich aus zwei Gründen für die erste Methode entschieden: Zum einen würde die zweite Durchführungsmethode, die ein auf das

---

333 *Backes*, Die Insolvenz des Versicherungsunternehmens, S. 77.

334 *Backes*, Die Insolvenz des Versicherungsunternehmens, S. 77 f.

335 Vgl. auch Fn. 47.

336 Vgl. auch Fn. 46.

337 In der im Amtsblatt der Europäischen Union veröffentlichen Fassung der Richtlinie heisst es in Art. 10 Abs. 1 statt „a“ versehentlich „m“ und statt „b“ versehentlich „n“.

gesamte Unternehmensvermögen bezogenes Rangvorrecht vorsieht, gegen den von der Insolvenzordnung zugrundeliegenden Grundsatz der Gläubigergleichbehandlung verstoßen[338]. Zum anderen gab es im Versicherungsaufsichtsgesetz bei solchen Versicherungszweigen und -arten, bei denen ein Deckungsstock zu bilden war (§§ 66, 79 VAG a.F.)[339], bereits ein absolutes Vorrecht, das auf bestimmte Vermögensgegenstände – den Deckungsstock – beschränkt war[340]. Aufgrund der Durchführung nach der ersten Methode war vom deutschen Gesetzgeber Art. 10 Abs. 3 Sanierungs- und Liquidationsrichtlinie zu beachten, der von den Mitglied- und Vertragsstaaten fordert, dass den Versicherungsunternehmen die Erstellung und regelmäßige Aktualisierung eines besonderen Verzeichnisses, das nach den besonderen Bestimmungen des Anhangs der Sanierungs- und Liquidationsrichtlinie zu führen ist, vorzuschreiben ist[341].

Besondere Relevanz im Zusammenhang mit dem hier zu behandelnden Meinungsstreit kommt dabei Art. 10 Abs. 2 Sanierungs- und Liquidationsrichtlinie zu. Danach können die Mitglied- und Vertragsstaaten unbeschadet nach Art. 10 Abs. 1 Sanierungs- und Liquidationsrichtlinie bestimmen, dass die Auslagen des Liquidationsverfahrens im Sinne ihrer innerstaatlichen Rechtsvorschriften ganz oder teilweise Vorrang vor den Versicherungsforderungen haben. Fraglich ist hier jedoch, was genau unter dem Begriff „Auslagen des Liquidationsverfahrens" zu verstehen ist. In Betracht kommen in Deutschland insoweit § 54 InsO (Kosten des Insolvenzverfahrens) und möglicherweise auch noch zusätzlich § 55 InsO (sonstige Masseverbindlichkeiten).

---

338 *Eilert*, VW 2004, 907, 908. Aus diesem Grunde wurde auch der ehemalige § 80 VAG mit der Einführung der Insolvenzordnung zum 1. Januar 1999 aufgehoben, der früher für den Bereich der Schadenversicherung vorsah, dass im Konkurs des Versicherungsunternehmens die Forderungen aus Versicherungsverträgen auf Rückerstattung eines auf die Zeit nach Beendigung des Versicherungsverhältnisses entfallenden Teils des Versicherungsentgelts und auf Ersatz eines zurzeit der Konkurseröffnung bereits eingetretenen Schadens den übrigen Konkursforderungen des § 61 Abs. 1 Nr. 6 KO im Rang vorgeht, BR-Drucksache 511/92, S. 108 sowie BT-Drucksache 12/3803, S. 108; BR-Drucksache 543/03, S. 34 f. sowie BT-Drucksache 15/1653, S. 20.

339 Ein Deckungsstock musste für die Lebensversicherung, die substitutive und sonstige nach Art der Lebensversicherung betriebene Krankenversicherung, die Unfallversicherung mit Prämienrückgewähr und bei Rentenleistungen in der Unfall- und Haftpflichtversicherung gebildet werden.

340 Begründung zum Entwurf des Sanierungs- und Liquidationsgesetzes, BR-Drucksache 543/03, S. 34 f. sowie BT-Drucksache 15/1653, S. 19 f.

341 Siehe auch Erwägungsgrund Nr. 16 Sanierungs- und Liquidationsrichtlinie. In Deutschland sollen die Einzelheiten dieses Vermögensverzeichnisses zum Sicherungsvermögen in einem Rundschreiben der Versicherungsaufsichtsbehörde geregelt werden, Begründung zum Entwurf des Sanierungs- und Liquidationsgesetzes, BR-Drucksache 543/03, S. 46 sowie BT-Drucksache 15/1653, S. 26.

bb) Auslegung des Begriffs „Auslagen des Liquidationsverfahrens" nach Art. 10 Abs. 2 Sanierungs- und Liquidationsrichtlinie

„Liquidationsverfahren" im Sinne der Sanierungs- und Liquidationsrichtlinie sind nach Art. 2 Buchstabe d Sanierungs- und Liquidationsrichtlinie Gesamtverfahren, bei denen das Vermögen eines Versicherungsunternehmens verwertet und der Erlös in angemessener Weise unter den Gläubigern, Anteilseignern oder Mitgliedern verteilt wird[342]. In jedem Fall ist das Tätigwerden einer Behörde oder eines Gerichts eines Mitglied- oder Vertragsstaates notwendig, wobei es unerheblich ist, ob die Verfahren freiwillig oder zwangsweise eingeleitet werden. Ebenfalls unerheblich ist, ob die Verfahren wegen Zahlungsunfähigkeit eröffnet werden. In Deutschland sind mit „Liquidationsverfahren" somit Insolvenzverfahren nach der Insolvenzordnung – in Abgrenzung zu einer außerhalb eines Insolvenzverfahrens erfolgenden Abwicklung eines Versicherungsunternehmens[343] – gemeint[344].

Der Begriff „Auslagen" wird in der Sanierungs- und Liquidationsrichtlinie nicht näher bestimmt. In der englischen Ausgabe der Sanierungs- und Liquidationsrichtlinie, wo es „...expenses arising from the winding-up procedure..." heißt, lässt sich „expenses" mit Ausgaben, Auslagen und Kosten[345] oder auch mit Aufwand, Aufwendungen, Ausgaben, Auslagen, Kosten und Unkosten[346] übersetzen. In der französischen Fassung der Richtlinie („...des dépens résultant de la procédure de liquidation...") lässt sich „dépens" in diesem Zusammenhang mit Kosten, das französische Wort „dépenses" generell mit Aufwendungen, Auslage, Kosten und Unkosten übersetzen[347]. Keine anderen Erkenntnisse gewinnt man, wenn man die spanische Fassung („...de los gastos derivados del procedimiento de liquidación...") und die italienische Fassung („...le spese della procedura di liquidazione...") heranzieht, da das spanische Wort „gastos" sowie das italienische Wort „spese" ebenfalls mit Kosten, Unkosten, Ausgaben, Auslagen und Aufwendungen übersetzt werden kann[348]. Dies kann auch nicht verwundern,

---

342 Siehe auch Erwägungsgrund Nr. 5 Sanierungs- und Liquidationsrichtlinie.

343 Beispiele für die Abwicklung eines Versicherungsunternehmens außerhalb der Insolvenzordnung sind die Abwicklung einer Aktiengesellschaft nach §§ 264 ff. AktG oder auch die Abwicklung eines VVaG nach § 46 f. VAG.

344 Begründung zum Entwurf des Sanierungs- und Liquidationsgesetzes, BR-Drucksache 543/03, S. 33 f. sowie BT-Drucksache 15/1653, S. 19.

345 Übersetzungsquelle: Romain, Wörterbuch der Rechts- und Wirtschaftssprache, Teil I (Englisch-Deutsch).

346 Übersetzungsquelle: Köbler, Rechtsenglisch.

347 Übersetzungsquelle: Köbler, Rechtsfranzösisch.

348 Übersetzungsquellen: Becher, Wörterbuch der Rechts- und Wirtschaftssprache, Teil I (Spanisch-Deutsch); Conte, Wörterbuch der Rechts- und Wirtschaftssprache, Teil I (Italienisch-Deutsch).

da die Richtlinie – unabhängig von ihrer sprachlichen Fassung – inhaltlich die identischen Regelungen normiert. Der Vergleich mit den anderen sprachlichen Fassungen der Sanierungs- und Liquidationsrichtlinie zeigt aber zweifelsfrei, dass mit „Auslagen des Liquidationsverfahren“ in jedem Fall mehr als nur die Gerichtskosten des Insolvenzverfahrens im Sinne von § 54 Nr. 1 InsO gemeint sein kann, da der Begriff „Gerichtskosten“ im englischen gewöhnlich mit „court fees“ oder auch „court costs“[349] und im französischen mit „frais de justice“[350] übersetzt wird.

Es kann somit festgestellt werden, dass zumindest die Kosten des Insolvenzverfahrens nach § 54 InsO unter den Begriff „Auslagen des Liquidationsverfahrens“ fallen. Unklar ist aber weiterhin, ob grundsätzlich auch die sonstigen Masseverbindlichkeiten gemäß § 55 InsO unter diesen Begriff fallen können.

Aufgrund der Formulierung in Art. 10 Abs. 2 Sanierungs- und Liquidationsrichtlinie, wonach die „Auslagen des Liquidationsverfahrens *im Sinne ihrer innerstaatlichen Rechtsvorschriften*“ Vorrang vor den Versicherungsforderungen haben können, richtet sich die Frage, was genau unter dem Begriff „Auslagen des Liquidationsverfahrens“ zu verstehen ist, somit grundsätzlich nach dem jeweiligen nationalen Recht des einzelnen Mitglied- und Vertragsstaates. Die Richtlinie stellt in Erwägungsgrund Nr. 9 klar, dass Ziel der Richtlinie nicht sei, das einzelstaatliche Recht in Bezug auf Liquidationsverfahren zu harmonisieren. Ebensowenig sollen nach Erwägungsgrund Nr. 14 Sanierungs- und Liquidationsrichtlinie die verschiedenen Systeme von Gläubigervorrechten in den einzelnen Mitglied- und Vertragsstaaten harmonisiert werden. Vielmehr soll ein angemessenes Gleichgewicht zwischen dem Schutz der Versicherungsgläubiger und dem Schutz anderer nach dem Recht der Mitglied- und Vertragsstaaten bevorrechtigten Gläubiger sichergestellt werden. Somit ist vorliegend entscheidend, ob nach deutschem Recht die sonstigen Masseverbindlichkeiten nach § 55 InsO als „Auslagen“ eines Insolvenzverfahrens qualifiziert werden können.

Im deutschen Kostenrecht werden nach § 1 GKG die Auslagen (vgl. Nr. 9000 ff. Kostenverzeichnis des GKG) und die Gebühren (vgl. Nr. 1110 ff. Kostenverzeichnis des GKG) unter dem Begriff Kosten zusammengefasst. Eine inhaltliche Übereinstimmung des Begriffs „Auslagen“ im Sinne der Sanierungs- und Liquidationsrichtlinie sowie des Begriffs „Auslagen“ im Sinne des Gerichtskostengesetzes kann jedoch ausgeschlossen werden. Es wäre logisch nicht nachvollziehbar, wenn zwar die Auslagen (im Sinne von Nr. 9000 ff. Kostenverzeichnis des GKG), aber nicht die Gebühren (im Sinne von Nr. 1110 ff. Kostenverzeichnis

349 Übersetzungsquelle: Köbler, Rechtsenglisch.
350 Übersetzungsquelle: Köbler, Rechtsfranzösisch.

des GKG) von Art. 10 Abs. 2 Sanierungs- und Liquidationsrichtlinie erfasst werden sollten. Ein solches enges Verständnis des Begriffs „Auslagen“ würde nicht dem Regelungskontext des Art. 10 Sanierungs- und Liquidationsrichtlinie entsprechen[351]. Aus den gleichen Erwägungen scheidet auch ein Verständnis des Begriffs „Auslagen“ im Sinne von § 54 Nr. 2 InsO („...die Vergütungen und die *Auslagen* des vorläufigen Insolvenzverwalters...“) aus, da hier ebenfalls nicht logisch nachvollziehbar wäre, dass zwar die Auslagen des Insolvenzverwalters, jedoch nicht die Vergütungen – und darüber hinaus dann auch nicht die Gerichtskosten für das Insolvenzverfahren nach § 54 Nr. 1 InsO – unter die Bestimmung von Art. 10 Abs. 2 Sanierungs- und Liquidationsrichtlinie fallen sollen.

Daher kommt dem Wort „Auslagen“ im Sinne der Sanierungs- und Liquidationsrichtlinie eine sehr weite Bedeutung zu, die hier nicht als rechtstechnische Bezeichnung „Auslagen“ im Sinne des Kostenrechts zu verstehen ist. Vielmehr wird der Begriff „Auslagen“ in Deutschland gewöhnlich auch als Synonym für die Wörter „Ausgaben, Aufwendungen und Kosten“ verwendet. Wie oben der Vergleich mit den fremdsprachlichen Fassungen der Sanierungs- und Liquidationsrichtlinie gezeigt hat, ließe sich insbesondere das Wort „Kosten“ trefflich für eine Übersetzung heranziehen. Wäre die deutsche Fassung der Richtlinie aber mit „*Kosten* des Liquidationsverfahrens“ übersetzt worden, so wäre zwangsläufig der Verdacht einer inhaltlichen Übereinstimmung mit § 54 InsO, der die amtliche Überschrift „*Kosten* des Insolvenzverfahrens“ trägt, aufgekommen[352]. So kann aber im Umkehrschluss – und vor dem Hintergrund, dass das Wort „Auslagen“ in diesem Zusammenhang sehr weit zu verstehen ist – gefolgert werden, dass auch die sonstigen Masseverbindlichkeiten nach § 55 InsO grundsätzlich unter den Begriff „Auslagen“ im Sinne der Richtlinie fallen können. Diese Sichtweise kann zusätzlich dadurch untermauert werden, als dass die Richtlinie in Erwägungsgrund Nr. 14 ausdrücklich erklärt, dass der Schutz anderer nach

---

351 Eine andere Bewertung ist möglicherweise im Rahmen der Richtlinie 2001/24/EG des Europäischen Parlaments und des Rates vom 4. April 2001 über die Sanierung und Liquidation von Kreditinstituten (ABl. EG L 125/15 vom 5. Mai 2001) geboten, wo es in Art. 10 Abs. 2 Buchstabe k heißt: „Das Recht des Herkunftsmitgliedstaats regelt insbesondere, wer die *Kosten* des Liquidationsverfahrens *einschließlich der Auslagen* zu tragen hat.“ Da Art. 10 der Sanierungs- und Liquidationsrichtlinie von Kreditinstituten und Art. 10 der Sanierungs- und Liquidationsrichtlinie von Versicherungsunternehmen jedoch verschiedene Regelungsinhalte haben und die Verwendung der Begriffe „Kosten“ und „Auslagen“ in einem anderen Kontext erfolgt, können die Erkenntnisse, die aus der Sanierungs- und Liquidationsrichtlinie von Kreditinstituten gezogen werden könnten, nicht auf die Sanierungs- und Liquidationsrichtlinie von Versicherungsunternehmen übertragen werden.

352 Bei Bekanntgabe der Sanierungs- und Liquidationsrichtlinie im Jahr 2001 war der Text der Insolvenzordnung von 1999 bereits bekannt.

dem Recht der Mitglied- und Vertragsstaaten bevorrechtigten Gläubigergruppen – in Deutschland also zum Beispiel die Massegläubiger nach §§ 53 ff. InsO – anerkannt wird.

Damit fallen § 54 sowie § 55 InsO unter den Begriff „Auslagen des Liquidationsverfahrens“ im Sinne der Sanierungs- und Liquidationsrichtlinie. Der deutsche Gesetzgeber kann somit grundsätzlich nach Art. 10 Abs. 2 Sanierungs- und Liquidationsrichtlinie sowohl die Kosten des Insolvenzverfahrens nach § 54 InsO als auch die sonstigen Masseverbindlichkeiten nach § 55 InsO ganz oder teilweise Vorrang vor den Versicherungsforderungen einräumen, soweit der Zweck der Richtlinie – *angemessenes Gleichgewicht* zwischen dem Schutz der Versicherungsgläubiger und anderer bevorrechtigter Gläubiger – nicht gefährdet wird.

cc) Umsetzung von Art. 10 Abs. 2 Sanierungs- und Liquidationsrichtlinie durch den deutschen Gesetzgeber

Der deutsche Gesetzgeber *kann* – die Richtlinie verpflichtet ihn nicht dazu – den „Auslagen des Liquidationsverfahrens im Sinne ihrer innerstaatlichen Rechtsvorschriften“ ganz oder teilweise Vorrang vor den Versicherungsforderungen einräumen. Entsprechende ausdrückliche Regelungen sind durch das Sanierungs- und Liquidationsgesetz von 2003 jedoch nicht (weder spezialgesetzlich im Versicherungsaufsichtsgesetz noch allgemein in der Insolvenzordnung) geschaffen worden. Da keine ausdrücklichen Regelungen durch den deutschen Gesetzgeber getroffen wurden, könnte man im Umkehrschluss zu Art. 10 Abs. 2 Sanierungs- und Liquidationsrichtlinie vermuten, dass die bevorrechtigten Versicherungsforderungen nunmehr allen Masseverbindlichkeiten vorgehen sollen[353]. Dieser Umkehrschluss erweist sich bei näherer Betrachtung jedoch als unzutreffend. In der Begründung zum Sanierungs- und Liquidationsgesetz wird ausgeführt: „Die Versicherungsforderungen sind aus den eingetragenen Vermögenswerten (ggf. nach den Verfahrenskosten) vor den anderen Insolvenzgläubigern zu bedienen.“[354] In diesem Zusammenhang erscheint es plausibel, dass mit

---

353 So *Backes*, Die Insolvenz des Versicherungsunternehmens, S. 81, wobei diese Vermutung lediglich auf Grundlage der Sanierungs- und Liquidationsrichtlinie getroffen wurde, da zu diesem Zeitpunkt Begründung und Text des Sanierungs- und Liquidationsgesetzes noch nicht bekannt waren.

354 Begründung zum Entwurf des Sanierungs- und Liquidationsgesetzes, BR-Drucksache 543/03, S. 35 sowie BT-Drucksache 15/1653, S. 20. In dem Jahresbericht der BaFin von 2003 wird in dem Abschnitt, der sich mit der Umsetzung der Sanierungs- und Liquidationsrichtlinie befasst, auf Seite 118 dazu ausgeführt: „Aus den eingetragenen Vermögenswerten sind die Versicherungsforderungen vor den anderen Insolvenzgläubigern – aber nach den Verfahrenskosten – zu bedienen.“

„Verfahrenskosten" die Kosten des Insolvenzverfahrens nach § 54 InsO gemeint sind. Dieser Hinweis in der Gesetzesbegründung auf die Verfahrenskosten ist jedoch nicht als abschließend in dem Sinne zu verstehen, dass nur die Verfahrenskosten nach § 54 InsO, nicht aber die sonstigen Masseverbindlichkeiten gemäß § 55 InsO den bevorrechtigten Versicherungsforderungen vorgehen können. Vielmehr normiert § 77a Abs. 1 Satz 1 VAG, dass bei der Befriedigung aus den Werten des Sicherungsvermögens (§ 66 Abs. 6 und Abs. 6a VAG) die Versicherungsforderungen „in Höhe des Anteils am Sicherungsvermögen gemäß § 66 Abs. 1a Vorrang vor den Forderungen *aller übrigen **Insolvenz**gläubiger*" haben. Auch in der Begründung zum Sanierungs- und Liquidationsgesetz wird ausgeführt, dass die Versicherungsforderungen aus den eingetragenen Vermögenswerten „vor den *anderen **Insolvenz**gläubigern*" zu bedienen sind[355]. Aufgrund der ausdrücklichen Verwendung des Wortes „Insolvenzgläubiger", und nicht etwa einer undifferenzierten Wortverwendung von „Gläubiger" sowohl in der Begründung zum Gesetz als auch insbesondere im Gesetzestext selber, kann nur geschlossen werden, dass die Versicherungsforderungen lediglich gegenüber den anderen *Insolvenz*gläubigern bevorrechtigt sind. Der Wille des Gesetzgebers zur Privilegierung der Versicherungsforderungen auch zu Lasten der *Masse*gläubiger kann aus dem Normtext des § 77a Abs. 1 VAG dagegen nicht entnommen werden. In Ermangelung einer spezialgesetzlichen Regelung im Versicherungsaufsichtsgesetz kommt damit die allgemeine Regelung der Insolvenzordnung zu tragen, wonach gemäß § 53 InsO die Kosten des Insolvenzverfahrens und die sonstigen Masseverbindlichkeiten *vorweg* aus der Insolvenzmasse zu berichtigen sind.

Somit ist als Zwischenergebnis festzuhalten, dass sämtliche Masseverbindlichkeiten (§§ 54, 55 InsO) den bevorrechtigten Versicherungsforderungen (§ 77a Abs. 1 VAG) aufgrund der allgemeinen Regelung von § 53 InsO im Wege der Vorwegberichtigung vorgehen.

dd) Vollständiger Vorrang sämtlicher Masseverbindlichkeiten vor den Versicherungsforderungen im Wege der Vorwegberichtigung: Ein Verstoß gegen die Sanierungs- und Liquidationsrichtlinie?

Das soeben festgestellte Ergebnis, dass *sämtliche* Masseverbindlichkeiten im Wege der Vorwegberichtigung nach § 53 InsO den bevorrechtigten Versicherungsforderungen *im vollem Umfang* vorgehen, könnte jedoch ein Verstoß gegen die Sanierungs- und Liquidationsrichtlinie bedeuten. Zwar können – wie oben festgestellt – sowohl § 54 InsO als auch § 55 InsO unter den Begriff „Auslagen

---

355 Begründung zum Entwurf des Sanierungs- und Liquidationsgesetzes, BR-Drucksache 543/03, S. 35 sowie BT-Drucksache 15/1653, S. 20.

des Liquidationsverfahrens" im Sinne der Sanierungs- und Liquidationsrichtlinie fallen, womit gemäß Art. 10 Abs. 2 Sanierungs- und Liquidationsrichtlinie ein vollständiger Vorrang der Masseverbindlichkeiten vor den Versicherungsforderungen auch als grundsätzlich zulässig – jedenfalls nach dem Wortlaut der Richtlinie – erscheint. Jedoch ist in diesem Zusammenhang das Ziel der Sanierungs- und Liquidationsrichtlinie zu beachten. Danach ist es nach Erwägungsgrund Nr. 13 der Sanierungs- und Liquidationsrichtlinie „äußerst wichtig", dass die Versicherungsforderungen im Liquidationsverfahren geschützt sind. Maßgebliche Bedeutung kommt hier Erwägungsgrund Nr. 14 der Richtlinie zu, der klarstellt, dass die Richtlinie ein „angemessenes Gleichgewicht zwischen dem Schutz der Versicherungsgläubiger und dem Schutz anderer gemäß dem Recht der Mitgliedstaaten bevorrechtigter Gläubiger sicherstellen" soll. Es erscheint aber äußerst fraglich, ob noch von einem „angemessenen Gleichgewicht" ausgegangen werden kann, wenn *sämtliche* Masseverbindlichkeiten *in vollem Umfang* im Wege der Vorwegberichtigung nach § 53 InsO den nach der Richtlinie zu schützenden Versicherungsforderungen vorgehen können.

Es besteht nämlich die Gefahr, dass durch die Vorwegberichtigung sämtlicher Masseverbindlichkeiten nach § 53 InsO die Werte des Sicherungsvermögens nicht mehr ausreichen, um die bevorrechtigten Versicherungsforderungen nach § 77a Abs. 1 VAG vollständig zu bedienen. Diese Gefahr nimmt in dem Maße zu, in dem der Wert der allgemeinen Masse umso geringer ausfällt. Sind gar keine werthaltigen Gegenstände mehr in der allgemeinen Masse vorhanden, muss sogar befürchtet werden, dass die Versicherungsforderungen nur noch zu einem sehr geringen Anteil befriedigt werden können. Das Sicherungsvermögen, eigentlich geschaffen zur bevorrechtigten Befriedigung der Versicherungsforderungen, würde somit tatsächlich die Stellung eines „Haftungsfonds" für die Massegläubiger einnehmen. Sind dagegen noch ausreichend Werte in der allgemeinen Masse vorhanden, stellt sich wiederum – wie früher beim Deckungsstock – das Problem einer (sach)gerechten Verteilung der Ausgaben zwischen der Sondermasse Sicherungsvermögen und der allgemeinen Masse. Da die Masseverbindlichkeiten im Wege der Vorwegberichtigung nach § 53 InsO den Versicherungsforderungen vorgehen, besteht die zumindest theoretische Gefahr, dass sämtliche Masseverbindlichkeiten aus den Werten des Sicherungsvermögens befriedigt werden, obwohl diese bei sachgerechter Beurteilung zu Lasten der allgemeinen Masse hätten gehen „müssen". Im Zuge der VAG-Novelle 2003 ist es vom deutschen Gesetzgeber jedoch unterlassen worden, hier klare und verbindliche Zuordnungsregeln zu schaffen, die für die nötige Rechtsklarheit gesorgt hätten[356].

---

356 Vor der VAG-Novelle 2003 wurde teilweise noch davon ausgegangen, dass entsprechende Zuordnungsregelungen im Zuge der Umsetzung der Sanierungs- und Liquidations-

Insgesamt ist die konkrete Gefahr einer Aushöhlung des Schutzes der bevorrechtigten Versicherungsforderungen durch die deutsche Umsetzung der Sanierungs- und Liquidationsrichtlinie nicht von der Hand zu weisen. Diese Erkenntnis wird noch durch die *theoretische* Überlegung gestützt, dass der deutsche Gesetzgeber den Schutz der bevorrechtigten Versicherungsgläubiger (auch unbeabsichtigt) dadurch weiter aushöhlen könnte, indem er den gesetzlichen Tatbestand von § 55 InsO um zusätzliche Verbindlichkeiten erweitern würde, die dann den Versicherungsforderungen ebenfalls vorgehen würden. Das Ziel der Sanierungs- und Liquidationsrichtlinie, die bevorrechtigten Versicherungsforderungen durch das Sicherungsvermögen im Insolvenzverfahren besonders zu schützen, ist durch die deutsche Umsetzung damit nur eingeschränkt erfüllt. Durch den vollständigen Vorrang sämtlicher Masseverbindlichkeiten vor den Versicherungsforderungen im Wege der Vorwegberichtigung nach § 53 InsO – also unabhängig davon, ob diese Ausgaben überhaupt im Zusammenhang mit dem Sicherungsvermögen stehen – kann auch nicht mehr von einem „angemessenen Gleichgewicht" zwischen dem Schutz der Versicherungsgläubiger und dem Schutz der Massegläubiger ausgegangen werden.

ee) Forderungen an den Gesetzgeber – Lösungsvorschläge

(1) Ergänzung und Konkretisierung des Gesetzestextes

Von dem deutschen Gesetzgeber sind aufgrund der oben festgestellten Erkenntnisse Gesetzesänderungen zu fordern. Bei einer solchen Änderung wären insbesondere zwei Problemkomplexe zu regeln, die zwar im sachlichen Zusammenhang stehen, bei der konkreten Ausgestaltung der Regelungen aber dennoch zu trennen sind.

Die Frage, welche Ausgaben welcher Masse (dem Sicherungsvermögen beziehungsweise der allgemeinen Masse) konkret zuzuordnen sind, bildet einen ersten Problemkomplex. Dabei müssen die zu schaffenden Zuordnungsregelungen von dem Gedanken geleitet sein, dass nur solche Ausgaben zu Lasten des Sicherungsvermögens gehen dürfen, die auch in einem konkreten Zusammenhang mit der Sondermasse stehen. Insoweit könnte die Grundaussage von der Theorie vom materiellen Sonderkonkurs im formell einheitlichen Konkursverfahren aufgegriffen werden, wonach dem Sicherungsvermögen nur solche Masseverbindlichkeiten zugeordnet werden sollen, die dieser Sondermasse auch in einem hypothetischen selbständigen Insolvenzverfahren über das Vermögen des Sicherungsvermögens entstanden wären. Allzu detailreiche Regelungen, die für jeden

richtlinie durch den deutschen Gesetzgeber geschaffen würden, vgl. *Backes*, Die Insolvenz des Versicherungsunternehmens, S. 81.

denkbaren Einzelfall eine gerechte Kostenverteilung bis auf „den Euro genau" regeln, werden an dieser Stelle jedoch nicht befürwortet. Vielmehr würde es durchaus ausreichen, wenn die Kosten durch einfache – auch pauschalisierte – Zuordnungsregelungen sachgerecht auf die jeweiligen Massen verteilt würden. Um das Verfahren nicht zu verkomplizieren, wäre es daher denkbar, dass die Kosten des Insolvenzverfahrens nach § 54 InsO anhand von festen Prozentanteilen den jeweiligen Massen zugeordnet würden[357]. Hinsichtlich der sonstigen Masseverbindlichkeiten nach § 55 InsO müsste zumindest negativ normiert werden, dass dem Sicherungsvermögen jedenfalls nicht solche sonstigen Masseverbindlichkeiten zugeordnet werden dürfen, die mit der Sondermasse in keinem sachlichen Zusammenhang stehen. Sonstige Masseverbindlichkeiten nach § 55 InsO, die keiner Masse in voller Höhe konkret zugeordnet werden können, könnten entweder je zur Hälfte den beiden Massen, oder aber auch komplett der allgemeinen Masse zugeordnet werden.

Sind durch entsprechende Regelungen die Zuordnungsfragen geklärt, so geht es in einem zweiten Problemkomplex um die Frage, ob das Sicherungsvermögen – sollte die allgemeine Masse für die volle oder teilweise Befriedigung der ihr zugeordneten Masseverbindlichkeiten nicht ausreichen – auch für solche Masseverbindlichkeiten haftet, die ihr im Rahmen des ersten Problemkomplexes nicht zugeordnet worden sind. Hinsichtlich von § 54 InsO wäre es sachgerecht, wenn das Sicherungsvermögen in vollem Umfang für sämtliche Kosten des Insolvenzverfahrens haften würde, damit sichergestellt ist, dass das Insolvenzverfahren in jedem Fall eröffnet werden kann. Dagegen darf es ausdrücklich keine Haftung des Sicherungsvermögens für die sonstigen Masseverbindlichkeiten nach § 55 InsO geben, die dem Sicherungsvermögen im ersten Problemkomplex nicht zugeordnet worden sind. Andernfalls würde das Sicherungsvermögen wiederum in einen „Haftungsfonds" für sämtliche Massegläubiger zweckentfremdet. Nach Befriedigung der bevorrechtigten Versicherungsforderungen aus den Werten des Sicherungsvermögens würden eventuelle Überschüsse der allgemeinen Masse zugute kommen, worauf die bis dahin nicht befriedigten Massegläubiger zugreifen könnten.

(2) Richtlinienkonforme Auslegung

Bis zu einer etwaigen Gesetzesänderung nach den oben genannten Grundsätzen müssen die deutschen Regelungen im Falle eines Insolvenzverfahrens über das

---

357 Zum Beispiel könnten die Kosten des Insolvenzverfahrens nach § 54 InsO den beiden Massen zu je 50 Prozent zugeordnet werden. Denkbar wären aber auch andere Prozentsätze bis dahin, dass einer Masse sämtliche Kosten des Insolvenzverfahrens nach § 54 InsO zugeordnet werden.

Vermögen eines Lebensversicherungsunternehmens daher konform mit der Sanierungs- und Liquidationsrichtlinie ausgelegt werden.

Eine Beschränkung der Vorwegberichtigung der Masseverbindlichkeiten aus den Werten des Sicherungsvermögens auf die Kosten des Insolvenzverfahrens (§ 54 InsO) – und somit unter vollständigem Ausschluss der sonstigen Masseverbindlichkeiten (§ 55 InsO) – würde gegen den Willen des Gesetzgebers verstoßen. Wie oben ausgeführt, wäre eine vollständige Nichtteilnahme des Sicherungsvermögens an den sonstigen Masseverbindlichkeiten auch überhaupt nicht sach- und interessengerecht, da die Sondermasse selber Masseverbindlichkeiten im Sinne von § 55 InsO „verursachen" kann. Im Übrigen soll hier auch nicht das grundsätzlich berechtigte Interesse der Massegläubiger an der Vorwegberichtigung nach § 53 InsO – auch aus den Werten des Sicherungsvermögens – in Abrede gestellt werden. Jedoch wird das von der Sanierungs- und Liquidationsrichtlinie geforderte „angemessene Gleichgewicht" zwischen dem Schutz der Versicherungsgläubiger und anderer nach dem Recht der Mitglied- und Vertragsstaaten bevorrechtigten Gläubiger dann verletzt, wenn sämtliche sonstigen Masseverbindlichkeiten nach § 55 InsO aus den Werten des Sicherungsvermögens vorweg zu berichtigen sind, selbst dann, wenn die sonstigen Masseverbindlichkeiten in überhaupt keinem sachlichen Zusammenhang mit dem Sicherungsvermögen stehen. Insoweit muss die Vorwegberichtigung aus den Werten des Sicherungsvermögens im Falle der sonstigen Masseverbindlichkeiten nach § 55 InsO auf solche Masseverbindlichkeiten beschränkt bleiben, die auch in einem konkreten sachlichen Zusammenhang mit der Sondermasse stehen. Sonstigen Masseverbindlichkeiten nach § 55 InsO, die nicht einen solchen konkreten sachlichen Zusammenhang zum Sicherungsvermögen aufweisen, dürfen jedenfalls nicht zu Lasten der Sondermasse gehen.

3. Ergebnis

Mit der Umsetzung der Sanierungs- und Liquidationsrichtlinie durch das Sanierungs- und Liquidationsgesetz hat der deutsche Gesetzgeber nunmehr klargestellt, dass die Kosten des Insolvenzverfahrens (§ 54 InsO) im Wege der Vorwegberichtigung nach § 53 InsO den Versicherungsforderungen vorgehen und somit auch zu Lasten des Sicherungsvermögens in vollem Umfang entnommen werden können[358]. Damit ist sichergestellt, dass das Insolvenzverfahren auch

---

[358] Vor der VAG-Novelle 2003 war diese Frage offen. In der Literatur wurde hauptsächlich vertreten, dass der Deckungsstock die Kosten des Insolvenzverfahrens nur insoweit zu tragen habe, wie der Sondermasse diese Kosten im Rahmen der Theorie vom materiellen

dann eröffnet werden kann, wenn die allgemeine Masse nicht ausreichen würde, um die Kosten des Verfahrens zu decken. Somit ist eine Abweisung mangels Masse nach § 26 Abs. 1 Satz 1 InsO bei Lebensversicherungsunternehmen nunmehr gänzlich ausgeschlossen, da davon ausgegangen werden kann, dass die Werte des Sicherungsvermögens zumindest die Kosten des Insolvenzverfahrens im Sinne von § 54 InsO in ausreichender Weise decken[359]. Klare Zuordnungsregelungen, die die sachgerechte Verteilung der Ausgaben – insbesondere in Bezug auf die sonstigen Masseverbindlichkeiten (§ 55 InsO) – festschreiben, wurden im Zuge der VAG-Novelle 2003 durch den Gesetzgeber jedoch nicht geschaffen. Entsprechende Regelungen wären jedoch unter dem Gesichtspunkt der Rechtsklarheit wünschenswert, da nicht zuletzt die Begründung zum Sanierungs- und Liquidationsgesetz selber zeigt, dass hier Unsicherheiten in Bezug auf die Zuordnung der Kosten bestehen[360].

Sonderkonkurs im formell einheitlichen Konkursverfahren zuzuordnen sind, vgl. *Backes*, Die Insolvenz des Versicherungsunternehmens, S. 80.

359 Vor der VAG-Novelle 2003 war umstritten, wie verfahren werden soll, wenn die allgemeine Masse nicht ausreicht, um die Kosten des Insolvenzverfahrens zu decken. Hierzu wurde in der Literatur teilweise vertreten, dass unter einschränkender Auslegung des § 26 Abs. 1 InsO (bzw. § 107 KO) die gesonderte Eröffnung des Verfahrens über den Deckungsstock bei Zurückweisung des Eröffnungsantrags im Übrigen zugelassen werden soll. Die Gegenansicht wollte das Verfahren in vollem Umfang abweisen, siehe dazu ausführlich *Maus*, Der Konkurs der Lebensversicherungsgesellschaft, S. 111 ff. sowie *Backes*, Die Insolvenz des Versicherungsunternehmens, S. 82 ff. Teilweise wurde gefordert, dass der Gesetzgeber im Zuge der Umsetzung der Sanierungs- und Liquidationsrichtlinie ein Sonderinsolvenzverfahren über das Vermögen der Sondermasse zulassen solle, damit eine außergerichtliche Liquidation des Deckungsstocks vermieden wird, siehe ausführlich *Backes*, Die Insolvenz des Versicherungsunternehmens, S. 98 ff. Da nunmehr das Sicherungsvermögen in jedem Fall für sämtliche Kosten des Insolvenzverfahrens im Sinne von § 54 InsO haftet und aufgrund des Umfangs des Sicherungsvermögens eine nicht ausreichende Deckung der Verfahrenskosten praktisch ausgeschlossen ist, soll hier nicht mehr auf den Meinungsstreit eingegangen werden. Die Forderung nach einem Sonderinsolvenzverfahren über das Vermögen der Sondermasse ist ebenfalls hinfällig geworden, da nunmehr – aufgrund der Haftung des Sicherungsvermögens für die Kosten des Insolvenzverfahrens – immer eine Liquidation nach der Insolvenzordnung stattfindet, vgl. dazu auch unten Kapitel 4: D. VII.

360 So heißt es in der Begründung zum Sanierungs- und Liquidationsgesetz, dass die Versicherungsforderungen „aus den eingetragenen Vermögenswerten (*ggf.* nach den Verfahrenskosten) vor den anderen Insolvenzgläubigern zu bedienen“ sind, BR-Drucksache 543/03, S. 35 sowie BT-Drucksache 15/1653, S. 20. Die Verwendung des Wortes „gegebenenfalls“ zeigt, dass hier in Bezug auf die Zuordnung dieser Kosten Unklarheiten darüber bestehen, welcher Masse diese Kosten konkret zu entnehmen sind.

Kapitel 2: Die Sicherungsmaßnahmen

Während des Zeitraums zwischen Eingang des zulässigen[361] Antrags und der Entscheidung über die Eröffnung des Insolvenzverfahrens hat das Insolvenzgericht nach § 21 Abs. 1 InsO alle Maßnahmen zu treffen, die erforderlich erscheinen, um in dieser risikobehafteten Zeit eine den Gläubigern nachteilige Veränderung des Schuldnervermögens zu verhindern. In § 21 Abs. 2 InsO sind Regelbeispiele normiert, die grundsätzlich auch bei Lebensversicherungsunternehmen anwendbar sind. Seit der Reform der Insolvenzordnung durch das Änderungsgesetz von 2001[362] steht dem Schuldner gegen die Anordnung einer Sicherungsmaßnahme nunmehr das Rechtsmittel der sofortigen Beschwerde nach § 21 Abs. 1 Satz 2 InsO zu. Reichen andere Sicherungsmaßnahmen nicht aus, so kann der Schuldner – bei einer juristischen Person die organschaftlichen Vertreter – gemäß § 21 Abs. 3 InsO als ultima-ratio Maßnahme zwangsweise vorgeführt und nach Anhörung in Haft genommen werden.

Da das Versicherungsaufsichtsgesetz hinsichtlich der Sicherungsmaßnahmen keine Sonderregelungen vorsieht, gelten hier die allgemeinen Regelungen der Insolvenzordnung nach §§ 21 ff. InsO. Daher soll an dieser Stelle nur insoweit auf die Sicherungsmaßnahmen eingegangen werden, wie versicherungsaufsichtsrechtliche Besonderheiten zu beachten sind.

A. Bestellung eines vorläufigen Insolvenzverwalters

Nach § 21 Abs. 2 Satz 1 Nr. 1 InsO kann das Insolvenzgericht einen vorläufigen Insolvenzverwalter (§ 22 InsO) bestellen[363]. Bestellt das Insolvenzgericht einen vorläufigen Insolvenzverwalter, ohne den Schuldner in seiner Verwaltungs- und Verfügungsbefugnis einzuschränken – d.h. insbesondere kein allgemeines Verfügungsverbot nach § 21 Abs. 2 Satz 1 Nr. 2 Var. 1 InsO[364] oder Zustimmungsvorbehalte des vorläufigen Insolvenzverwalters bei Schuldnerverfügungen ge-

---

[361] Sicherungsmaßnamen dürfen nach der herrschenden Meinung erst erlassen werden, wenn nach Abschluss der Vorprüfung der Insolvenzantrag zugelassen wird, Kübler/Prütting-*Pape*, InsO § 21 Rn. 18.

[362] Gesetz zur Änderung der Insolvenzordnung und anderer Gesetze vom 26. Oktober 2001 (BGBl. I 2001, 2710).

[363] Zu den Anforderungskriterien bei der Auswahl eines vorläufigen Insolvenzverwalters siehe auch oben die Ausführungen zu den Auswahlkriterien hinsichtlich eines Sachverständigen (Gutachters), Kapitel 1: B. I. Zur Auswahl und Bestellung des Insolvenzverwalters siehe außerdem ausführlich *Prütting*, ZIP 2005, 1097, 1097 ff.

[364] Siehe dazu unten Kapitel 2: B.

mäß § 21 Abs. 2 Satz 1 Nr. 2 Var. 2 InsO[365] anzuordnen –, so kommt dem vorläufigen Insolvenzverwalter lediglich die Rolle eines gerichtlich bestellten Beraters zu[366]. Dieser bei der vorläufigen Insolvenzverwaltung geringstmögliche Eingriff[367] wird jedoch in der Praxis gewöhnlich als zu unsicher abgelehnt, da diese Maßnahme unabschätzbare Risiken in Bezug auf das Schuldnervermögen mit sich bringen würde[368]. Bei Lebensversicherungsunternehmen kann sich diese Maßnahme jedoch aus verschiedenen Gründen durchaus als adäquates Mittel darstellen. Zum einen hat der vorläufige Insolvenzverwalter in diesem frühen Stadium bereits die Möglichkeit, sich einen Einblick in die komplexen Vorgänge des Unternehmens zu verschaffen[369]. Dies ist besonders unter dem Gesichtspunkt des schnellen und effektiven Handelns sinnvoll, da der vorläufige Insolvenzverwalter gewöhnlich auch zum späteren Insolvenzverwalter bestellt wird. Zum anderen ist die Gefahr einer nachteiligen Vermögensentwicklung durch den weiterhin verwaltungs- und verfügungsbefugten Schuldner bei Lebensversicherungsunternehmen nicht in dem Maße wie bei anderen „gewöhnlichen" Schuldnern gegeben. Das Versicherungsunternehmen steht nämlich bis zur Eröffnung des Insolvenzverfahrens weiterhin unter der uneingeschränkten Aufsicht der zuständigen Aufsichtsbehörde[370]. Das Sicherungsvermögen (§ 66 VAG) wird weiterhin durch den Treuhänder für das Sicherungsvermögen und seinen Stellvertreter (§§ 70 ff. VAG) überwacht[371]. Der Treuhänder für das Sicherungsvermögen ist insoweit Hilfsorgan der Aufsichtsbehörde[372]. Ohne die Zustimmung des Treuhänders kann nicht über das Sicherungsvermögen verfügt werden, § 72 Abs. 1 VAG. Ergeben sich dennoch Erkenntnisse, die vermögensmanipulierende Handlungen des Schuldners befürchten lassen, so muss der vorläufige Insolvenzverwalter umgehend das Insolvenzgericht informieren, damit dieses weitergehende Maßnahmen erlassen kann.

---

365 Siehe dazu unten Kapitel 2: C.

366 *Bork*, Einführung in das Insolvenzrecht, Rn. 103.

367 Das Insolvenzgericht hat bei allen Sicherungsmaßnahmen stets den Grundsatz der Verhältnismäßigkeit zu beachten. Die Haftungsrisiken des Gerichts sind hier besonders hoch, da sowohl für unberechtigt angeordnete Sicherungsmaßnahmen als auch für unterlassene bzw. zu spät angeordnete Sicherungsmaßnahmen eine Staatshaftung wegen Amtspflichtverletzung nach § 839 BGB in Verbindung mit Art. 34 GG in Betracht kommen kann, siehe dazu ausführlich MünchKommInsO-*Haarmeyer*, § 21 Rn. 42 f.

368 MünchKommInsO-*Haarmeyer*, § 22 Rn. 30, 128 ff.

369 In diesem Zusammenhang ist auch zu beachten, dass sowohl der vorläufige Insolvenzverwalter als auch der Sachverständige (Gutachter) regelmäßig ein und dieselbe Person sind, vgl. auch oben Kapitel 1: B. I.

370 Prölss/Kollhosser-*Kollhosser*, VAG § 86 Rn. 4.

371 Prölss/Kollhosser-*Lipowsky*, VAG § 71 Rn. 9.

372 Noch für den Treuhänder für den Deckungsstock Fahr/Kaulbach-*Kaulbach*, VAG § 70 Rn. 1.

Im konkreten Einzelfall hätte das Insolvenzgericht eingehend zu prüfen, ob eine vorläufige Insolvenzverwaltung ohne jegliche Einschränkung der Verwaltungs- und Verfügungsbefugnis ausreichend erscheint, oder ob (zumindest punktuelle) Einschränkungen bei der Verwaltungs- und Verfügungsbefugnis des Lebensversicherers angeordnet werden müssten. Die Intensität des Eingriffs in die Verwaltungs- und Verfügungsbefugnis des Schuldners wäre maßgeblich davon abhängig, ob und inwieweit das Gericht von einem kooperativen Verhalten des Lebensversicherers überzeugt ist.

B. Anordnung eines allgemeinen Verfügungsverbots

Legt das Insolvenzgericht dem Lebensversicherungsunternehmen ein allgemeines Verfügungsverbot nach § 21 Abs. 2 Satz 1 Nr. 2 Var. 1 InsO auf, so ist gleichzeitig ein vorläufiger Insolvenzverwalter zu bestellen, da bei Anordnung eines allgemeines Verfügungsverbotes die Verwaltungs- und Verfügungsbefugnis über das Schuldnervermögen nach § 22 Abs. 1 Satz 1 InsO auf den vorläufigen Insolvenzverwalter übergeht. Diese sehr effektive Sicherungsmaßnahme bewirkt, dass jede verbotswidrig vorgenommene Verfügung (einschließlich einer Vollstreckungshandlung) nach § 24 Abs. 1 InsO in Verbindung mit §§ 81, 82 InsO absolut unwirksam ist[373]. Als Nachteil erweist sich jedoch der Umstand, dass die Verbindlichkeiten, die von dem „starken" vorläufigen Insolvenzverwalter begründet werden, nach der Eröffnung des Insolvenzverfahrens Masseverbindlichkeiten nach § 55 Abs. 2 InsO darstellen. Dadurch wird die Masse bereits zu Beginn des Verfahrens mit Masseverbindlichkeiten belastet. Neben den generell zu beachtenden Personalkosten würden hier sämtliche in dieser Zeit eingegangenen Verbindlichkeiten das Versicherungsmassengeschäft betreffend – wie z.B. Neuverträge[374], Vertragsverlängerungen und eingehende Prämienzahlungen

[373] MünchKommInsO-*Haarmeyer*, § 21 Rn. 55. Teilweise wird vertreten, dass besondere, gegenstandbezogene Verfügungsverbote (wie zum Beispiel Verfügungsverbote, die nur bestimmte Immobilien betreffen) auch absolut unwirksam sind, wenn verbotswidrig verfügt worden ist, MünchKommInsO-*Haarmeyer*, § 21 Rn. 59. Die Gegenansicht sieht in besonderen, gegenstandsbezogenen Verfügungsverboten lediglich ein relatives Verfügungsverbot im Sinne der §§ 136, 135 BGB, da nach dieser Ansicht § 24 Abs. 1 InsO nur bei allgemeinen Verfügungsverboten zur Anwendung komme, *Gerhardt*, in: Kölner Schrift zur InsO, S. 200 f. (Rn. 16).

[374] Die Aufsichtsbehörde kann jedoch durch den Widerruf der Erlaubnis nach § 87 Abs. 1, 2 VAG bewirken, dass keine neuen Versicherungen mehr abgeschlossen, früher abgeschlossene nicht erhöht oder verlängert werden dürfen, § 87 Abs. 3 VAG. Diese ultima-ratio Maßnahme dient jedoch ausschließlich der Wahrung der Belange der Versicherten und nicht dem „Schutz" der Insolvenzmasse vor Masseverbindlichkeiten nach § 55 Abs. 2 InsO.

aus laufenden Versicherungsverträgen (§ 55 Abs. 2 Satz 2 InsO) – Masseverbindlichkeiten darstellen.

C. Andere Sicherungsmaßnahmen

Die frühe Belastung der Insolvenzmasse mit Masseverbindlichkeiten aufgrund der Anordnung eines allgemeinen Verfügungsverbotes kann jedoch dadurch vermieden werden, dass lediglich Zustimmungsvorbehalte nach § 21 Abs. 2 Satz 1 Nr. 2 Var. 2 InsO angeordnet werden. Durch diese ebenfalls sehr effektive Maßnahme wird einerseits das Schuldnervermögen vor masseschädigenden Verfügungen des Schuldners geschützt, andererseits aber treten nicht die Rechtsfolgen von § 55 Abs. 2 InsO ein. Durch die Anordnung eines allgemeinen Zustimmungsvorbehaltes werden sämtliche Verfügungen des Schuldners unter den Zustimmungsvorbehalt des vorläufigen Insolvenzverwalters gestellt. Wird dennoch ohne Zustimmung des vorläufigen Insolvenzverwalters verfügt, tritt – wie beim allgemeinen Verfügungsverbot – eine absolute Unwirksamkeit der verbotswidrig vorgenommen Verfügung ein[375].

Als weitere Sicherungsmaßnahme kommt die Untersagung oder Einstellung laufender Zwangsvollstreckungsmaßnahmen in das bewegliche Vermögen des Schuldners nach § 21 Abs. 2 Satz 1 Nr. 3 InsO in Betracht. Dabei ist bei Lebensversicherungsunternehmen zu beachten, dass die Vollstreckung in die Bestände des Sicherungsvermögens generell nach § 77 Abs. 2 VAG – unabhängig von einem möglichen Insolvenzverfahren – eingeschränkt ist. Eine Zwangsvollstreckung bzw. Arrestvollziehung ist danach nur zulässig, wenn für den Anspruch, zu dessen Gunsten verfügt wird, eine Zuführungspflicht zum Sicherungsvermögen bestand und auch tatsächlich erfüllt worden ist[376].

D. Exkurs: Maßnahmen der Aufsichtsbehörde im Vorfeld einer Insolvenz

Oben wurde bereits darauf hingewiesen, dass das Lebensversicherungsunternehmen bis zur Eröffnung des Insolvenzverfahrens weiterhin unter der vollständigen Rechts- und Finanzaufsicht der zuständigen Aufsichtbehörde nach §§ 81 ff. VAG steht. Bereits eingeleitete Maßnahmen der Aufsichtsbehörde zur finanziellen Stabilisierung und Sanierung des in eine finanzielle Krise geratenen Lebensversicherers wären daher bis zur Eröffnung eines Insolvenzverfahrens weiterhin gültig und deshalb bei der Entscheidungsfindung des Insolvenzgerichts

---

375 MünchKommInsO-*Haarmeyer*, § 21 Rn. 65.

376 Prölss/Kollhosser-*Lipowsky*, VAG § 77 Rn. 6 ff.

(auch in Bezug auf mögliche Sicherungsmaßnahmen) und von einem vorläufigen Insolvenzverwalter zu beachten. Dabei kann die Aufsichtsbehörde die freie Verfügung des Versicherungsunternehmens über seine Vermögensgegenstände unter bestimmten Voraussetzungen einschränken oder untersagen. Daher soll an dieser Stelle auf die der Aufsichtsbehörde zur Verfügung stehenden Möglichkeiten eingegangen werden, da es hier ebenfalls Neuerungen durch das Sanierungs- und Liquidationsgesetz von 2003 gegeben hat.

Im Rahmen der laufenden Finanzaufsicht kann die Aufsichtsbehörde aufgrund der Generalbestimmung des § 81 Abs. 2 Satz 1 VAG grundsätzlich alle Anordnungen treffen, die geeignet und erforderlich sind, um finanzielle Missstände bei dem Lebensversicherungsunternehmen zu vermeiden oder zu beseitigen. Im Vorfeld einer Insolvenz sind insbesondere die Spezialregelungen von § 81b VAG von besonderer Relevanz[377], der für besondere finanzielle Situationen bei einem Versicherungsunternehmen besondere Maßnahmen der Aufsichtsbehörde vorsieht[378].

Einen „Plan zu Wiederherstellung gesunder Finanzverhältnisse" (Solvabilitätsplan) muss das Lebensversicherungsunternehmen nach § 81b Abs. 1 VAG der Aufsichtsbehörde auf deren Verlangen zur Genehmigung vorlegen, wenn die freien unbelasteten Eigenmittel des Versicherungsunternehmens geringer als die Solvabilitätsspanne sind oder drohen, geringer zu werden. Unter Solvabilität versteht man die Ausstattung des Versicherungsunternehmens mit Eigenmitteln[379]. Versicherungsunternehmen sind gemäß § 53c Abs. 1 Satz 1 VAG verpflichtet, zur Sicherstellung der dauernden Erfüllbarkeit der Versicherungsverträge stets über freie unbelastete Eigenmittel mindestens in Höhe der geforderten Solvabilitätsspanne, die sich nach dem gesamten Geschäftsumfang bemisst, zu verfügen. § 4 der Verordnung über die Kapitalausstattung von Versicherungsunternehmen (Kapitalausstattungs-Verordnung – KapAusstV)[380] regelt, nach welchen versicherungsmathematischen Kriterien die genaue Höhe der Solvabilitätsspanne (auch „Soll-Solvabilität" genannt[381]) bei Lebensversicherungen zu bestimmen ist. Den Begriff der „freien unbelasteten Eigenmittel" (auch als „Ist-

377 Zu den Aufsichtsmaßnahmen nach § 89 VAG, die grundsätzlich erst bei „Insolvenzreife" angeordnet werden können, siehe oben Kapitel 1: A. III. 2. b) bb) und Fn. 192.

378 Das genaue Verhältnis der Spezialregelungen von § 81b VAG zu der Generalbestimmung von § 81 Abs. 2 Satz 1 VAG ist unklar, siehe dazu auch Prölss/Kollhosser-*Kollhosser*, VAG § 81b Rn. 2. Die Problematik soll in dieser Arbeit nicht vertieft werden.

379 *Müller*, Versicherungsbinnenmarkt, S. 239.

380 KapAusstV vom 13. Dezember 1983 (BGBl. I 1983, 1451), zuletzt geändert durch Art. 4 des Sanierungs- und Liquidationsgesetzes vom 10. Dezember 2003.

381 *Will*, Solvabilität und Solvabilitätspolitik von Lebensversicherungsunternehmen, S. 140.

Solvabilität" bezeichnet[382]) hat der Gesetzgeber nicht definiert. Vielmehr wird in § 53c Abs. 3 bis Abs. 3e VAG detailliert aufgezählt, welche finanziellen Mittel als Eigenmittel im Sinne von § 53c Abs. 1 Satz 1 VAG anzusehen sind[383]. Sinken nun die freien unbelasteten Eigenmittel (Ist-Solvabilität) unter die geforderte Solvabilitätsspanne (Soll-Solvabilität) – wobei der Bestand der freien unbelasteten Eigenmittel noch höher als der Betrag des Garantiefonds nach § 53c Abs. 1 Satz 2 VAG sein muss[384] –, so verlangt die Aufsichtsbehörde von dem Versicherungsunternehmen einen Solvabilitätsplan, der von dem Versicherer eigenverantwortlich zu erstellen ist[385]. Soweit eine weitere Verschlechterung der Finanzverhältnisse droht[386], kann die Aufsichtsbehörde gemäß § 81b Abs. 1 Satz 2 VAG unter außergewöhnlichen Bedingungen die freie Verfügung über die Vermögensgegenstände des Versicherungsunternehmens einschränken oder untersagen. „Außergewöhnliche Bedingungen" wird man aber erst dann annehmen können, wenn eine deutliche Diskrepanz zwischen den tatsächlich vorhandenen Eigenmitteln und der geforderten Solvabilitätsspanne gegeben oder zu erwarten ist[387]. Umstritten ist, welche zivilrechtlichen Rechtsfolgen ein Verstoß gegen

---

[382] *Will*, Solvabilität und Solvabilitätspolitik von Lebensversicherungsunternehmen, S. 149.

[383] Ingesamt sind die Solvabilitätsvorschriften für Lebensversicherungen (seit 1979 im Wesentlichen unverändert) durch die Umsetzung der Richtlinie 2002/83/EG des Europäischen Parlaments und des Rates vom 5. November 2002 über Lebensversicherungen (ABl. EG L 345/1 vom 19. Dezember 2002) erheblich verschärft worden. Die neuen Regelungen – umgesetzt im Versicherungsaufsichtsgesetz und der Kapitalausstattungs-Verordnung – erhöhen die Anforderungen an die Solvabilität von Lebensversicherungsunternehmen, damit unvorhergesehene Ereignisse (zum Beispiel ungünstige Anlageergebnisse) besser verkraftet werden können. Versicherungsunternehmen, die bereits am 21. März 2002 Versicherungsgeschäfte betrieben haben, müssen die geänderten Solvabilitätsanforderungen bis spätestens zum 1. März 2007 erfüllen; für die übrigen Versicherer gelten die erhöhten Anforderungen bereits ab dem 1. Januar 2004. Zudem wurden die Eingriffsmöglichkeiten der Aufsichtsbehörde bei der Solvabilitätsaufsicht verbessert, BR-Drucksache 543/03, S. 36, 63 ff. sowie BT-Drucksache 15/1653, S. 20, 34 ff. sowie Jahresbericht 2003 der Bundesanstalt für Finanzdienstleistungsaufsicht, S. 119 f.

[384] Gemäß § 53c Abs. 1 Satz 2 VAG gilt ein Drittel der geforderten Solvabilitätsspanne als Garantiefonds.

[385] Liegen die genannten Voraussetzungen vor, so muss die Aufsichtsbehörde die Vorlage eines Solvabilitätsplanes verlangen; sie hat kein Ermessen, Fahr/Kaulbach-*Bähr*, VAG § 81b Rn. 2.

[386] § 81b Abs. 1 VAG setzt aber weiterhin voraus, dass die freien unbelasteten Eigenmittel noch höher als der Garantiefonds nach § 53c Abs. 1 Satz 2 VAG sind, Prölss/Kollhosser-*Kollhosser*, VAG § 81b Rn. 4.

[387] Prölss/Kollhosser-*Kollhosser*, VAG § 81b Rn. 4. Eine deutliche Diskrepanz liegt zum Beispiel vor, wenn die Eigenmittel zwei Drittel der Solvabilitätsspanne unterschreiten, wenn sich eine Unterdeckung gegenüber dem Vorjahr noch erhöht hat oder wenn in einem Solvabilitätsplan keine geeigneten Sanierungsmaßnahmen zur Beseitigung einer bestehenden Unter-

solche aufsichtsbehördlichen Verfügungsverbote auslöst. Teilweise wird die Ansicht vertreten, dass einer durch das Lebensversicherungsunternehmen verbotswidrig vorgenommenen Verfügung keinerlei zivilrechtliche Bedeutung zukomme, da es sich bei einem aufsichtsbehördlichen Verfügungsverbot nicht um einen Anwendungsfall von §§ 136, 135 BGB handeln würde[388]. Das aufsichtsbehördliche Verfügungsverbot würde nicht – wie von §§ 136, 135 BGB gefordert – den Schutz bestimmter, einzelner Personen bezwecken[389]. Jedenfalls könne eine verbotswidrig vorgenommene Verfügung nicht mehr durch nachträgliche Zustimmung Wirksamkeit erlangen, was jedoch für eine Anwendung von §§ 136, 135 BGB vorausgesetzt werde[390]. Richtigerweise ist jedoch der Gegenansicht zuzustimmen, die in den aufsichtsbehördlichen Verfügungsverboten den Schutz bestimmter Personen, nämlich der Versicherten, als bezweckt ansieht und damit einen Anwendungsfall von §§ 136, 135 BGB bejaht[391]. Das durch die Aufsichtsbehörde angeordnete Verfügungsverbot bezweckt den Schutz der Versicherten davor, dass das Lebensversicherungsunternehmen in einer finanziellen Krisensituation nicht über werthaltige Vermögensgegenstände verfügt, die der Absicherung der Ansprüche der Versicherten dienen. Die Versicherten des Lebensversicherungsunternehmens sind einzeln konkret zu individualisieren und damit nicht unbestimmt. Eine verbotswidrig vorgenommene Verfügung könnte durch nachträgliche Zustimmung aller Versicherten Wirksamkeit erlangen[392]. Als Rechtsfolge ergibt sich damit, dass eine verbotswidrig vorgenommene Verfügung des Lebensversicherungsunternehmens nur relativ – also dem Versicherten gegenüber – unwirksam ist[393]. Gegenüber anderen Personen ist die Verfügung jedoch wirksam[394].

Verschlechtern sich die Finanzverhältnisse weiter und sinken die Eigenmittel des Versicherungsunternehmens unter den Wert des Garantiefonds nach § 53c Abs. 1 Satz 2 VAG oder sind die Eigenmittel auf den Garantiefonds nicht in dem erforderlichen Umfang anrechenbar, so hat das Versicherungsunternehmen der Aufsichtsbehörde auf deren Verlangen gemäß § 81b Abs. 2 VAG einen „Plan über die kurzfristige Beschaffung der erforderlichen Eigenmittel" (Finan-

---

deckung vorgesehen sind, Begründung zum Gesetzentwurf des Dritten Durchführungsgesetzes/EWG zum VAG, BR-Drucksache 23/94, S. 250 sowie BT-Drucksache 12/6959, S. 84.

388 Fahr/Kaulbach-*Bähr*, VAG § 81b Rn. 6.

389 Fahr/Kaulbach-*Bähr*, VAG § 81b Rn. 6.

390 Fahr/Kaulbach-*Bähr*, VAG § 81b Rn. 6.

391 Goldberg/Müller-*Müller*, VAG § 81b Rn. 11; Prölss/Kollhosser-*Kollhosser*, VAG § 81b Rn. 4.

392 MünchKommBGB-*Armbrüster*, § 135 Rn. 7, 50.

393 Vgl. Palandt-*Heinrichs*, BGB § 136 Rn. 6.

394 Erman-*Palm*, BGB § 136 Rn. 7.

zierungsplan) zur Genehmigung vorzulegen[395]. Bei dem Finanzierungsplan kommt im Wesentlichen nur die Zuführung von Eigenmitteln in Betracht, da nur diese kurzfristig wirken können[396]. Zusätzlich kann die Aufsichtsbehörde nach § 81b Abs. 2 Satz 2 VAG die freie Verfügung über die Vermögensgegenstände des Unternehmens einschränken oder untersagen[397].

Durch das Sanierungs- und Liquidationsgesetz von 2003 wurde § 81b Abs. 2a VAG neu eingefügt[398]. Danach kann die Aufsichtsbehörde schon in einem sehr frühen Zeitpunkt – noch bevor die Voraussetzungen von § 81b Abs. 1 und Abs. 2 VAG vorliegen – von dem Versicherungsunternehmen einen „Plan zur Verbesserung seiner Finanzverhältnisse“ (finanzieller Sanierungsplan) verlangen, wenn Tatsachen die Annahme rechtfertigen, dass die Erfüllbarkeit der Verpflichtungen aus den Versicherungen gefährdet ist. Dabei muss aus dem Plan hervorgehen, wie das Versicherungsunternehmen die Erfüllung der Solvabilitätsanforderungen für die nahe Zukunft sicherstellen will, § 81b Abs. 2a Satz 2 VAG. Hierfür muss der Plan konkrete Angaben für die nächsten drei Geschäftsjahre in dem nach § 81b Abs. 2a Satz 3 VAG geforderten Mindestumfang enthalten. Zudem kann die Aufsichtsbehörde nach § 81b Abs. 2a Satz 5 VAG verlangen, dass das Versicherungsunternehmen einen höheren Betrag an Eigenmitteln bereitstellt als nach der KapAusstV gefordert wird. Neu eingefügt wurde auch § 81b Abs. 2b VAG, wonach die Aufsichtsbehörde nunmehr zur Wahrung der Belange der Versicherten von dem Versicherungsunternehmen verlangen kann, dass alle für die Eigenmittel in Frage kommenden Bestandteile abzuwerten sind, insbesondere dann, wenn sich deren Marktwert seit Ende des letzten Geschäftsjahres erheblich geändert hat. Diese neue Maßnahmemöglichkeit der Aufsichtsbehörde ist jedoch insoweit als kritisch zu beurteilen, als dass durch eine Abwertung bei einem in die finanzielle Krise geratenen Lebensversicherungsunternehmen die Gefahr einer Insolvenz wegen Überschuldung nach § 19 InsO erheblich gesteigert würde und dies keinesfalls, wie oben ausgeführt, im Interesse der Versicherten ist[399].

---

[395] Die gesetzliche Formulierung „Finanzierungsplan“ wirkt in Anbetracht der bedrohlichen finanziellen Situation recht verharmlosend und wird aus diesem Grunde auch teilweise als „Katastrophenplan“ bezeichnet, Fahr/Kaulbach-*Bähr*, VAG § 81b Rn. 8.

[396] Prölss/Kollhosser-*Kollhosser*, VAG § 81b Rn. 7.

[397] Siehe hierzu die Ausführungen oben zu § 81b Abs. 1 Satz 2 VAG.

[398] Mit der Einführung von § 81b Abs. 2a bis 2c VAG wurde – was die Lebensversicherungen angeht – Art. 38 Abs. 1 bis 4 der Richtlinie 2002/83/EG des Europäischen Parlaments und des Rates vom 5. November 2002 über Lebensversicherungen (ABl. EG L 345/1 vom 19. Dezember 2002) umgesetzt.

[399] Vgl. oben Kapitel 1: A. III. 2. b) bb).

Der Vollständigkeit halber sei noch auf § 81c VAG hingewiesen, der für Lebensversicherungsverträge mit Überschussbeteiligung Sonderregelungen in Bezug auf eine angemessene Zuführung zur Rückstellung für Beitragsrückerstattung (RfB) normiert. Dabei gilt für die vor dem 29. Juli 1994 abgeschlossenen Lebensversicherungen (Altbestand) § 81c Abs. 2 VAG; für die übrigen Lebensversicherungen mit Überschussbeteiligung gilt § 81c Abs. 1 VAG[400].

400 Siehe dazu ausführlich Prölss/Kollhosser-*Kollhosser*, VAG § 81c Rn. 1 ff.

Kapitel 3: Die Rechtswirkungen der Insolvenzeröffnung – Ablauf des eröffneten Insolvenzverfahrens

A. Rechtswirkungen und allgemeiner Ablauf des eröffneten Insolvenzverfahrens nach der Insolvenzordnung

Das Insolvenzverfahren wird von dem Gericht durch Beschluss (zu Inhalt und Bekanntmachung des Eröffnungsbeschlusses siehe §§ 27 ff. InsO) eröffnet. Dabei hat das Insolvenzgericht gemäß § 27 Abs. 1 Satz 1 InsO einen Insolvenzverwalter zu ernennen. Auf diesen geht nach § 80 Abs. 1 InsO das Recht des Schuldners über, das zur Insolvenzmasse gehörende Vermögen zu verwalten und über dieses zu verfügen. Verfügungen des Schuldners, die dieser nach der Eröffnung des Insolvenzverfahrens vornimmt, sind gemäß § 81 Abs. 1 Satz 1 InsO absolut unwirksam[401].

Während der gesamten Dauer des Insolvenzverfahrens sind nach § 89 Abs. 1 InsO Zwangsvollstreckungsmaßnahmen einzelner Insolvenzgläubiger sowohl in die Insolvenzmasse als auch in das sonstige Vermögen des Schuldners unzulässig[402]. Die Insolvenzgläubiger können ihre Forderungen nur nach den Vorschriften über das Insolvenzverfahren verfolgen, § 87 InsO. Dagegen können Massegläubiger unter den Einschränkungen von § 90 Abs. 1 InsO den Insolvenzverwalter verklagen und aus dem Urteil in die Masse vollstrecken.

Mit Eröffnung des Insolvenzverfahrens verliert der Schuldner als Rechtsfolge von § 80 InsO auch seine Prozessführungsbefugnis, die auf den Insolvenzverwalter übergeht. Nach § 240 Abs. 1 Satz 1 ZPO werden Verfahren, die die Insolvenzmasse betreffen, solange unterbrochen, bis diese nach den Vorschriften der Insolvenzordnung wieder aufgenommen werden oder das Insolvenzverfahren beendet wird[403]. Bei der Aufnahme von Prozessen unterscheidet die Insolvenzordnung Aktivprozesse (§ 85 InsO) und Passivprozesse (§ 86 InsO)[404].

---

401 Zu den Ausnahmen sowie Besonderheiten siehe § 81 Abs. 1 Satz 2 und 3, Abs. 2, Abs. 3 InsO.

402 Zu den Besonderheiten siehe § 89 Abs. 2 und Abs. 3 InsO.

403 Zweck der Verfahrensunterbrechung ist, wegen der Fülle von Unklarheiten (z.B. Vermögenszuordnungsfragen) dem Insolvenzverwalter die nötige Zeit zu geben, den Sachverhalt und die Erfolgsaussichten der Verfahren zu prüfen, Baumbach/Lauterbach/Albers/Hartmann-*Hartmann*, ZPO § 240 Rn 2.

404 Aktivprozesse (im Regelfall ist der Insolvenzschuldner hier Kläger) sind Prozesse, in denen ein Recht zugunsten der späteren Teilungsmasse geltend gemacht wird, MünchKommInsO-*Schumacher*, § 85 Rn. 1. Passivprozesse (im Regelfall ist hier der Insolvenzschuldner

Nach § 85 Abs. 1 Satz 1 InsO kann der Insolvenzverwalter einen Aktivprozess aufnehmen und im Falle des Erfolges kommt der Ertrag der Insolvenzmasse zugute. Verliert der Insolvenzverwalter, so sind die Prozesskosten Masseverbindlichkeiten nach § 55 Abs. 1 Nr. 1 InsO. Lehnt der Insolvenzverwalter die Aufnahme des Aktivprozesses ab, so können sowohl der Insolvenzschuldner als auch der Prozessgegner den Rechtsstreit aufnehmen, § 85 Abs. 2 InsO. Passivprozesse, die die Aussonderung eines Gegenstandes aus der Insolvenzmasse, die abgesonderte Befriedigung oder eine Masseverbindlichkeit betreffen, können gemäß § 86 Abs. 1 InsO sowohl vom Insolvenzverwalter als auch vom Prozessgegner aufgenommen werden. Andere Passivprozesse – also die Prozesse, die von Insolvenzgläubigern angestrengt wurden – bleiben bis auf weiteres unterbrochen, da die Insolvenzgläubiger ihre Forderungen gemäß §§ 87, 174 ff. InsO nur innerhalb des Insolvenzverfahrens durch Anmeldung und Prüfung ihrer Forderungen verfolgen können.

In der Kurzdarstellung läuft das eröffnete Insolvenzverfahren – dies gilt grundsätzlich auch für Lebensversicherungsunternehmen – im Wesentlichen wie folgt ab: Sofort nach Eröffnung des Insolvenzverfahrens nimmt der Insolvenzverwalter das gesamte zur Insolvenzmasse gehörende Vermögen des Schuldners in Besitz und Verwaltung, § 148 Abs. 1 InsO. Der Insolvenzverwalter hat bei dem vom Insolvenzgericht im Eröffnungsbeschluss bestimmten Berichtstermin (§ 29 Abs. 1 Nr. 1 InsO)[405] der Gläubigerversammlung über die wirtschaftliche Lage des Schuldners und ihre Ursachen zu berichten, § 156 Abs. 1 InsO. Noch im Berichtstermin beschließt die Gläubigerversammlung, ob das Unternehmen stillgelegt oder vorläufig fortgeführt werden soll, § 157 InsO. Unverzüglich nach dem Berichtstermin verwertet der Insolvenzverwalter unter Beachtung der Beschlüsse der Gläubigerversammlung das zur Insolvenzmasse gehörende Vermögen, § 159 InsO. Die Insolvenzgläubiger haben ihre Forderungen nach den Vorschriften der §§ 174 ff. InsO unter Beachtung der Anmeldefrist[406] schriftlich bei dem Insolvenzverwalter anzumelden. Beim Prüfungstermin[407] werden die angemeldeten Forderungen dann von der Gläubigerversammlung geprüft. Nach dem Prü-

---

Beklagter) sind Prozesse, die von Aussonderungsberechtigten, Absonderungsberechtigten oder Massegläubigern angestrengt worden sind, MünchKommInsO-*Schumacher*, § 86 Rn. 1.

405 Der Berichtstermin soll nicht über sechs Wochen und darf nicht über drei Monate hinaus nach dem Eintritt der Zustellungswirkung der öffentlichen Bekanntmachung (§ 9 InsO) von dem Insolvenzgericht angesetzt werden, § 29 Abs. 1 Nr. 1 InsO.

406 Das Insolvenzgericht setzt die Anmeldefrist für die Insolvenzforderungen im Eröffnungsbeschluss fest. Die Frist ist auf einen Zeitraum von mindestens zwei Wochen und höchstens drei Monaten festzusetzen, § 28 Abs. 1 Satz 2 InsO.

407 Der Prüfungstermin ist ebenfalls von dem Insolvenzgericht im Eröffnungsbeschluss festzusetzen. Der Zeitraum zwischen dem Ablauf der Anmeldefrist und dem Prüfungstermin soll mindestens eine Woche und höchstens zwei Monate betragen, § 29 Abs. 1 Nr. 2 InsO.

fungstermin wird mit der Befriedigung der Insolvenzgläubiger nach den Vorschriften der §§ 187 ff. InsO begonnen. Die aus der Verwertung erlangten Barmittel können entweder im Wege der Abschlagsverteilung nach § 187 Abs. 2 InsO oder im Wege der Schlussverteilung nach § 196 InsO verteilt werden[408]. Davon unabhängig erfolgt die Befriedigung der Massegläubiger, da die Masseverbindlichkeiten gemäß § 53 InsO vorweg zu berichtigen sind, soweit Fälligkeit besteht. Nach dem Schlusstermin (§ 197 InsO) und dem Vollzug der Schlussverteilung hebt das Insolvenzgericht das Insolvenzverfahren durch Beschluss gemäß § 200 Abs. 1 InsO auf.

B. Sonderrechtswirkungen nach dem Versicherungsaufsichtsgesetz und versicherungsspezifische Abweichungen des eröffneten Insolvenzverfahrens

I. Widerruf der Erlaubnis

Sobald das Insolvenzverfahren eröffnet ist, hat die Aufsichtsbehörde die Erlaubnis zum Geschäftsbetrieb zu widerrufen, § 87 Abs. 2a Satz 1 VAG. Durch den Widerruf der Erlaubnis dürfen keine Neuverträge mehr abgeschlossen sowie früher abgeschlossenen Versicherungen nicht erhöht oder verlängert werden, § 87 Abs. 3 VAG. Dabei steht der Widerruf der Erlaubnis jedoch nicht den im Rahmen des Insolvenzverfahrens erforderlichen Rechtshandlungen des Versicherungsunternehmens entgegen, § 87 Abs. 2a Satz 2 VAG. Die Vorschrift des § 87 Abs. 2a VAG geht auf Art. 13 Sanierungs- und Liquidationsrichtlinie zurück und wurde durch die VAG-Novelle 2003 in deutsches Recht umgesetzt. Die Einfügung von § 87 Abs. 2a VAG hat jedoch eher eine klarstellende Funktion, da die Aufsichtsbehörde die Erlaubnis zum Geschäftsbetrieb schon nach § 87 Abs. 1 und Abs. 2 VAG widerrufen muss, wenn dies zur ausreichenden Wahrung der Belange der Versicherten erforderlich ist[409]. Die Aufsichtsbehörde hätte somit auch schon nach der alten Rechtslage – vor Einfügung von § 87 Abs. 2a VAG – die Erlaubnis *spätestens* nach der Eröffnung des Insolvenzverfahrens zu widerrufen gehabt. Eine vorläufige Fortführung des Versicherungsunternehmens (vgl. § 157 Satz 1 InsO) wird somit regelmäßig an dem Widerruf der Erlaubnis scheitern.

---

408 Unter den besonderen Umständen von § 203 InsO ist auch noch eine Nachtragsverteilung möglich, wenn zum Beispiel zurückbehaltene Beträge für die Verteilung frei geworden sind, § 203 Abs. 1 Nr. 1 InsO.

409 Prölss/Schmidt-*Kollhosser*, VAG [11. Aufl.] § 87 Rn. 15.

Wird ein Insolvenzverfahren über das Vermögen eines Versicherungsunternehmens eröffnet, so hat die Aufsichtsbehörde die Erlaubnis *sofort* nach Bekanntmachung des Eröffnungsbeschlusses zu widerrufen. Die Rechtskraft des Eröffnungsbeschlusses wird von § 87 Abs. 2a VAG ausdrücklich nicht vorausgesetzt[410]. Gleiches gilt für Art. 13 Abs. 1 Sanierungs- und Liquidationsrichtlinie, der lediglich voraussetzt, dass die „Eröffnung eines Liquidationsverfahren beschlossen" wurde. Dies entspricht auch dem Regelungszweck beider Vorschriften, die die Versicherten und insbesondere mögliche Neukunden durch den Widerruf der Erlaubnis schützen sollen. Hätte der Gesetzgeber die Rechtskraft des Eröffnungsbeschlusses voraussetzten wollen, so hätte er diesen Tatbestand ausdrücklich in die Vorschrift des § 87 Abs. 2a VAG mit aufgenommen, vgl. etwa § 262 Abs. 1 Nr. 3 *und* Nr. 4 AktG sowie § 42 Nr. 3 *und* Nr. 4 VAG[411]. Gegen den Widerruf der Erlaubnis durch die Aufsichtsbehörde kann das betroffene Versicherungsunternehmen Widerspruch einlegen und später gegebenenfalls Anfechtungsklage erheben.

II. Beendigung der Lebensversicherungsverträge

Durch die Eröffnung des Insolvenzverfahrens erlöschen gemäß § 77b Satz 1 VAG sämtliche Lebensversicherungsverträge. Die Vorschrift des § 77b VAG wurde im Zuge der VAG-Novelle 2003 neu in das Versicherungsaufsichtsgesetz eingefügt, entspricht aber in ihrem Regelungsgehalt der alten Vorschrift des § 77 Abs. 3 in Verbindung mit § 79 VAG a.F.[412]. Die Vorschrift des § 77b VAG ist lex specialis zu § 13 VVG und § 103 InsO. Damit ist das Wahlrecht des Insolvenzverwalters nach § 103 InsO (in Bezug auf sämtliche Versicherungsverträge) ausgeschlossen[413]. Auch die Anwendung von § 13 VVG, wonach ein Versicherungsverhältnis grundsätzlich erst mit Ablauf eines Monats seit Eröffnung des

---

410 Anders Prölss/Kollhosser-*Kollhosser*, VAG § 87 Rn. 14, der einen *rechtskräftigen* Eröffnungsbeschluss im Rahmen des § 87 Abs. 2a VAG voraussetzt.

411 Im Übrigen steht der Widerruf der Erlaubnis in *keinem* direkten Zusammenhang mit der zu erfolgenden Auflösung der Aktiengesellschaft (§ 262 Abs. 1 Nr. 3 AktG) bzw. des Versicherungsvereins auf Gegenseitigkeit (§ 42 Nr. 3 VAG) aufgrund der Eröffnung des Insolvenzverfahrens; unzutreffend daher Prölss/Kollhosser-*Kollhosser*, VAG § 87 Rn. 14, der hier einen Widerspruch zwischen dem neuen § 87 Abs. 2a VAG und den – zu recht – unverändert gebliebenen § 262 Abs. 1 Nr. 3 AktG und § 42 Nr. 3 VAG sieht. Zur Auflösung der AG bzw. des VVaG aufgrund der Eröffnung des Insolvenzverfahrens siehe auch unten Kapitel 3: B. III. sowie Kapitel 3: C.

412 Begründung zum Gesetzentwurf des Sanierungs- und Liquidationsgesetztes, BR-Drucksache 543/03, S. 47 sowie BT-Drucksache 15/1653, S. 26.

413 § 103 InsO wird sowohl von § 77b Satz 1 VAG als auch von § 13 VVG ausgeschlossen, da beide Vorschriften lex specialis zu § 103 InsO sind.

Insolvenzverfahrens endet und bis dahin der Insolvenzmasse gegenüber weiter wirksam bleibt, ist durch § 77b Satz 1 VAG ausgeschlossen (§ 13 Satz 2 VVG).

III. Ruhen der Versicherungsaufsicht

Mit der Eröffnung des Insolvenzverfahrens wird das Versicherungsunternehmen nach § 262 Abs. 1 Nr. 3 AktG (Rechtsform Aktiengesellschaft) bzw. § 42 Nr. 3 VAG (Rechtsform Versicherungsverein auf Gegenseitigkeit) aufgelöst. Das Unternehmen verliert aber nicht – bis zur Löschung aus dem Handelsregister – seine Rechtspersönlichkeit[414]. Daher endet mit der Insolvenzeröffnung auch *nicht* die Aufsicht der Versicherungsaufsichtsbehörde über das Versicherungsunternehmen[415]. Da der Insolvenzverwalter jedoch der Aufsicht des Insolvenzgerichts (§ 58 InsO) – und nicht der Versicherungsaufsichtsbehörde – untersteht, ruht die Versicherungsaufsicht insoweit während der gesamten Dauer des Insolvenzverfahrens[416]. Andernfalls wäre bei einem gleichzeitigen Tätigwerden sowohl der Versicherungsaufsichtsbehörde als auch des unter der Aufsicht des Insolvenzgerichts stehenden Insolvenzverwalters eine zügige und reibungslose Abwicklung des Insolvenzverfahrens nur deutlich schwerer zu realisieren[417]. Ein Mitwirken der Versicherungsaufsichtsbehörde ist nur dann erforderlich, wenn nach Gesetz oder gefestigter Verwaltungspraxis die Mitwirkung der Aufsichtsbehörde nicht durch eine Handlung des Insolvenzverwalters ersetzt werden kann, wie z.B. bei der Bestellung oder Abberufung von Vorstandsmitgliedern oder der Genehmigung von Bestandsübertragungen auf ein anderes Versicherungsunternehmen[418]. Im Wesentlichen kommt dem jedoch keine praktische Bedeutung zu, da eine Bestandsübertragung aufgrund des Erlöschens der Lebensversicherungsverträge durch die Insolvenzeröffnung gemäß § 77b Satz 1 VAG ausgeschlossen ist. An einer Prüfung der vorhandenen oder neu zu bestellenden Geschäftsleiter durch die Versicherungsaufsichtsbehörde besteht ebenfalls kein praktisches Interesse mehr, da die Geschäftsleitung des Lebensversicherungsunternehmens durch die Bestellung des Insolvenzverwalters weitgehend entmachtet worden ist[419]. Erst mit der Beendigung des Insolvenzverfahrens und der Abberufung des Insol-

[414] Noch zu der Konkurseröffnung nach der Konkursordnung, Goldberg/Müller-*Müller*, VAG § 88 Rn. 6. Es wird insoweit zwischen der Auflösung und Vollbeendigung der juristischen Person unterschieden, *Schmidt*, Gesellschaftsrecht, § 30 VI 1.

[415] Prölss/Kollhosser-*Kollhosser*, VAG § 86 Rn. 4.

[416] Goldberg/Müller-*Müller*, VAG § 88 Rn. 10.

[417] Goldberg/Müller-*Müller*, VAG § 88 Rn. 10.

[418] Prölss/Kollhosser-*Kollhosser*, VAG § 86 Rn. 4.

[419] Goldberg/Müller-*Müller*, VAG § 88 Rn. 10.

venzverwalters lebt die Versicherungsaufsicht bis zur Löschung des Versicherungsunternehmens aus dem Handelsregister wieder auf[420].

Aufsichtsbehördliche Verfügungsverbote, die die Versicherungsaufsichtsbehörde vor Eröffnung des Insolvenzverfahrens gegen das Lebensversicherungsunternehmen angeordnet hat[421], haben während der gesamten Dauer des Insolvenzverfahrens gemäß § 80 Abs. 2 Satz 1 InsO keine Wirkung. Sobald das Insolvenzverfahren eröffnet ist, kommt daher auch der Vorschrift des § 87 Abs. 4 Satz 2 VAG, nach der die Versicherungsaufsicht nach dem Widerruf der Erlaubnis die freie Verfügung über die Vermögensgegenstände des Versicherungsunternehmens einschränken oder untersagen kann, keine praktische Bedeutung zu. Insgesamt ist § 87 Abs. 4 VAG nur dann einschlägig, wenn der Widerruf der Aufsichtsbehörde *vor* der Eröffnung des Insolvenzverfahrens erfolgt ist, da die Versicherungsaufsicht während des Insolvenzverfahrens ruht.

IV. Sonderinsolvenzverwalter – Treuhänder – Pfleger

Seit Inkrafttreten der Insolvenzordnung ist die Ernennung mehrerer Insolvenzverwalter für verschiedene Geschäftszweige des Schuldnerunternehmens (vgl. zur alten Rechtslage § 79 KO) unzulässig. In Ausnahmefällen ist jedoch die Bestellung eines Sonderinsolvenzverwalters möglich[422]. Es steht im Ermessen des Insolvenzgerichts, ob für die Verwaltung des Sicherungsvermögens ein eigenverantwortlicher Sonderinsolvenzverwalter bestellt wird[423].

Die Amtstätigkeit des Treuhänders sowie die des Stellvertreters zur Überwachung des Sicherungsvermögens (§§ 70 ff. VAG) enden mit Eröffnung des Insolvenzverfahrens[424]. Der Insolvenzverwalter hat, soweit nicht ein eigenverantwortlicher Sonderinsolvenzverwalter für die Verwaltung des Sicherungsvermögens bestellt wurde, die Bestände des Sicherungsvermögens in Besitz und Verwaltung zu nehmen und nach den Vorschriften der Insolvenzordnung (§§ 148 ff. InsO) zu verwerten. Bei der Verwertung des Sicherungsvermögens durch den

---

420 Prölss/Kollhosser-*Kollhosser*, VAG § 86 Rn. 4.

421 Siehe auch oben Kapitel 2: D.

422 Das Rechtsinstitut der Sonderinsolvenzverwaltung ist in der Insolvenzordnung nicht ausdrücklich geregelt. Jedoch ist in Ausnahmefällen die Bestellung eines Sonderinsolvenzverwalters zulässig, wenn Interessenkollisionen oder Verhinderungen auftreten oder – wie hier – kraft Gesetzes eine Sondermasse zur Befriedigung bestimmter Gläubigergruppen zu bilden ist, MünchKommInsO-*Schmahl*, §§ 27-29 Rn. 29; MünchKommInsO-*Graeber*, § 56 Rn. 114.

423 MünchKommInsO-*Schmahl*, §§ 27-29 Rn. 106.

424 Prölss/Kollhosser-*Lipowsky*, VAG § 71 Rn. 9.

Insolvenzverwalter ist mithin ein Mitwirken des Treuhänders, insbesondere seine Zustimmung nach § 72 Abs. 1 VAG, nicht erforderlich. Damit die Rechte der Versicherten nach §§ 77a und 77b VAG gewahrt bleiben, hat das Insolvenzgericht unter vorheriger Anhörung der Versicherungsaufsichtsbehörde einen Pfleger zu bestellen, § 78 Abs. 1 Satz 1, Abs. 6 VAG[425]. Aufgabe des Pflegers ist es, den Umfang des vorhandenen Sicherungsvermögens festzustellen sowie die Ansprüche der Versicherten zu ermitteln und bei dem Insolvenzverwalter anzumelden, § 78 Abs. 2 VAG[426]. Um dem adäquat nachkommen zu können, hat der Insolvenzverwalter dem Pfleger die Einsicht aller Bücher und Schriften des Versicherungsunternehmens zu gestatten und auf Verlangen des Pflegers den Bestand des Sicherungsvermögens nachzuweisen, § 78 Abs. 4 VAG. Sobald der Umfang des Sicherungsvermögens festgestellt und die Ansprüche der Versicherten ermittelt und angemeldet worden sind, wird die Pflegschaft von dem Insolvenzgericht aufgehoben, § 1919 BGB.

V. Besondere Unterrichtungspflichten

Gemäß § 28 Abs. 1 InsO sind die Gläubiger im Eröffnungsbeschluss aufzufordern, ihre Forderungen innerhalb der Anmeldefrist bei dem Insolvenzverwalter anzumelden. Der Eröffnungsbeschluss ist nach § 30 Abs. 1 InsO öffentlich bekanntzumachen (§ 9 InsO) und neben dem Insolvenzschuldner und den Schuldnern des Insolvenzschuldners den Gläubigern nach § 30 Abs. 2 InsO besonders zuzustellen. Dabei kann das Insolvenzgericht zu seiner Entlastung nach seinem pflichtgemäßen Ermessen den Insolvenzverwalter beauftragen, die Zustellungen durchzuführen, § 8 Abs. 3 InsO. Dies erscheint bei einer Insolvenz eines Lebensversicherers nicht nur wegen der Vielzahl der Gläubiger, sondern auch wegen dem neu durch die VAG-Novelle 2003 eingefügten § 88a VAG, der besondere Unterrichtungspflichten im Hinblick auf die Gläubiger vorsieht, durchaus angemessen[427]. So ist nunmehr den Gläubigern mit dem Eröffnungsbeschluss nach § 88a Abs. 1 VAG ein Formblatt zu übersenden, das in sämtlichen Amtssprachen der Europäischen Gemeinschaft und der anderen EWR-Vertragsstaaten mit den Worten „Aufforderung zur Anmeldung und Erläuterung einer Forde-

---

[425] Die Form der Bestellung ergibt sich aus §§ 1789, 1791 BGB, Fahr/Kaulbach-Kaulbach, VAG § 78 Rn. 1. An die Stelle des Vormundschaftsgerichts tritt gemäß § 78 Abs. 1 Satz 2 VAG das Insolvenzgericht.

[426] Davon unabhängig können die einzelnen Versicherten auch selber ihre Ansprüche anmelden, § 78 Abs. 3 Satz 2 VAG. Soweit die Anmeldungen voneinander abweichen, gilt bis zur Klärung des Sachlage die Anmeldung, die für den Versicherten günstiger ist, § 78 Abs. 3 Satz 3 VAG.

[427] Mit Einfügung von § 88a VAG ist Art. 15 in Verbindung mit Art. 17 Sanierungs- und Liquidationsrichtlinie umgesetzt worden.

rung. Fristen beachten!“ überschrieben ist[428]. Mit dem Inhalt des Formblattes soll auf die Rechtslage hingewiesen werden[429]. Das Formblatt ist bei einem deutschen Lebensversicherer grundsätzlich in deutscher Sprache abgefasst. Ist ein bekannter Gläubiger jedoch mit gewöhnlichen Aufenthalt, Wohnsitz oder Sitz in einem anderen Mitglied- und Vertragsstaat Inhaber einer Versicherungsforderung, so ist er in der Amtssprache des betreffenden Mitglied- oder Vertragsstaates zu unterrichten, § 88a Abs. 2 VAG. Die Forderung kann ebenfalls in der Amtssprache des Mitglied- oder Vertragsstaates angemeldet werden, in der der Gläubiger seinen gewöhnlichen Aufenthalt, Wohnsitz oder Sitz hat, § 88a Abs. 3 VAG[430]. Zudem hat der Insolvenzverwalter nach § 88a Abs. 4 VAG die Gläubiger regelmäßig und in geeigneter Form über den Fortgang des Insolvenzverfahrens zu unterrichten. Dabei ist er jedoch nach deutschem Insolvenzrecht grundsätzlich nicht verpflichtet, Routineanfragen der einzelnen Gläubiger zu beantworten, da er diesen gegenüber seiner Auskunftspflicht im Wege der Berichterstattung in der Gläubigerversammlung nachkommt[431]. Die Versicherten können jedoch nach § 78 Abs. 3 Satz 1 VAG von dem Pfleger über solche Tatsachen Auskunft verlangen, die für ihre Ansprüche nach §§ 77a und 77b VAG erheblich sind.

VI. Insolvenzplan

Abschließend soll noch auf die Frage eingegangen werden, ob und inwieweit bei einem Insolvenzverfahren eines Lebensversicherungsunternehmen die Möglich-

---

[428] Das Formblatt wird vom Bundesjustizministerium im Bundesanzeiger veröffentlicht und enthält nach § 88a Abs. 1 Satz 2 VAG insbesondere nachfolgende Angaben: Welche Fristen einzuhalten sind und welche Folgen deren Versäumung hat; wer für die Entgegennahme der Anmeldung und Erläuterung einer Forderung zuständig ist; welche weiteren Maßnahmen vorgeschrieben sind; welche Bedeutung die Anmeldung der Forderung für bevorrechtigte oder dinglich gesicherte Gläubiger hat und inwieweit diese ihre Forderungen anmelden müssen; die allgemeinen Wirkungen des Insolvenzverfahrens auf die Versicherungsverträge; den Zeitpunkt, ab dem Versicherungsverträge oder Versicherungsgeschäfte keine Rechtswirkung mehr entfalten und die Rechte und Pflichten der Versicherten in Bezug auf den betreffenden Vertrag beziehungsweise das entsprechende Geschäft.

[429] Begründung zum Gesetzentwurf des Sanierungs- und Liquidationsgesetztes, BR-Drucksache 543/03, S. 50 sowie BT-Drucksache 15/1653, S. 28.

[430] Gläubiger aus Drittstaaten müssen ihre Forderungen jedoch in deutscher Sprache anmelden, da sie nicht in den Anwendungsbereich der Sanierungs- und Liquidationsrichtlinie fallen und eine Anmeldung in der betreffenden ausländischen Sprache kostenintensiv und damit masseschmälernd wäre, Begründung zum Gesetzentwurf des Sanierungs- und Liquidationsgesetztes, BR-Drucksache 543/03, S. 50 f. sowie BT-Drucksache 15/1653, S. 28.

[431] Begründung zum Gesetzentwurf des Sanierungs- und Liquidationsgesetztes, BR-Drucksache 543/03, S. 51 sowie BT-Drucksache 15/1653, S. 28.

keit besteht, einen Insolvenzplan (§§ 217 bis 269 InsO) zu erstellen. Der Insolvenzverwalter hat nämlich beim Berichtstermin[432] darzulegen, welche Möglichkeiten für einen Insolvenzplan bestehen, § 156 Abs. 1 Satz 2 InsO. Außerdem kann die Gläubigerversammlung den Insolvenzverwalter unter Vorgabe des Planziels mit der Ausarbeitung eines Insolvenzplanes beauftragen, § 157 Satz 2 InsO. Mit Hilfe eines Insolvenzplanes können die Beteiligten einvernehmlich (abweichend von den gesetzlichen Regelungen der Insolvenzordnung) regeln, wie die Befriedigung der absonderungsberechtigten Gläubiger und Insolvenzgläubiger, die Verwertung der Insolvenzmasse und deren Verteilung an die Beteiligten sowie die Haftung des Schuldners nach der Beendigung des Insolvenzverfahrens erfolgen soll, § 217 InsO[433]. Die Beteiligten sind bei der Gestaltung des Insolvenzplanes weitgehend frei, da dieser ein universelles Instrument zur Masseverwertung darstellen soll[434]. Generell wird bei einer Unternehmensinsolvenz im Wesentlichen, differenziert nach dem Ziel des Insolvenzplanes, zwischen drei Plantypen unterschieden, wobei diese auch miteinander kombiniert werden können: Liquidationsplan, Übertragungsplan und Reorganisationsplan[435]. Auch bei einem Lebensversicherungsunternehmen sind grundsätzlich alle Planformen rechtlich zulässig und die allgemeinen Vorschriften der §§ 217 bis 269 InsO anwendbar. Eine übertragende Sanierung oder eine Reorganisation des Lebensversicherers mit dem Ziel, das Unternehmen fortzuführen, sind aber letztendlich wegen der Beendigung der Versicherungsverhältnisse aufgrund der Insolvenzeröffnung praktisch nicht durchzuführen[436]. So bleibt im Ergebnis nur noch der Liquidationsplan, der die Möglichkeit bietet, eine von den Vorschriften des Regelinsolvenzverfahrens abweichende Abwicklung des Lebensversicherers zu betreiben. Ob ein solches Insolvenzplanverfahren im Einzelfall sinnvoll und bei den Beteiligten durchsetzbar wäre, würde dann von den konkreten Umständen des Einzelfalls abhängen und kann an dieser Stelle nicht abschließend beurteilt werden. Es ist aber festzuhalten, dass auch die bevorrechtigten Versicherungsgläubiger nach §§ 77a und 77b VAG unter eine Insolvenzplanregelung fallen können, da es sich hier ebenfalls um Insolvenzforderungen handelt[437]. Ein

---

432 Siehe auch oben Kapitel 3: A.

433 Der Insolvenzplan gilt als Kernstück der Insolvenzrechtsreform, *Kübler/Prütting*, Das neue Insolvenzrecht, S. 449. Das Insolvenzplanverfahren tritt an die Stelle des Zwangsvergleichs nach der Konkursordnung, des Vergleichs nach der Vergleichsordnung sowie des Vergleichs nach der Gesamtvollstreckungsordnung.

434 Begründung zum Gesetzentwurf einer Insolvenzordnung, BT-Drucksache 12/2443, S. 90 ff.

435 Der Gesetzgeber erhofft sich mit der Einführung des Insolvenzplanverfahrens aber insbesondere eine Sanierung des insolventen Unternehmens, vgl. § 1 Satz 1 a.E. InsO.

436 Siehe auch oben Kapitel 3: B II.

437 Anders noch beim Zwangsvergleich nach der Konkursordnung, bei dem § 173 KO die bevorrechtigten Konkursgläubiger ausdrücklich von dem Zwangsvergleich ausnahm.

ausreichender Schutz der Versicherungsnehmer würde durch die Vorschriften der §§ 243 bis 245 InsO sowie nach § 251 InsO (Minderheitenschutz) gewährleistet sein.

C. Besonderheiten beim Versicherungsverein auf Gegenseitigkeit (VVaG)

Beim Versicherungsverein auf Gegenseitigkeit, dessen Unternehmensform – eigentlich systemwidrig – im Versicherungsaufsichtsgesetz (§§ 15 bis 53b VAG) geregelt ist, sind im Insolvenzfall unternehmensformspezifische Sonderregelungen zu beachten[438].

Der VVaG ist ein privater rechtsfähiger Verein, der seinen Mitgliedern, die im Regelfall zugleich auch Versicherungsnehmer sind, auf der Grundlage des Gegenseitigkeitsgedankens unmittelbaren Versicherungsschutz gewährt[439]. Anders als die Aktiengesellschaft, die erst mit Eintragung in das Handelsregister Rechtsfähigkeit erlangt (§ 41 Abs. 1 Satz 1 AktG), wird der VVaG bereits mit Erteilung der Erlaubnis zum Geschäftsbetrieb durch die Versicherungsaufsichtsbehörde rechtsfähig, § 15 VAG. Der aufgrund der Insolvenzeröffnung zu erfolgende Widerruf der Erlaubnis nach § 87 Abs. 2a VAG führt jedoch *nicht* zum Verlust der Rechtsfähigkeit[440]. Vielmehr verliert auch der VVaG, der – wie auch die AG – durch die Insolvenzeröffnung aufgelöst wird (§ 42 Nr. 3 VAG), erst mit Löschung aus dem Handelsregister seine Rechtsfähigkeit, nachdem die insolvenzrechtliche Abwicklung erfolgt ist[441].

I. Insolvenzbedingte Beendigung der Mitgliedschaft: Auswirkungen auf die Rechtsfähigkeit des Lebensversicherungsvereins auf Gegenseitigkeit

Die Mitgliedschaft beim VVaG endet, soweit die Satzung nicht etwas anderes bestimmt, gemäß § 20 Satz 3 VAG mit Beendigung des Versicherungsverhältnisses. Da aufgrund der Insolvenzeröffnung sämtliche Lebensversicherungsverträge enden[442], verliert der Lebensversicherungsverein aG durch die Eröffnung des Insolvenzverfahrens auch gleichzeitig alle seine Mitglieder. Daher wird teilweise die Ansicht vertreten, dass dem VVaG schon vor dem Abschluss der

---

[438] Zu den strukturellen Unterschieden zwischen VVaG und Versicherungs-AG siehe *Hübner*, Strukturunterschiede zwischen Versicherungsverein auf Gegenseitigkeit (VVaG) und Versicherungs-Aktiengesellschaft (AG), S. 5 ff.

[439] Prölss/Kollhosser-*Weigel*, VAG Vor § 15 Rn. 22 f.

[440] Die gilt auch für den Widerruf der Erlaubnis aus anderen Gründen.

[441] Siehe auch oben Kapitel 3: B III.

[442] Siehe auch oben Kapitel 3: B II.

insolvenzrechtlichen Abwicklung die Rechtsfähigkeit analog § 73 BGB wegen Unterschreitens der Mindestmitgliederzahl[443] zu entziehen sei[444]. Dies wird insbesondere damit begründet, dass durch den Verlust sämtlicher Mitglieder ein zwingendes Strukturmerkmal des VVaG verloren ginge und damit die Aufrechterhaltung der Rechtspersönlichkeit abzulehnen sei[445]. Auch würde der vorzeitige Verlust der Rechtspersönlichkeit für die Durchführung des Insolvenzverfahrens keine Nachteile bedeuten, da insbesondere die Insolvenzfähigkeit nicht verloren ginge[446].

Zuzustimmen ist der Aussage, dass mit dem vollständigen Verlust aller Mitglieder ein wesentliches Strukturmerkmal des VVaG verloren geht. Richtig ist auch, dass ein Insolvenzverfahren (unabhängig von der Rechtsfähigkeit des Unternehmens) solange gemäß § 11 Abs. 3 InsO betrieben werden kann, wie die Verteilung des Vermögens noch nicht vollzogen ist. Einem Entzug der Rechtsfähigkeit analog § 73 BGB ist jedoch entgegenzuhalten, dass § 73 BGB nach seinem Regelungssinn und -zweck – auch in analoger Anwendung – nicht auf die Situation eines VVaG, der sich in einem Insolvenzverfahren befindet und aufgrund der Insolvenzeröffnung sowie der Sondervorschrift des § 77b Satz 1 VAG sämtliche Mitglieder verloren hat, übertragen werden kann. Die Vorschrift des § 73 BGB regelt das Unterschreiten der Mindestmitgliederzahl *außerhalb* eines Liquidationsverfahrens[447]. So soll die Rechtsform des e.V. nicht von ganz unbedeutenden Vereinen genutzt werden[448]. Die Dreimonatsfrist will dem eingetragenen Verein aber die Möglichkeit geben, die erforderliche Mindestmitgliederzahl wieder zu erreichen[449]. Gegen eine analoge Anwendung von § 73 BGB

---

443 Die Zahl der erforderlichen Gründungsmitglieder eines VVaG ist nicht im Versicherungsaufsichtsgesetz geregelt. Nach herrschender Meinung benötigt der VVaG gemäß §§ 705, 54 BGB mindestens zwei Personen, da es sich bei der Vereinigung bis zur Zulassung durch die Aufsichtbehörde um einen nichtrechtsfähigen Verein handelt. Die Mindermeinung fordert in analoger Anwendung von § 56 BGB mindestens sieben Personen, da der Wille der Gründer auf die Errichtung eines rechtsfähigen Vereins gerichtet sei, vgl. dazu insgesamt Prölss/Kollhosser-*Weigel*, VAG § 15 Rn. 14. Da der Lebensversicherungsverein aG durch die Insolvenzeröffnung *alle* seine Mitglieder verliert, kommt dem Meinungsstreit hier keine Bedeutung zu.

444 *Backes*, Die Insolvenz des Versicherungsunternehmens, S. 105 ff.

445 *Backes*, Die Insolvenz des Versicherungsunternehmens, S. 106.

446 *Backes*, Die Insolvenz des Versicherungsunternehmens, S. 106.

447 Das zeigt auch der Umstand, dass nach § 73 BGB der Vereinsvorstand anzuhören ist. In einem Liquidationsverfahren ist jedoch der Liquidator (Liquidation nach den Vorschriften des BGB) beziehungsweise der Insolvenzverwalter (Liquidation nach den Vorschriften der Insolvenzordnung) die „maßgebliche“ Person, da der Vorstand weitestgehend „entmachtet“ ist.

448 Erman-*Westermann*, BGB § 73 Rn. 1.

449 Erman-*Westermann*, BGB § 73 Rn. 1.

spricht außerdem, dass die Vorschriften des BGB über Vereine (§§ 21 ff. BGB) – obwohl der VVaG ein rechtsfähiger Verein ist – aufgrund der ausführlichen Regelungen im Versicherungsaufsichtsgesetz sowie der zahlreichen Verweisungen in das Aktiengesetz oder auch das Genossenschaftsgesetz kaum zur Anwendung kommen[450]. Hier ist insbesondere nochmals auf die Sonderregelung nach § 15 VAG hinzuweisen, wonach der VVaG bereits mit der Erlaubnis zum Geschäftbetrieb vollrechtsfähig wird. Seine Rechtsfähigkeit verliert er aber gerade *nicht* – im vermeintlichen Umkehrschluss – durch den Widerruf der Erlaubnis, die spätestens mit Eröffnung des Insolvenzverfahrens zu widerrufen ist. Dies ist zwar auch dem Umstand geschuldet, dass ein Erlaubniswiderruf auch unabhängig von einer Insolvenz erfolgen kann und ein gleichzeitiger Verlust der Rechtsfähigkeit daher völlig unpraktikabel wäre. Ein Verlust der Rechtsfähigkeit nach der Eröffnung des Insolvenzverfahrens könnte jedoch auch durchaus nachteilige Folgen (z.B. Rechtssicherheit) – insbesondere auch im Hinblick auf die Rechtshandlungen, die der Insolvenzverwalter für den VVaG vornimmt – mit sich bringen. Hier ist auch auf die nach § 49 Abs. 2 VAG (zumindest in der Theorie[451]) bestehende Möglichkeit der Fortsetzung des aufgelösten VVaG nach der Insolvenzeröffnung hinzuweisen. Ein Entzug der Rechtsfähigkeit des VVaG analog § 73 BGB ist daher abzulehnen.

Der vorzeitige Verlust der Rechtsfähigkeit ohne Liquidation, so wie es die herrschende Meinung bei dem eingetragenen Verein bei Wegfall sämtlicher Mitglieder vorsieht[452], kann für eine Übertragung auf den VVaG nicht herangezogen werden[453], da dies nicht für den Liquidationsverein gilt[454].

Damit hat die insolvenzbedingte Beendigung der Mitgliedschaften keine Auswirkungen auf die Rechtsfähigkeit des Lebensversicherungsvereins aG.

II. Beitragspflicht im Insolvenzverfahren

Mit Eröffnung des Insolvenzverfahrens endet *nicht* die Beitragspflicht der Mitglieder. Sind die Mitglieder oder die ausgeschiedenen Mitglieder nach dem Gesetz oder der Satzung zu Beiträgen verpflichtet (§§ 24 bis 26 VAG), so haften sie bei Insolvenzeröffnung dem Verein gegenüber für seine Schulden nach § 50

---

450 Prölss/Kollhosser-*Weigel*, VAG § 15 Rn. 6. Danach kommen nur die §§ 24, 31, 35, 38 sowie 54 BGB für eine Anwendung in Betracht.

451 Siehe auch oben Kapitel 3: B. VI.

452 Zum Meinungsstreit vgl. MünchKommBGB-*Reuter*, § 41 Rn. 5. Die Abwicklung des Vermögens soll dann durch einen nach § 1913 BGB zu bestellenden Pfleger erfolgen.

453 So auch *Backes*, Die Insolvenz des Versicherungsunternehmens, S. 105 f.

454 BGH vom 17. November 1955 (II ZR 172/54) BGHZ 19, 51, 57.

Abs. 1 VAG. Eigentlich handelt es sich bei der Vorschrift des § 50 Abs. 1 VAG um eine Selbstverständlichkeit, da die Mitglieder gemäß § 24 Abs. 1 VAG zur Deckung der Ausgaben des VVaG verpflichtet sind und dies zugleich auch die Deckung der Schulden bedeutet[455]. Da aber die Lebensversicherungsverhältnisse mit Insolvenzeröffnung nach § 77b Satz 1 VAG enden und dies nach § 20 Satz 3 VAG gleichzeitig zur Beendigung der Mitgliedschaft führt, soll § 50 VAG insoweit klarstellen, dass eine eventuell bestehende Nachschuss- oder Umlagenpflicht auch im Insolvenzverfahren weiter Bestand hat. Forderungsberechtigt ist nur der VVaG, der durch den Insolvenzverwalter vertreten wird; eine Haftung der Mitglieder gegenüber den Gläubigern des VVaG ist schon nach § 19 VAG ausgeschlossen. Durch die Betonung der Haftung in § 50 VAG soll daher nur zum Ausdruck gebracht werden, dass nicht mehr die Fehlbeträge einer bestimmten Geschäftsperiode zu decken sind, sondern dass es sich um das Gesamtergebnis des endgültig abgeschlossenen Geschäftsbetriebes handelt[456].

Diejenigen Mitglieder, die im Zeitpunkt der Insolvenzeröffnung Mitglied des VVaG waren, haften dem VVaG für eventuell bestehende Nachschüsse oder Umlagen nach § 50 Abs. 1 VAG[457]. Mitglieder, die im letzten Jahr vor dem Antrag auf Eröffnung des Insolvenzverfahrens oder nach Antragstellung ausgeschieden sind, haften für die Schulden des VVaG nach § 50 Abs. 2 VAG so, als würden sie dem VVaG noch angehören[458]. Diese fortwirkende Beitragspflicht soll verhindern, dass sich die Mitglieder ihrer Finanzierungsverantwortung durch massenhaften Austritt entziehen können, sobald der VVaG in finanzielle Schwierigkeiten gerät[459]. Insgesamt ist aber zu beachten, dass der Umfang der Beitragspflicht in der Insolvenz der gleiche ist, wie vor der Insolvenzeröffnung[460]. Eine Beschränkung der Nachschuss- oder Umlagenpflicht in der Satzung auf einen Höchstbetrag (§ 24 Abs. 3 VAG) oder gar ein Komplettausschluss der Nachschusspflicht (§ 24 Abs. 2 VAG) wirken daher auch in der Insolvenz[461].

---

455 Goldberg/Müller-*Goldberg*, VAG § 50 Rn. 1.

456 Prölss/Kollhosser-*Weigel*, VAG § 50 Rn. 1.

457 Dies gilt nur für die Mitglieder des VVaG. Versicherungsnehmer des Nichtmitgliedergeschäfts sind nicht betroffen, Fahr/Kaulbach-*Kaulbach*, VAG § 50 Rn. 1.

458 Damit wird gesetzlich fingiert, dass die ausgeschiedenen Mitglieder noch bis zur Insolvenzeröffnung als Mitglieder gelten, was zur Rechtsfolge hat, dass der volle Beitrag – und nicht etwa ein gemäß § 25 Abs. 1 Satz 2 VAG geminderter Beitrag (pro rata temporis) – geschuldet wird.

459 Fahr/Kaulbach-*Kaulbach*, VAG § 50 Rn. 2.

460 Prölss/Kollhosser-*Weigel*, VAG § 50 Rn. 6 f.

461 Ob ein Ausschluss der Nachschusspflicht *nur* für den Fall der Insolvenz zulässig ist, ist aber umstritten. Die herrschende Meinung bejaht die Zulässigkeit, vgl. etwa Fromm/Goldberg-*Fromm*, VAG § 50 Anm. 2. II. Eine erstarkende Mindermeinung hält einen

Die Feststellung und Ausschreibung der Nachschüsse und Umlagen obliegt nach § 52 VAG dem Insolvenzverwalter. Sofort nachdem die Vermögensübersicht (§ 153 InsO) auf der Geschäftsstelle niedergelegt ist, hat der Insolvenzverwalter im Rahmen der Vorschussberechnung nach § 52 Abs. 1 Satz 2 VAG zu ermitteln, wie hoch der vorzuschießende Betrag der Mitglieder – soweit eine Beitragspflicht nach § 50 VAG besteht – ist. Der vorzuschießende Betrag ergibt sich dabei aus dem Fehlbetrag, der sich wiederum aus der Vermögensübersicht (§ 153 InsO) ergibt. Nach Beginn der Schlussverteilung (§ 196 InsO) hat der Insolvenzverwalter dann zu berechnen, welche Beiträge die Mitglieder endgültig zu leisten haben, § 52 Abs. 2 Satz 1 VAG. Das Verfahren zur Berechnung und Einziehung erfolgt im Wesentlichen nach den Vorschriften des Genossenschaftsgesetzes, vgl. § 52 Abs. 1 Satz 3 und Abs. 2 Satz 2 VAG.

III. Rang der Insolvenzforderungen

In einem Insolvenzverfahren über das Vermögen eines Versicherungsvereins auf Gegenseitigkeit ist als Sondervorschrift auch § 51 VAG zu beachten, der die Nachrangigkeit bestimmter Ansprüche anordnet.

1. Nachrangigkeit der Ansprüche auf Tilgung des Gründungsstocks

Die Vorschrift des § 51 Abs. 1 Satz 1 VAG ordnet an, dass die Ansprüche auf Tilgung des Gründungsstocks allen übrigen Insolvenzforderungen nachstehen. Der Gründungsstock (§ 22 VAG) – vergleichbar mit dem Grundkapital bei der Aktiengesellschaft – dient der Gründungsfinanzierung und wird sukzessive mit den Mitteln aus den Jahreseinnahmen getilgt. Die Nachrangigkeit der Ansprüche auf Tilgung des Gründungsstocks ergibt sich aus der Gewährfunktion des Gründungsstocks und kommt somit auch bei einer Abwicklung außerhalb eines Insolvenzverfahrens (vgl. § 48 Abs. 1 VAG) zum Tragen[462]. Im Insolvenzverfahren stehen die Ansprüche auf Tilgung des Gründungsstocks im Rang an allerletzter Stelle, das heißt hinter den Insolvenzforderungen (§ 38 InsO) und auch hinter den nachrangigen Insolvenzforderungen (§ 39 InsO). Im Zusammenhang mit der Beitragspflicht der Mitglieder im Insolvenzverfahren[463] ist zu beachten, dass zur Tilgung des Gründungsstocks gemäß § 51 Abs. 2 VAG keine Nach-

---

Ausschluss der Nachschusspflicht nur für den Fall der Eröffnung des Insolvenzverfahrens jedoch für sittenwidrig, Fahr/Kaulbach-*Kaulbach*, VAG § 50 Rn. 3 sowie nunmehr auch Prölss/Kollhosser-*Weigel*, VAG § 50 Rn. 6, der in der Vorauflage noch die Gegenansicht vertrat.

462 Fahr/Kaulbach-*Kaulbach*, VAG § 51 Rn. 1.

463 Siehe auch oben Kapitel 3: C. II.

schüsse oder Umlagen erhoben werden dürfen, was mitunter den Eigenkapitalcharakter des Gründungsstocks widerspiegelt.

2. Nachrangigkeit der Ansprüche der Mitglieder aus einem Versicherungsverhältnis

Die Vorschrift des § 51 Abs. 1 Satz 2 VAG ordnet an, dass die Ansprüche aus einem Versicherungsverhältnis der Mitglieder, die dem VVaG bei Eröffnung des Insolvenzverfahrens angehörten oder im letzten Jahr vor dem Eröffnungsantrag oder nach der Antragstellung ausgeschieden sind, ebenfalls gegenüber den anderen Insolvenzforderungen nachrangig sind. Nur die Ansprüche auf Tilgung des Gründungsstocks stehen im Rang noch hinter den Ansprüchen der Mitglieder aus einem Versicherungsverhältnis.

a) Vor der VAG-Novelle 2003

Schon vor der Änderung des VAG durch die Novelle von 2003 war die von § 51 Abs. 1 Satz 2 VAG angeordnete Nachrangigkeit insoweit durchbrochen, als dass nicht die Ansprüche der Mitglieder auf bevorzugte Befriedigung bei Lebensversicherungsverhältnissen (§ 77 Abs. 3 und Abs. 4 VAG a.F.) betroffen waren[464]. In diesen Fällen erfasste die Nachrangigkeit nur solche Ansprüche, die die auf sie entfallenden Anteile am Mindestumfang des Deckungsstocks nach § 66 Abs. 1a VAG a.F. überstiegen haben.

Vor der Streichung von § 80 VAG zum 1. Januar 1999, der Konkursvorrechte in der Nicht-Lebensversicherung normierte[465], erkannte die herrschende Meinung ebenfalls an, dass die nach § 80 VAG bevorrechtigten Ansprüche nicht unter die Anordnung der Nachrangigkeit von § 51 Abs. 1 Satz 2 VAG fallen[466].

b) Nach der VAG-Novelle 2003

Nach der Änderung des Versicherungsaufsichtsgesetzes mit der nunmehr vorrangigen Befriedigung sämtlicher Versicherungsforderungen aus den Werten des Sicherungsvermögens in Höhe des Anteils gemäß § 66 Abs. 1a VAG vor allen übrigen Insolvenzgläubigern (§§ 77a und 77b VAG) stellt sich die Frage,

---

464 *Backes*, Die Insolvenz des Versicherungsunternehmens, S. 109, wobei dies auch für die nach § 79 VAG a.F. gleichgestellten Ansprüche gegolten hat.

465 Siehe auch Fn. 338.

466 Zum damaligen Meinungsstreit siehe Prölss/Schmidt-*Lipowsky*, VAG [11. Aufl.] § 80 Rn. 11.

welche Auswirkungen diese Änderung auf die Vorschrift des § 51 Abs. 1 Satz 2 VAG hat.

Dabei ist zuvor festzuhalten, dass eine Änderung von § 51 VAG durch das Sanierungs- und Liquidationsgesetz nicht stattgefunden hat. Außerdem ist festzustellen, dass hinsichtlich der Lebensversicherung auch insoweit keine materielle Rechtsänderung eingetreten ist, als dass auch schon vor der VAG-Novelle 2003 die bevorzugte Befriedigung bei Lebensversicherungsverhältnissen (§ 77 Abs. 3 und Abs. 4 VAG a.F.) die von § 51 Abs. 1 Satz 2 VAG angeordnete Nachrangigkeit durchbrochen hat. Jedoch ist infolge der Erweiterung der vorrangigen Befriedigung auf sämtliche Versicherungsforderungen der Regelungsgehalt von § 51 Abs. 1 Satz 2 VAG nunmehr völlig verwässert. Eine Auslegung von §§ 77a und 77b VAG in der Weise, dass die vorrangige Befriedigung der Versicherungsforderungen nicht für die Mitglieder eines VVaG gelten solle, würde gegen die verbindlichen Vorgaben der Sanierungs- und Liquidationsrichtlinie verstoßen[467]. Daher betrifft die von § 51 Abs. 1 Satz 2 VAG angeordnete Nachrangigkeit im Ergebnis nur noch solche Ansprüche der Mitglieder aus einem Versicherungsverhältnis, soweit diese über den bevorrechtigten Anteil am Sicherungsvermögen gemäß § 66 Abs. 1a VAG hinausgehen. An den Gesetzgeber geht daher die Forderung, dies in § 51 Abs. 1 Satz 2 VAG klarzustellen oder Satz 2 – aufgrund der eingetretenen Verwässerung – komplett zu streichen.

---

467 So auch *Backes*, Die Insolvenz des Versicherungsunternehmens, S. 109.

Kapitel 4: Die Abwicklung der Versicherungsverhältnisse

A. Überblick über die wichtigsten Produkte eines Lebensversicherers

Aufgrund der Spartentrennung[468] dürfen Lebensversicherungsunternehmen nicht alle Versicherungsprodukte anbieten[469]. Ein Lebensversicherer darf nur in den nachfolgenden Versicherungssparten Geschäfte betreiben: *Leben* (Nr. 19 der Anlage Teil A zum VAG), *Heirats- und Geburtenversicherung* (Nr. 20), *Fondsgebundene Lebensversicherung* (Nr. 21), *Tontinengeschäfte* (Nr. 22), *Kapitalisierungsgeschäfte* (Nr. 23) sowie *Geschäfte der Verwaltung von Versorgungseinrichtungen* (Nr. 24).

Wichtigstes Produkt eines Lebensversicherungsunternehmens ist erwartungsgemäß die Lebensversicherung[470]. Unter den Oberbegriff „Lebensversicherung" fallen jedoch so unterschiedliche Versicherungsprodukte wie etwa die Risikolebensversicherung, die Kapitalbildende Lebensversicherung, die Fondsgebundene Lebensversicherung oder auch die private Rentenversicherung[471]. Diese vier Grundformen der Lebensversicherung sind aber nicht als geschlossene Kategorien zu verstehen, sondern können in ihren Erscheinungsformen variieren. Wesentliches Unterscheidungsmerkmal zwischen der Risikolebensversicherung einerseits und der Kapitalbildenden Lebensversicherung, der Fondsgebundenen Lebensversicherung und der Rentenversicherung andererseits ist, dass bei der Risikolebensversicherung *kein* Kapital aufgebaut wird.

Die Risikolebensversicherung ist eine Todesfallversicherung mit einer nur bedingten Leistungspflicht des Versicherers, da die Versicherungssumme nur dann ausgezahlt wird, wenn die versicherte Person innerhalb der vereinbarten Versicherungsdauer stirbt[472]. Bei der Kapitalbildenden Lebensversicherung, die eine

---

468 Siehe zu den einzelnen Versicherungssparten Anlage Teil A zum VAG („Einteilung der Risiken nach Sparten").

469 Nach § 8 Abs. 1a Satz 1 VAG schließen die Erlaubnis zum Betrieb der Lebensversicherung (Nr. 19 bis 24 der Anlage Teil A zum VAG) und die Erlaubnis zum Betrieb anderer Versicherungssparten einander aus. Ziel der Spartentrennung ist, die Lebensversicherung von den Risiken des Betriebes anderer Versicherungssparten, die der Gesetzgeber für höher ansieht, freizuhalten, Fahr/Kaulbach-*Kaulbach*, VAG § 8 Rn. 48.

470 Das Risiko der Lebensversicherung ist die Ungewissheit der menschlichen Lebensdauer und die damit verbundenen finanziellen Folgen, *Greb*, Lebensversicherung, S. 3. Gesetzlich geregelt ist die Lebensversicherung in den §§ 159 bis 178 VVG.

471 Siehe dazu ausführlich Bruck/Möller/Winter-*Winter*, VVG/Lebensversicherung Anm. B 18 ff. sowie Prölss/Martin-*Kollhosser*, VVG Vor §§ 159 bis 178 Rn. 1 ff.

472 *Horng*, Staatliche Finanzaufsicht über die Lebensversicherungsunternehmen, S. 11.

Todes- und Erlebensfallsversicherung ist (gemischte Kapitalversicherung), wird die vereinbarte Versicherungssumme beim Ableben des Versicherten, spätestens jedoch mit dem Ablauf der vereinbarten Versicherungsdauer, fällig (unbedingte Leistungspflicht des Versicherers)[473]. Die Fondsgebundene Lebensversicherung bietet Versicherungsschutz unter unmittelbarer Beteiligung an der positiven *und* negativen Wertentwicklung eines aus Wertpapieren bestehenden Sondervermögens (Anlagestock)[474]. Bei der (aufgeschobenen) Rentenversicherung zahlt der Versicherer im Erlebensfall gewöhnlich eine lebenslange Rente oder einmalig eine Kapitalabfindung[475]. Stirbt die versicherte Person vor dem vertraglich festgelegten Rentenbeginn, so werden im Regelfall die gezahlten Prämien unverzinst erstattet. Möglich ist auch, dass gegen Zahlung einer entsprechenden Einmalprämie sofort bei Abschluss des Rentenversicherungsvertrages mit der Rentenzahlung begonnen wird.

Bei Abschluss einer Lebensversicherung kann eine Zusatzversicherung (etwa eine Berufsunfähigkeits-Zusatzversicherung oder eine Unfall-Zusatzversicherung) mit eingeschlossen werden. Die Berufsunfähigkeits-Zusatzversicherung sieht im Falle der Berufsunfähigkeit der versicherten Person eine Prämienbefreiung der Haupt- und Zusatzversicherung ohne Minderung der Versicherungsleistung sowie gegebenenfalls, abhängig vom Versicherungsvertrag, zusätzlich eine Berufsunfähigkeitsrente vor[476]. Sowohl die Berufsunfähigkeits-Zusatzversicherung, als auch die selbständige Berufsunfähigkeitsversicherung (ohne Hauptvertrag) werden nach der Rechtsprechung des Bundesgerichtshofs der Lebensversicherung zugerechnet[477]. Aufgrund der zunehmenden Bedeutung der Berufsunfähigkeitsversicherung, insbesondere wegen der einschneidenden Kürzungen bei der gesetzlichen Rentenversicherung, soll die Berufsunfähigkeitsversicherung nach der für das Jahr 2006 geplanten Reform des Versicherungsvertragsrechts[478] einen eigenen Reglungskomplex in den §§ 164 bis 169 VVG-

473 *Goll/Gilbert/Steinhaus*, Handbuch der Lebensversicherung, S. 2.

474 *Eitelberg*, Lebensversicherung und Drittrechte, S. 9 f.

475 *Wasner*, Die deutsche und britische Lebensversicherung, S. 14 f.

476 *Lührs*, Lebensversicherung, S. 82.

477 BGH vom 5. Oktober 1988 (IV a ZR 317/86) VersR 1988, 1233, 1233 ff.

478 Die für 2006 geplante umfassende Reform des Versicherungsvertragsrechts ist Ende Juni 2005 wegen der absehbaren vorgezogenen Neuwahlen zum 16. Deutschen Bundestag gestoppt worden, siehe auch Süddeutsche Zeitung vom 29. Juni 2005 (Nr. 147), S. 30. Zwischenzeitlich ist das Reformvorhaben nun wieder aufgenommen worden: Seit Ende 2006 ist das „Gesetz zur Reform des Versicherungsvertragsrechts" im Gesetzgebungsverfahren des Deutschen Bundestages, vgl. Gesetzentwurf der Bundesregierung, BR-Drucksache 707/06 sowie BT-Drucksache 16/3945.

2006[479] erhalten, der die Regelungen über die Lebensversicherung jedoch weitestgehend für entsprechend anwendbar erklärt[480].

B. Die möglichen Anspruchberechtigten

Bevor auf die einzelnen Ansprüche, die in der Insolvenz eines Lebensversicherungsunternehmens vorkommen können, eingegangen wird[481], sollen an dieser Stelle die potentiellen Forderungsberechtigten von Ansprüchen aus Lebensversicherungsverhältnissen dargestellt werden.

I. Versicherungsnehmer

Vertragspartner des Lebensversicherers ist der Versicherungsnehmer[482]. Als Vertragspartner hat der Versicherungsnehmer grundsätzlich alle Rechte und Pflichten aus dem Lebensversicherungsvertrag. Daher hat er auch die vereinbarte Prämie an den Versicherer zu entrichten, § 1 Abs. 2 VVG (§ 1 Satz 2 VVG-2006). Der Versicherungsnehmer und die versicherte Person müssen nicht identisch sein; regelmäßig ist dies aber der Fall.

II. Versicherte Person (Versicherter)

Die versicherte Person (§ 159 VVG [§ 142 VVG-2006]) ist diejenige Person, auf deren Leben die Lebensversicherung genommen wird (Risikoperson). Sind Versicherungsnehmer und versicherte Person nicht identisch, bedarf es zur Gültigkeit des Vertrages der schriftlichen Einwilligung der versicherten Person, soweit es sich um eine Todesfallversicherung handelt und die Versicherungssumme die gewöhnlichen Beerdigungskosten übersteigt, § 159 Abs. 2 Satz 1 VVG (§ 142 Abs. 1 Satz 1 VVG-2006). Bei einer reinen Erlebensfallversicherung (zum Beispiel Rentenversicherung) ist eine solche schriftliche Einwilligung nicht erforderlich, da hier insoweit kein Schutzbedürfnis besteht. Die versicherte

---

479 Die *§§ VVG-2006* beziehen sich auf den Gesetzesvorschlag der Kommission zur Reform des Versicherungsvertragsrechts, Abschlussbericht der Kommission zur Reform des Versicherungsvertragsrechts vom 19. April 2004, S. 195 ff. Der Abschlussbericht der Kommission ist auch auf der Internetseite des Bundesministeriums der Justiz veröffentlicht (http://www.bundesjustizministerium.de/media/archive/667.pdf).

480 Abschlussbericht der Kommission zur Reform des Versicherungsvertragsrechts vom 19. April 2004, S. 130 f.

481 Unten Kapitel 4: C.

482 *Weyers/Wandt*, Versicherungsvertragsrecht, Rn. 36.

Person hat grundsätzlich, soweit es sich nicht gleichzeitig um den Versicherungsnehmer oder eine bestimmte dritte Person[483] handelt, *keine* Ansprüche aus dem Lebensversicherungsvertrag.

III. Dritte Personen

1. Bezugsberechtigter (Begünstigter)

Mit dem Bezugsrecht, geregelt in den §§ 166 bis 168 VVG (§§ 152 und 153 VVG-2006), kann der Versicherungsnehmer festlegen, dass ein Dritter (oder mehrere Dritte) im Versicherungsfall die Versicherungsleistung erhalten sollen. Bei dem Bezugsrecht, auch Begünstigung genannt, wird nach der Intensität der Rechtsposition zwischen widerruflichem und unwiderruflichem Bezugsrecht unterschieden.

a) Widerrufliches Bezugsrecht

Ohne besondere Bestimmung im Versicherungsvertrag ist das Bezugsrecht stets widerruflich. Der widerruflich Bezugsberechtigte erwirbt nur ein „wesenloses Anwartschaftsrecht", dass nicht übertragbar ist[484]. Erst mit Eintritt des Versicherungsfalls erstarkt die Erwerbsaussicht zum Vollrecht, § 166 Abs. 2 VVG. Nach der Reform des VVG soll in § 152 Abs. 2 VVG-2006 klarstellend ausgeführt werden, dass ein als widerruflich bezugsberechtigt bezeichneter Dritter das Recht auf die Versicherungsleistung erst mit dem Eintritt des Versicherungsfalls erwirbt, soweit der Versicherungsnehmer nicht etwas Abweichendes bestimmt hat.

b) Unwiderrufliches Bezugsrecht

Bereits vor Eintritt des Versicherungsfalls erwirbt der unwiderruflich Bezugsberechtigte das Recht auf die Versicherungsleistung. Ohne Zustimmung des Begünstigten kann dessen Rechtsposition nicht mehr verändert werden. Nach der Reform des VVG soll in § 152 Abs. 3 VVG-2006 klarstellend geregelt werden, dass ein unwiderruflich als bezugsberechtigt bezeichneter Dritter den Versicherungsanspruch bereits mit der Bezeichnung als Bezugsberechtigter erwirbt, soweit der Versicherungsnehmer nicht etwas Abweichendes bestimmt hat.

---

483 Siehe unten Kapitel 4: B. III.

484 *Elfring*, Drittwirkungen der Lebensversicherung, S. 39 f.

2. Zessionar (Abtretungsgläubiger)

Da die Lebensversicherung recht häufig auch als Kreditsicherungsmittel eingesetzt wird, ist der Zessionar als potentieller Forderungsinhaber zu nennen. Der Versicherungsnehmer kann durch die Abtretung (§§ 398 ff. BGB) sämtliche Rechte aus dem Versicherungsvertrag, gegebenenfalls inklusive der Gestaltungsrechte (z.B. Kündigung oder Umwandlung in eine prämienfreie Versicherung), auf den Zessionar übertragen.

3. Gläubiger aus Verpfändung oder Pfändung

Ebenfalls zum Zwecke der Kreditsicherung kann der Versicherungsnehmer seine Rechte aus dem Lebensversicherungsvertrag an einen Gläubiger verpfänden, §§ 1273 ff. BGB. Zur Wirksamkeit bedarf es gemäß § 1280 BGB der Anzeige bei dem Versicherungsunternehmen.

Denkbar ist auch, dass Gläubiger, die einen vollstreckbaren Titel wegen einer Geldforderung gegen den Versicherungsnehmer haben, die Forderungen aus dem Versicherungsvertrag gemäß §§ 829, 835 ZPO pfänden und sich überweisen lassen[485]. Dies setzt aber unter anderem voraus, dass die Versicherungsforderung noch zum haftbaren Vermögen des Versicherungsnehmers gehört, was mitunter bei einem unwiderruflich eingeräumten Bezugsrecht nicht der Fall ist[486]. Der Anspruch auf die Versicherungsleistung gehört hier zum Vermögen des Bezugsberechtigten und kann insoweit nur von dessen Gläubigern gepfändet werden.

C. Die möglichen Ansprüche

Bei der Abwicklung der Ansprüche, die in der Insolvenz eines Lebensversicherungsunternehmens vorkommen können, ist grundsätzlich zwischen den Ansprüchen, die *durch* die Insolvenzeröffnung entstanden sind (Kapitel 4: C. I.) und den Ansprüchen, die vor der Insolvenzeröffnung entstanden sind (Kapitel 4: C. II.) zu unterscheiden. Ob und in welchem Umfang diese Ansprüche dem Insolvenzprivileg des § 77a VAG (§ 77 Abs. 4 VAG a.F.) unterliegen, wird weiter unten zu untersuchen sein[487]. Soweit sich die Anspruchgrundlagen aus dem Ver-

---

[485] Zu dem Verfahren der Pfändung und Überweisung siehe MünchKommZPO-*Smid*, § 829 Rn. 14 ff. und § 835 Rn. 4 ff. Zu den Pfändungsbeschränkungen siehe §§ 850 ff. ZPO.

[486] Siehe auch oben Kapitel 4: B. III. 1. b).

[487] Unten Kapitel 4: D.

sicherungsvertragsgesetz ergeben, wird auch ein Ausblick auf die für das Jahr 2006 geplante Reform des Versicherungsvertragsrechts gegeben und untersucht, ob hier materielle Änderungen im Falle der Insolvenz des Lebensversicherers zu erwarten sind[488].

I. Ansprüche, die durch die Insolvenzeröffnung entstanden sind

1. Anspruch auf den rechnungsmäßigen Anteil an dem Mindestumfang des Sicherungsvermögens, § 77b Satz 2 VAG (§ 77 Abs. 3 Halbsatz 2 VAG a.F.[489])

Soweit der Lebensversicherungsvertrag bis zur Insolvenzeröffnung wirksam war, können die Anspruchsberechtigten gemäß § 77b Satz 2 VAG den auf sie zum Zeitpunkt der Eröffnung des Insolvenzverfahrens entfallenden Anteil an dem Mindestumfang des Sicherungsvermögens nach § 66 Abs. 1a VAG fordern. Aufgrund des insolvenzbedingten Erlöschens der Lebensversicherungsverträge nach § 77b Satz 1 VAG hat der Berechtigte einen Anspruch auf „seinen" rechnungsmäßigen Anteil an dem Mindestumfang des Sicherungsvermögens zum Zeitpunkt der Insolvenzeröffnung.

Dieser Anspruch nach § 77b Satz 2 VAG besteht grundsätzlich auch in den Fällen, in denen bereits der Anspruch auf die vertraglich vereinbarte Versicherungsleistung aufgrund des Eintritts des Leistungsfalls[490] oder der Anspruch auf den Rückkaufswert nach § 176 VVG (§ 161 VVG-2006)[491] entstanden ist[492].

---

488 Grundlage hierfür ist der Gesetzesvorschlag der Kommission zur Reform des Versicherungsvertragsrechts, Abschlussbericht der Kommission zur Reform des Versicherungsvertragsrechts vom 19. April 2004, S. 195 ff. Der seit Ende 2006 vorliegende „neue" Gesetzentwurf der Bundesregierung (vgl. auch Fn. 478) basiert im Wesentlichen auf den Vorschlägen der Kommission – die Untersuchungsergebnisse sind daher auf den neuen, nur leicht veränderten Gesetzentwurf übertragbar.

489 Ohne besonderen Hinweis bezieht sich „a.F." auf das VAG vor der VAG-Novelle 2003 (VAG in der Fassung der Bekanntmachung vom 17. Dezember 1992 [BGBl. I 1993, 2], damals zuletzt geändert durch Art. 6 des Gesetzes zur Änderung des Mineralölsteuergesetzes und anderer Gesetze vom 23. Juli 2002 [BGBl. I 2002, 2778]).

490 Unten Kapitel 4: C. II. 1.

491 Unten Kapitel 4: C. II. 2.

492 Siehe dazu ausführlich – im Zusammenhang mit der Bevorrechtigung der Forderungen – unten Kapitel 4: D. III. 1. und 2. b) aa), bb).

Erst im Jahr 2000 wurde § 77 Abs. 3 VAG a.F.[493] durch Gesetz vom 21. Dezember 2000[494] novelliert. Vor dieser Neufassung sah § 77 Abs. 3 Halbsatz 2 VAG a.F.[495] vor, dass die Versicherten[496] den Betrag fordern können, der als Deckungsrückstellung zur Zeit der Konkurseröffnung auf sie entfällt. Nach der Reform im Jahr 2000 bestimmte § 77 Abs. 3 Halbsatz 2 VAG a.F., dass die Versicherten den auf sie zum Zeitpunkt der Eröffnung des Insolvenzverfahrens entfallenden Anteil am Mindestumfang des Deckungsstocks nach § 66 Abs. 1a VAG a.F. fordern können. Dies stellte insoweit eine Erweiterung des Anspruchs dar, als dass nun neben der rechnungsmäßigen Deckungsrückstellung auch die entsprechenden Sparanteile der Beitragsüberträge, die in der Rückstellung für noch nicht abgewickelte Versicherungsfälle und Rückkäufe enthaltenen anteiligen Deckungsrückstellungen der einzelnen Versicherungsverträge und Rentenbarwerte sowie die gutgeschriebenen Überschussanteile erfasst werden[497]. Durch die gleichzeitige Novellierung von § 66 Abs. 1a Satz 1 VAG a.F. im Jahre 2000 wurde zudem klargestellt, dass nicht die gesamten Beitragsüberträge, sondern nur die darin enthaltenen Sparanteile zum Deckungsstock gehören[498].

Nach der erneuten Reform von 2003 bestimmt § 77b Satz 2 VAG nunmehr, dass die Anspruchsberechtigten den auf sie zum Zeitpunkt der Eröffnung des Insolvenzverfahrens entfallenden Anteil an dem Mindestumfang des Sicherungsvermögens nach § 66 Abs. 1a VAG fordern können. Der neu geschaffene § 77b Satz 2 VAG entspricht im Wesentlichen der alten Fassung des § 77 Abs. 3 Halb-

---

[493] VAG in der Fassung der Bekanntmachung vom 17. Dezember 1992 (BGBl. I 1993, 2), damals zuletzt geändert durch Art. 14 des GKV-Gesundheitsreformgesetzes 2000 vom 22. Dezember 1999 (BGBl. I 1999, 2626).

[494] Gesetz zur Änderung des Versicherungsaufsichtsgesetzes, insbesondere zur Durchführung der EG-Richtlinie 98/78/EG vom 27. Oktober 1998 über die zusätzliche Beaufsichtigung der einer Versicherungsgruppe angehörenden Versicherungsunternehmen sowie zur Umstellung von Vorschriften auf Euro vom 21. Dezember 2000 (BGBl. I 2000, 1857).

[495] Siehe Fn. 493.

[496] Vor der VAG-Novelle 2003 verwendete der Gesetzgeber in § 77 VAG a.F. den Begriff „Versicherte", womit jedoch nicht versicherungsrechtstechnisch – wie oben in Kapitel 4: B. II. – nur die „versicherte Person (Versicherter)" gemeint ist, sondern vielmehr sämtliche potentiellen Anspruchsberechtigten. Seit der VAG-Novelle 2003 wird in § 77b VAG nunmehr der Begriff „Anspruchsberechtigte" verwendet.

[497] Begründung zum Entwurf des Gesetzes zur Änderung des Versicherungsaufsichtsgesetzes, insbesondere zur Durchführung der EG-Richtlinie 98/78/EG vom 27. Oktober 1998 über die zusätzliche Beaufsichtigung der einer Versicherungsgruppe angehörenden Versicherungsunternehmen sowie zur Umstellung von Vorschriften auf Euro, BR-Drucksache 534/00, S. 82 f. sowie BT-Drucksache 14/4453, S. 34.

[498] *Fricke*, NVersZ 2001, 97, 100.

satz 2 VAG[499]. Die konkrete Höhe des Anspruchs bestimmt sich nach dem Anteil am Sicherungsvermögen, wobei der maßgebliche Zeitpunkt der Tag der Insolvenzeröffnung ist. Die im Zuge der VAG-Novelle 2003 vorgenommene „Umwandlung" des Deckungsstocks in das Sicherungsvermögen (§ 66 VAG) und die damit einhergehende grundlegende Novellierung von § 66 Abs. 1a VAG hat zu einer Erweiterung des Mindestumfangs des Sicherungsvermögens geführt, womit sich auch der Umfang des Anspruchs nach § 77b Satz 2 VAG nochmals erweitert hat[500].

2. Anspruch auf Schadensersatz

In der Insolvenz des Lebensversicherungsunternehmens steht dem Versicherungsnehmer nach vorzugswürdiger und inzwischen herrschender Meinung ein Anspruch auf Ersatz etwaiger durch die Auflösung des Versicherungsvertrages bedingter Schäden als Insolvenzforderung zu[501]. Der Schaden besteht in den *Mehr*aufwendungen[502], die der Versicherungsnehmer aufbringen muss, um den gleichen Versicherungsschutz bei einem anderen Lebensversicherer zu erhalten[503]. Ob sich der Schadensersatzanspruch analog § 103 Abs. 2 Satz 1 InsO (analog § 26 Satz 2 KO)[504] oder aus dem bürgerlichen Recht (§§ 280, 283, 275 BGB [§ 325 Abs. 1 BGB a.F.])[505] ergibt, kann an dieser Stelle offen bleiben, da dies keine konkreten Auswirkungen hat[506]. Vielmehr soll das Hauptargument

---

499 Begründung zum Gesetzentwurf des Sanierungs- und Liquidationsgesetzes, BR-Drucksache 543/03, S. 47 sowie BT-Drucksache 15/1653, S. 26.

500 Siehe dazu ausführlich – im Zusammenhang mit dem erweiterten Mindestumfang des neuen Sicherungsvermögens gemäß § 66 Abs. 1a VAG – unten Kapitel 4: D. IV. 2. a).

501 Goldberg/Müller-*Müller*, VAG § 77 Rn. 13; Prölss/Martin-*Prölss*, VVG § 13 Rn. 7; Prölss/Kollhosser-*Lipowsky*, VAG § 77b Rn. 4; *Backes*, Die Insolvenz des Versicherungsunternehmens, S. 140 f.; *Maus*, Der Konkurs der Lebensversicherungsgesellschaft, S. 27 ff. Anderer Ansicht Fromm/Goldberg-*Goldberg*, VAG § 77 Anm. 4. III. B. 2.; *Koenige/Petersen*, VAG § 61 Rn. 5.

502 Zum Beispiel höhere Prämienzahlungen im Vergleich zum alten Versicherungsvertrag aufgrund eines höheren Eintrittsalters oder aufgrund neu hinzugekommener Personenrisiken (z.B. Erkrankungen) sowie gegebenenfalls erneut anfallende Abschlusskosten.

503 Goldberg/Müller-*Müller*, VAG § 77 Rn. 13.

504 Prölss/Martin-*Prölss*, VVG § 13 Rn. 7; Prölss/Kollhosser-*Lipowsky*, VAG § 77b Rn. 4.

505 *Maus*, Der Konkurs der Lebensversicherungsgesellschaft, S. 29 f.

506 *Backes*, Die Insolvenz des Versicherungsunternehmens, S. 141. Mit der Einführung der Insolvenzordnung konnte nicht der Streit geklärt werden, inwieweit § 103 Abs. 2 Satz 1 (§ 26 Satz 2 KO) selbständige Anspruchsgrundlage ist oder ob auf die Rechtsgrundlagen des bürgerlichen Rechts (§§ 280 ff. BGB) zurückgegriffen werden muss, MünchKommInsO-*Kreft/Huber*, § 103 Rn. 184.

der Gegenansicht, die einen Schadensersatzanspruch grundsätzlich ablehnt, aufgegriffen und unter Berücksichtigung der geänderten Rechtslage untersucht werden.

Die Gegenansicht lehnt einen Schadensersatzanspruch insbesondere mit dem Argument ab, dass § 103 InsO (§ 26 KO) aufgrund der Sondervorschrift des § 77b Satz 1 VAG (§ 77 Abs. 3 Halbsatz 1 VAG a.F.) nicht anwendbar sei[507]. § 103 InsO wird jedoch von § 77b Satz 1 VAG im Rahmen des lex specialis Grundsatzes nur insoweit verdrängt, als dass dem Insolvenzverwalter hinsichtlich der Lebensversicherungsverträge kein Wahlrecht nach § 103 Abs. 1 InsO zusteht, sondern die Versicherungsverträge zwingend mit Insolvenzeröffnung enden. In Bezug auf eventuelle Schadensersatzansprüche trifft § 77b VAG jedoch keine Regelungen. § 77 Abs. 3 Halbsatz 3 VAG a.F. bestimmte sogar, dass weitergehende Ansprüche aus dem Versicherungsverhältnis nicht berührt werden. Dieser Halbsatz ist zwar im Rahmen der VAG-Novelle 2003 nicht übernommen worden; dies beruht wohl aber eher darauf, dass es sich bei dieser Regelung eigentlich um eine Selbstverständlichkeit gehandelt hat[508]. Jedenfalls kommt in der Gesetzesbegründung zum Sanierungs- und Liquidationsgesetzes nicht der gesetzgeberische Wille zum Ausdruck, dass § 77b VAG nunmehr weitergehende Ansprüche ausschließen will. Diejenigen, die § 103 Abs. 2 Satz 1 InsO als selbständige Anspruchgrundlage verstehen, wenden die Norm analog an, da nicht der Insolvenzverwalter die Erfüllung abgelehnt hat, sondern dies der zwingende Wille des Gesetzes ist. Eine solche entsprechende Anwendung von § 103 Abs. 2 Satz 1 InsO ist aber eben nicht durch § 77b VAG ausgeschlossen, da § 77b Satz 1 VAG dem Insolvenzverwalter nur das Wahlrecht nach § 103 Abs. 1 InsO nimmt, dem Versicherungsnehmer aber keine Ansprüche abschneiden will. Stellt man sich auf den Standpunkt, dass § 103 Abs. 2 Satz 1 InsO keine selbständige Anspruchsgrundlage ist, sondern diese Vorschrift nur bestimmt, dass Forderungen wegen Nichterfüllung lediglich *Insolvenz*forderungen – und nicht etwa *Masse*forderungen – sind, dann wird besonders deutlich, dass Schadensersatzansprüche nicht durch § 77b VAG ausgeschlossen werden.

Ob ein Schadensersatzanspruch im Einzelfall besteht, würde dann von den konkreten Umständen jedes einzelnen Versicherungsnehmers (insbesondere den Konditionen seines neuen Lebensversicherungsvertrages) abhängen. Der auszu-

---

507 Fromm/Goldberg-*Goldberg*, VAG § 77 Anm. 4. III. B. 2.

508 Zudem bezog sich § 77 Abs. 3 Halbsatz 3 VAG a.F. nach der Begründung des Gesetzgebers auch nicht explizit auf Schadensersatzansprüche, sondern vielmehr auf die Auszahlung der Versicherungssumme bei einem bereits beendeten Versicherungsverhältnis vor Konkurseröffnung, *Maus*, Der Konkurs der Lebensversicherungsgesellschaft, S. 29.

zahlende Anteil an dem Mindestumfang des Sicherungsvermögens (§ 77b Satz 2 VAG)[509] wäre bei der Schadensberechnung zu berücksichtigen.

3. Anspruch auf Prämienrückzahlung im Falle der Vorauszahlung

Hat der Versicherungsnehmer die Versicherungsprämie im Voraus – etwa als Jahresprämie – gezahlt, so hat er gemäß § 40 Abs. 3 VVG einen Rückzahlungsanspruch auf den Teil der Prämie, der auf die Zeit nach Beendigung des Versicherungsverhältnisses fällt; die für diesen Zeitraum aufgewendeten Kosten des Versicherers muss sich der Versicherungsnehmer jedoch anrechnen lassen. Obwohl der Wortlaut von § 40 Abs. 3 VVG nur die §§ 13 und 14 VVG als Endigungsgründe nennt, ist aber allgemein anerkannt, dass auch die Beendigung des Versicherungsverhältnisses durch die Eröffnung des Insolvenzverfahrens (konkret also § 77b Satz 1 VAG) erfasst wird[510]. Dies ist allerdings auch konsequent und richtig, da § 13 Satz 2 VVG die Sondervorschriften des VAG über die Wirkungen der Eröffnung des Insolvenzverfahrens, und damit § 77b Satz 1 VAG, für ausdrücklich anwendbar erklärt. Soweit die Prämie vor der Eröffnung des Insolvenzverfahrens bezahlt worden ist, handelt es sich bei dem Rückzahlungsanspruch nach § 40 Abs. 3 VVG um eine Insolvenzforderung. Nach der Reform des VVG soll der Rückzahlungsanspruch in § 42 Abs. 2 VVG-2006 geregelt werden. Hier sind jedoch keine sachlichen Änderungen zu erwarten, da die Norm den heutigen § 40 Abs. 3 VVG nahezu unverändert übernehmen soll.

Ist die Prämie für die laufende Versicherungsperiode dagegen zum Zeitpunkt der Insolvenzeröffnung noch nicht gezahlt, so herrscht Streit darüber, ob der Versicherungsnehmer die volle Prämie an den Insolvenzverwalter zahlen und den überschießenden Betrag insoweit als Insolvenzforderung geltend machen muss – wobei eine Aufrechnung mit der Forderung nach § 40 Abs. 3 VVG gegen die Prämienforderung der Masse aufgrund von § 55 Nr. 2 KO (nunmehr vergleichbar in § 96 Abs. 1 Nr. 2 InsO geregelt[511]) unzulässig sei[512] –, oder ob der Versicherungsnehmer analog § 40 Abs. 3 VVG nur die anteilige Prämie bis zum Zeitpunkt der Insolvenzeröffnung (pro rata temporis) zuzüglich der aufgewendeten Kosten des Versicherers an den Insolvenzverwalter zu zahlen hat[513]. Diejenigen,

---

509 Siehe oben Kapitel 4: C. I. 1.

510 Bruck/Möller-*Möller*, VVG § 40 Anm. 13.

511 MünchKommInsO-*Brandes*, § 96 Rn. 1.

512 Goldberg/Müller-*Müller*, VAG § 77 Rn. 13; Prölss/Schmidt-*Lipowsky*, VAG [11. Aufl.] § 77 Rn. 13, wobei in der aktuellen 12. Auflage hierzu keinerlei Ausführungen gemacht werden, vgl. Prölss/Kollhosser-*Lipowsky*, VAG § 77b Rn. 4 ff.

513 Bruck/Möller-*Möller*, VVG § 40 Anm. 13; Prölss/Martin-*Prölss*, VVG § 40 Rn. 8.

die die Zahlung der vollen Prämie fordern[514], stützen sich dabei – ohne es ausdrücklich zu benennen – auf den Grundsatz der „Unteilbarkeit der Prämie"[515], also darauf, dass dem Versicherer die volle Jahresprämie zusteht, obwohl das Versicherungsverhältnis außerplanmäßig vor Ablauf der Versicherungsperiode endet. Mit Eröffnung des Insolvenzverfahrens erlöschen die Lebensversicherungsverhältnisse nach § 77b Satz 1 VAG und der Rechtsgrund für eine Prämienzahlung über den Eröffnungstermin hinaus ist damit entfallen[516]. Mit dem Grundsatz der Unteilbarkeit der Prämie kann man jedoch hier keine Zahlung der Prämie über den Zeitpunkt der Insolvenzeröffnung begründen, da dieser Grundsatz durch § 40 Abs. 3 VVG ausdrücklich durchbrochen wird. Hat der Versicherungsnehmer dennoch fälschlicherweise die volle Prämie nach Eröffnung des Insolvenzverfahrens (zum Beispiel wegen fehlender Kenntnis der Insolvenzeröffnung) bezahlt, so ist der Rückzahlungsanspruch wegen des überschießenden Betrages eine Masseforderung nach § 55 Abs. 1 Nr. 3 InsO, da die Masse um diesen überschießenden Betrag ungerechtfertigt bereichert ist[517]. Da es sich um eine Masseforderung handelt, ist auch eine Aufrechnung nach § 96 InsO nicht ausgeschlossen, da § 96 InsO grundsätzlich nur Insolvenzforderungen betrifft[518]. Da mit der Reform des VVG der Grundsatz der Unteilbarkeit der Prämie generell aufgegeben wird und der neue § 42 Abs. 2 VVG-2006 den heutigen § 40 Abs. 3 VVG nahezu unverändert übernehmen soll, sind hier ebenfalls keine sachlichen Änderungen zu erwarten[519].

Grundsätzlich ausgeschlossen ist der Rückzahlungsanspruch nach § 40 Abs. 3 VVG jedoch bei den Mitgliedern des Versicherungsvereins auf Gegenseitigkeit. Dies ist zwar nicht dem Wortlaut von § 40 Abs. 3 VVG zu entnehmen; eine Anwendung von § 40 Abs. 3 VVG würde allerdings dem Sinn und Zweck des Gegenseitigkeitsprinzips zuwiderlaufen. Der Mitgliedsbeitrag ist eben mehr als eine Gegenleistung für das zu versichernde Risiko, da mit den Beiträgen sämtliche Ausgaben des Vereins zu decken sind[520].

---

514 Siehe Fn. 512.

515 Dabei ist umstritten, ob sich ein Grundsatz der „Unteilbarkeit der Prämie" überhaupt aus dem VVG herleiten lässt, Prölss/Martin-*Prölss*, VVG § 40 Rn. 1. Vielmehr ist die Prämie nur dann „unteilbar", wenn dies ausdrücklich durch eine entsprechende Norm des VVG angeordnet wird.

516 *Backes*, Die Insolvenz des Versicherungsunternehmens, S. 139.

517 Bruck/Möller-*Möller*, VVG § 40 Anm. 13; *Backes*, Die Insolvenz des Versicherungsunternehmens, S. 139.

518 MünchKommInsO-*Brandes*, § 96 Rn. 1 ff.

519 Abschlussbericht der Kommission zur Reform des Versicherungsvertragsrechts vom 19. April 2004, S. 31 ff. sowie S. 323 ff.; siehe auch Fn. 488.

520 Etwas anderes, also eine Anwendung von § 40 Abs. 3 VVG auch bei Mitgliedern eines VVaG, kann nur für den Fall gelten, dass sich der Mitgliedsbeitrag nicht mehr von einer „ge-

II. Ansprüche, die vor der Insolvenzeröffnung entstanden sind

1. Anspruch auf die vereinbarte Versicherungsleistung

Ist der Versicherungsfall, im Regelfall der Zeitablauf der Versicherungsdauer beziehungsweise der Todesfall der versicherten Person (Risikoperson)[521], vor der Eröffnung des Insolvenzverfahrens eingetreten und ist die im Lebensversicherungsvertrag vereinbarte Versicherungssumme noch nicht an die ebenfalls im Lebensversicherungsvertrag bestimmte Person[522] ausgezahlt worden, so handelt es sich bei dem Anspruch um eine Insolvenzforderung nach § 38 InsO. Besteht die vereinbarte Versicherungsleistung nicht in einer einmalig zu zahlenden Versicherungssumme, sondern in wiederkehrenden Versicherungsleistungen (zum Beispiel in einer bis zum Ableben der anspruchsberechtigten Person zu zahlenden monatlichen Rente), so ist die Versicherungsleistung nach §§ 46 in Verbindung mit 45 Satz 1 InsO zu kapitalisieren. Da zwar regelmäßig der Betrag der wiederkehrenden Versicherungsleistung (z.B. monatliche Rentenzahlung in Höhe von 1.000 Euro), jedoch nicht die Dauer (da insoweit abhängig vom Ableben der anspruchsberechtigten Person) bekannt sind, muss die Dauer der wiederkehrenden Leistung geschätzt werden. Für diese Schätzung ist es sachgerecht, auf die zum Zeitpunkt der Insolvenzeröffnung aktuelle Sterbetafel, die die statistische Lebenserwartung abbildet, zurückzugreifen. Die aufgrund der Schätzung ermittelte Gesamtforderung ist auf den Tag der Insolvenzeröffnung mit dem gesetzlichen Zinssatz abzuzinsen, §§ 46 Satz 1 in Verbindung mit 41 Abs. 2 InsO[523].

Kein Anspruch auf die vertraglich vereinbarte Versicherungsleistung besteht dagegen (und somit auch keine Insolvenzforderung), wenn der Versicherungsfall nicht vor der Eröffnung des Insolvenzverfahrens eingetreten ist. Zwar wurde im Zusammenhang mit der Kapitalbildenden Lebensversicherung ausgeführt[524], dass die Versicherungssumme beim Ableben des Versicherten, spätestens jedoch mit Ablauf der vereinbarten Versicherungsdauer, *fällig* wird und daher eine Anwendung von § 41 Abs. 1 InsO, wonach nicht fällige Forderungen als fällig gelten, in Betracht gezogen werden könnte. Indes kann der Streit, ob es sich

wöhnlichen" Versicherungsprämie unterscheidet, *Backes*, Die Insolvenz des Versicherungsunternehmens, S. 140. Das ist jedenfalls für einen im Voraus erhobenen Beitrag bei Ausschluss einer Nachschusspflicht ohne Kürzung der Versicherungsansprüche anzunehmen.

521 Siehe auch oben Kapitel 4: B. II.

522 Siehe auch oben Kapitel 4: B.

523 Siehe ausführlich zur Kapitalisierung von wiederkehrenden Leistungen MünchKommInsO-*Lwowski/Bitter*, § 46 Rn. 1 ff. sowie § 45 Rn. 11 und 26.

524 Vgl. oben Kapitel 4: A.

bei dem Anspruch auf die vereinbarte Versicherungsleistung um eine noch nicht fällige oder um eine unter einer aufschiebenden Bedingung stehenden Forderung[525] handelt dahinstehen, da mit der Insolvenzeröffnung der Anspruch auf die vereinbarte Versicherungsleistung aufgrund von § 77b Satz 1 VAG untergeht und daher auch keine Insolvenzforderung mehr bestehen kann. An dessen Stelle ist der Anspruch auf den entsprechenden Anteil an dem Mindestumfang des Sicherungsvermögens nach § 77b Satz 2 VAG getreten[526].

Wurde vor der Insolvenzeröffnung ein vorläufiger Insolvenzverwalter bestellt, auf den die Verfügungsbefugnis des Schuldners übergegangen ist, ist zu beachten, dass bei Entgegennahme der fortlaufenden Prämienzahlungen und bei Eintritt des Versicherungsfalls vor der Insolvenzeröffnung, der Anspruch auf die vereinbarte Versicherungsleistung nach der Insolvenzeröffnung eine Masseverbindlichkeit gemäß § 55 Abs. 2 Satz 2 InsO darstellen würde[527].

2. Anspruch auf den Rückkaufswert

Der Anspruch auf Auszahlung des Rückkaufswerts nach § 176 Abs. 1 VVG stellt eine Insolvenzforderung dar, soweit der Lebensversicherungsvertrag vor der Eröffnung des Insolvenzverfahrens durch Rücktritt, Kündigung oder Anfechtung aufgehoben und der auf die Versicherung entfallende Rückkaufswert noch nicht ausgezahlt worden ist. Der Anspruch nach § 176 Abs. 1 VVG gilt jedoch ausschließlich für eine Kapitalversicherung mit unbedingter Leistungspflicht (Kapitalbildende Lebensversicherung). Andere Arten der Lebensversicherung[528] werden, soweit nicht ausdrücklich vertraglich vereinbart, grundsätzlich nicht von § 176 VVG erfasst[529]. Der Rückkaufswert ist nach § 176 Abs. 3 VVG als Zeitwert für den Schluss der laufenden Versicherungsperiode nach den anerkannten Regeln der Versicherungsmathematik zu berechnen, wobei Prämienrückstände noch abzuziehen sind[530]. Darüber hinaus ist der Lebensversiche-

---

525 Die aufschiebende Bedingung der Forderung wäre der Eintritt des Versicherungsfalls; also der Tod der versicherten Person oder der Ablauf der Versicherungsdauer. Eine Forderung unter einer aufschiebenden Bedingung berechtigt aber, wie auch schon § 67 KO ausdrückliche normierte, nur zu einer Sicherung und kann insoweit nicht als „eigenständige“ Insolvenzforderung geltend gemacht werden, MünchKommInsO-*Lwowski/Bitter*, § 42 Rn. 11.

526 Siehe auch oben Kapitel 4: C. I. 1.

527 Siehe auch oben Kapitel 2: B.

528 Siehe auch oben Kapitel 4: A.

529 Prölss/Martin-*Kollhosser*, VVG § 176 Rn. 2.

530 Zur Berechnung des Zeitwerts nach den „anerkannten Regeln der Versicherungsmathematik“ ausführlich BerlinKommVVG-*Schwintowski*, § 176 Rn. 17 ff.

rer nach § 176 Abs. 4 VVG zu einem Abzug berechtigt, wenn dieser vereinbart und angemessen ist.

Für den „Altbestand"[531] der Versicherungsverträge gilt weiterhin § 176 VVG a.F.[532], wonach der Lebensversicherer den auf die Versicherung entfallenden Betrag der Prämienreserve[533] auszuzahlen hat. Aufgrund der unterschiedlichen Berechnung des Rückkaufswertes – anhand der Prämienreserve einerseits (§ 176 Abs. 3 VVG a.F.) und des Zeitwertes andererseits (§ 176 Abs. 3 VVG n.F.) – kann auch die Höhe des Auszahlungsanspruchs divergieren, wobei auch nach der alten Fassung des § 176 VVG die Prämienreserve für den Schluss der Versicherungsperiode zu berechnen (§ 176 Abs. 3 VVG a.F.) und ein angemessener Abzug (§ 176 Abs. 4 VVG a.F.) möglich ist[534].

Nicht gefolgt werden kann der Auffassung von Backes, dass in analoger Anwendung von § 176 Abs. 1 VVG sowohl in der neuen, als auch in der alten Fassung der Berechtigte einen Anspruch auf den Rückkaufswert habe, wenn der Lebensversicherungsvertrag mit unbedingter Leistungspflicht aufgrund der Eröffnung des Insolvenzverfahrens nach § 77b Satz 1 VAG (§ 77 Abs. 3 Halbsatz 1 VAG a.F.) erloschen ist[535]. Richtig ist zwar, dass § 176 Abs. 1 VVG aufgrund des enthaltenen allgemeinen Rechtsgedankens[536] auch über seinen Wortlaut hinaus entsprechend anwendbar sein kann[537]. Dies betrifft jedoch Fälle[538], in denen

---

[531] Mit „Altbestand" sind hier die Verträge gemeint, die vor dem 29. Juli 1994 geschlossen wurden sowie die Verträge, die bis zum 31. Dezember 1994 unter Verwendung von vor dem 29. Juli 1994 genehmigten ALB 86 abgeschlossen worden sind.

[532] Vorschrift in der Fassung vor Einführung des Dritten Gesetzes zur Durchführung versicherungsrechtlicher Richtlinien des Rates der Europäischen Gemeinschaften (Drittes Durchführungsgesetz/EWG zum VAG) vom 21. Juli 1994 (BGBl. I 1994, 1630).

[533] Die Prämienreserve ist inhaltsgleich mit dem Deckungskapital, welches wiederum mit dem aufsichtsrechtlichen Begriff der Deckungsrückstellung identisch ist, Bruck/Möller/Winter-*Winter*, VVG/Lebensversicherung Anm. G 387.

[534] Zur Berechnung des Rückkaufswertes anhand der Prämienreserve siehe ausführlich Bruck/Möller/Winter-*Winter*, VVG/Lebensversicherung Anm. G 386 ff.

[535] *Backes*, Die Insolvenz des Versicherungsunternehmens, S. 126 ff.

[536] Der Versicherer soll nicht „auf Kosten des Berechtigten einen wirtschaftlich nicht gerechtfertigten Gewinn" machen, wenn „er in den Fällen, in denen er entgegen dem regelmäßigen Verlauf eines derartigen Versicherungsverhältnisses aus besonderen Gründen von der Verpflichtung zur Leistung frei wird" und die gebildete Prämienreserve behält, Bundesaufsichtsamt, Motive zum VVG, S. 236.

[537] Prölss/Martin-*Kollhosser*, VVG § 176 Rn. 7.

[538] Zum Beispiel eine einverständliche Vertragsauflösung oder wenn in der Insolvenz des Versicherungsnehmers der Insolvenzverwalter nach § 103 InsO Nichterfüllung des beiderseits noch nicht voll erfüllten Versicherungsvertrages wählt, Prölss/Martin-*Kollhosser*, VVG § 176 Rn. 7 sowie § 165 Rn. 3.

keine gesetzlichen Sonderregelungen getroffen wurden und ein vollständiger Verlust der eingezahlten Prämien – jedenfalls hinsichtlich der Sparanteile – unbillig erscheint[539]. Die analoge Anwendung einer Norm und die damit einhergehende Ausfüllung einer vermeintlichen Lücke setzt eine planwidrige Regelungslücke voraus[540]. Bei dem hier in Frage stehenden Fall der insolvenzbedingten Beendigung des Versicherungsvertrages trifft § 77b Satz 2 VAG jedoch eine abschließende gesetzliche Sonderregelung mit der Maßgabe, dass die Anspruchsberechtigten den auf sie zum Zeitpunkt der Insolvenzeröffnung entfallenden Anteil an dem Mindestumfang des Sicherungsvermögens nach § 66 Abs. 1a VAG fordern können[541]. In Ermangelung einer Regelungslücke ist im Falle der insolvenzbedingten Beendigung des Versicherungsvertrages daher für eine analoge Anwendung von § 176 Abs. 1 VVG kein Raum mehr[542]. Dies stellt auch keinen Widerspruch zu § 77 Abs. 3 Halbsatz 3 VAG a.F. dar, wonach weitergehende Ansprüche aus dem Versicherungsverhältnis durch § 77 Abs. 3 Halbsatz 2 VAG a.F. nicht berührt werden sollten, da im vorliegenden Fall eben überhaupt keine Anspruchsgrundlage – weder in direkter noch in analoger Anwendung – gegeben ist[543]. Ein Fehlen der Anspruchsgrundlage kann auch nicht mit einem möglichen Auseinanderfallen der Anspruchshöhe von Rückkaufswert (§ 176 Abs. 1 VVG) einerseits und dem entsprechenden Anteil an dem Mindestumfang des Sicherungsvermögens (§ 77b Satz 2 VAG) andererseits überwunden werden.

Im Rahmen der geplanten Reform des VVG sollen die Regelungen hinsichtlich des Rückkaufswertes durch den neuen § 161 VVG-2006 eingehend reformiert werden[544]. Neben einer Ausweitung in § 161 Abs. 1 VVG-2006 auf sämtliche Lebensversicherungsverträge mit unbedingter Leistungspflicht soll der Rückkaufswert nur noch bei Kündigung des Versicherungsnehmers sowie Rücktritt oder Anfechtung des Versicherungsunternehmens ausgezahlt werden. Wird der Versicherungsvertrag von dem Versicherer gekündigt, so ist der Vertrag dann ausschließlich in eine prämienfreie Versicherung nach § 159 VVG-2006 umzu-

539 Zu beachten ist jedoch, dass mit der herrschenden Meinung der Versicherer im Falle eines negativen Rückkaufswertes diesen Betrag als Schadensersatz wegen Nichterfüllung geltend machen kann, Prölss/Martin-*Kollhosser*, VVG § 165 Rn. 3.

540 Vgl. *Larenz*, Methodenlehre der Rechtswissenschaft, S. 370 ff., 381 ff.

541 Siehe auch oben Kapitel 4: C. I. 1.

542 Eine direkte Anwendung von § 176 Abs. 1 VVG scheidet ebenfalls aus, da die insolvenzbedingte Beendigung des Versicherungsvertrages eben nicht von § 176 Abs. 1 VVG geregelt wird.

543 Anders *Backes*, Die Insolvenz des Versicherungsunternehmens, S. 128 ff.

544 Siehe auch Fn. 488.

wandeln[545]. Zudem sollen die Fälle des Rücktritts und der Anfechtung durch den Versicherungsnehmer aus dem Anwendungsbereich von § 161 VVG-2005 herausgenommen werden, da hier eine Abwicklung nach den Regelungen des allgemeinen Rechts erfolgen soll, mit der beabsichtigten Folge, dass nicht nur der Rückkaufswert, sondern sämtliche eingezahlten Prämien zuzüglich der Zinsen an die anspruchsberechtigte Person auszuzahlen wären[546]. Nach der geplanten neuen Berechnungsmethode des § 161 Abs. 3 Satz 1 VVG-2006 soll der Rückkaufswert dann das nach den anerkannten Regeln der Versicherungsmathematik mit den Rechnungsgrundlagen der Prämienkalkulation zum Schluss der laufenden Versicherungsperiode berechnete Deckungskapital der Versicherung sein[547]. Ist der Versicherungsvertrag gekündigt worden, so ist mindestens die Hälfte des ungezillmerten Deckungskapitals als Rückkaufswert auszuzahlen. Darüber hinaus soll gemäß § 161 Abs. 3 Satz 2 VVG-2006 verbindlich festgeschrieben werden, dass der Rückkaufswert im Vertrag für jedes Versicherungsjahr konkret anzugeben ist. Ein vereinbarter und angemessener Abzug soll nach § 161 Abs. 5 VVG-2006 weiterhin möglich sein, wobei dieser dann im Vertrag konkret beziffert sein muss[548].

Eine einseitige Herabsetzung des Rückkaufswertes durch den Lebensversicherer in besonderen Ausnahmefällen soll auch weiterhin nicht möglich sein[549]. Zwar besteht die Gefahr, dass der Lebensversicherer aufgrund der neu geplanten Rückkaufswertberechnung sowie einer hinzutretenen überdurchschnittlich hohen – und daher nicht in den Berechnungen des Versicherers einkalkulierten – Kündigungswelle gezwungen sein könnte, Vermögenswerte (z.B. Aktien) zu einem ungünstigen Zeitpunkt (etwa bei einer Aktienbaisse) und damit niedrigen Marktpreis zu verkaufen. Dadurch könnte der Lebensversicherer in eine finanzielle Schieflage geraten bzw. bereits bestehende finanzielle Schwierigkeiten könnten sich weiter verschlimmern. Der Gefahr, dass sich die finanziellen Schwierigkeiten negativ auf die bestehenden Versicherungsverträge auswirken

---

545 Derzeit ist der Vertrag bei einer Kündigung durch den Versicherer nur dann in eine prämienfreie Versicherung umzuwandeln, wenn der Versicherer aufgrund von § 39 VVG kündigt, § 175 Abs. 1 Satz 1 VVG.

546 Abschlussbericht der Kommission zur Reform des Versicherungsvertragsrechts vom 19. April 2004, S. 393 f.

547 Bei der Fondsgebundenen Lebensversicherung soll der Rückkaufswert gemäß § 161 Abs. 4 VVG-2006 weiterhin als Zeitwert berechnet werden, wobei die Grundsätze der Berechnung dann im Versicherungsvertrag angegeben werden müssen.

548 Zu den Hinter- und Beweggründen der geplanten Neuerungen für den Bereich des Rückkaufswertes siehe ausführlich Abschlussbericht der Kommission zur Reform des Versicherungsvertragsrechts vom 19. April 2004, S. 107 ff.

549 Abschlussbericht der Kommission zur Reform des Versicherungsvertragsrechts vom 19. April 2004, S. 114 ff.

könnten, soll jedoch nicht in § 161 VVG-2006 entgegengetreten werden. Vielmehr soll diesem Gefahrenrisiko mit einer neuen aufsichtsrechtlichen Sondervorschrift im VAG Rechnung getragen werden. Die neue (noch zu formulierende) Vorschrift soll der Aufsichtsbehörde auf Antrag des Versicherers eine Herabsetzung der Rückkaufswerte ermöglichen, wenn eine Benachteiligung der laufenden Versicherungsverträge droht[550].

Alle geplanten Neuregelungen von § 161 VVG-2006 sollen jedoch, soweit sie denn überhaupt in der hier vorgestellten Form in Kraft treten werden[551], nur für neu abgeschlossene Verträge gelten[552]. Im Übrigen werden die geplanten Änderungen auch nichts an der Qualifizierung des Auszahlungsanspruchs als Insolvenzforderung ändern, soweit der Lebensversicherungsvertrag vor der Eröffnung des Insolvenzverfahrens aufgehoben und der Rückkaufswert – unabhängig von der konkreten Berechnungsmethode – noch nicht ausgezahlt worden ist.

3. Anspruch auf Überschussbeteiligung

Die Lebensversicherer sind aufgrund von § 11 Abs. 1 VAG zu einer vorsichtigen Prämienkalkulation verpflichtet, damit diese ihre vertraglichen und aufsichtsrechtlichen Verpflichtungen auch erfüllen können. Insbesondere wegen der teilweise sehr langen Laufzeiten der Lebensversicherungsverträge[553] und den daraus resultierenden Unsicherheiten ist die vertraglich vereinbarte Versicherungsleistung regelmäßig deutlich geringer, als tatsächlich bei einer entsprechenden Nachkalkulation versicherungswirtschaftlich nötig gewesen wäre[554]. An den so erwirtschafteten Überschüssen wird der Versicherungsnehmer regelmäßig in zweierlei Form beteiligt: Der Zahlung von laufenden (zumeist jährlichen) Überschussanteilen sowie der Zahlung eines einmaligen Schlussüberschussanteils[555]. Die von dem Lebensversicherer in Aussicht gestellten Überschusszah-

---

550 Die ähnliche Regelung des § 89 Abs. 2 VAG setzt zu spät an, da hier schon konkret ein Insolvenzverfahren droht, Abschlussbericht der Kommission zur Reform des Versicherungsvertragsrechts vom 19. April 2004, S. 115 f.

551 Das neue VVG soll grundsätzlich zum 1. Januar 2008 in Kraft treten, sofern das Gesetz noch im Jahre 2006 verkündet wird, Abschlussbericht der Kommission zur Reform des Versicherungsvertragsrechts vom 19. April 2004, S. 190 f.

552 Abschlussbericht der Kommission zur Reform des Versicherungsvertragsrechts vom 19. April 2004, S. 192.

553 Bei der Kapitalbildenden Lebensversicherung beträgt die durchschnittliche Vertragsdauer 26 Jahre, Abschlussbericht der Kommission zur Reform des Versicherungsvertragsrechts vom 19. April 2004, S. 97.

554 Vgl. *Goecke/Will*, Der Renditewettbewerb in der Lebensversicherung, S. 23 f.

555 Bei den jährlichen Überschussanteilen kommen neben der Barauszahlung auch andere Verwendungsmöglichkeiten in Betracht: Aufrechnung mit der Prämie, verzinsliche Ansamm-

lungen, die auch vielfach in den Versicherungsverträgen anhand von konkreten Zahlen abgebildet sind[556], werden jedoch bei Vertragsschluss – im Unterschied zur Versicherungsleistung – in ihrer Höhe nicht „garantiert“, sind also zunächst unverbindliche Zusatzleistungen[557]. *Bei Vertragsschluss* besteht somit kein Rechtsanspruch auf Zahlung eines konkreten Überschussanteils. Im Falle der Insolvenz des Lebensversicherers stellt sich daher die Frage, inwieweit im Bereich der Überschussbeteiligung Rechtsansprüche bestehen, die sich als Insolvenzforderungen qualifizieren lassen.

a) Jährliche Überschussbeteiligung

Es ist festzustellen, dass es aktuell weder im Versicherungsvertragsgesetz noch im Versicherungsaufsichtsgesetz eine gesetzliche Regelung gibt, die einen Lebensversicherer verpflichten würde, die Versicherungsnehmer an den erwirtschafteten Überschüssen zu beteiligen[558]. In der ganz überwiegenden Anzahl der Fälle werden die Versicherungsnehmer jedoch – auch aufgrund der Wettbewerbssituation[559] – vertraglich an den Überschüssen beteiligt. Der *grundsätzliche* Anspruch auf Beteiligung an den Überschüssen ergibt sich dann aus dem Lebensversicherungsvertrag in Verbindung mit den Allgemeinen Versicherungsbedingungen des jeweiligen Lebensversicherers (AVB). Dabei ist § 17 der Musterbedingungen des Verbandes der Lebensversicherungsunternehmen (Muster-ALB 94) in einer Vielzahl der Fälle übernommen worden, wobei eine Ab-

---

lung (Regelfall bei der Kapitalbildenden Lebensversicherung), Bonussystem oder Verkürzung der Versicherungsdauer. Der Schlussüberschussanteil wird regelmäßig ausgezahlt, Bruck/Möller/Winter-*Winter*, VVG/Lebensversicherung Anm. G 332 ff.

556 Im Lebensversicherungsmarkt spielt sich der Wettbewerb sowohl vor als auch nach der Deregulierung des Versicherungsmarktes im Jahre 1994 vor allem im Bereich der Überschussbeteiligung ab, *Gustin*, EDV-Unterstützung der Überschußbeteiligung in der Lebensversicherung, S. 1.

557 Bei langen Laufzeiten können die Zusatzleistungen die vertraglich vereinbarte Versicherungsleistung sogar übertreffen, was mitunter auch die große wirtschaftliche Bedeutung der „Zusatzleistungen“ für den Versicherungsnehmer zeigt, Abschlussbericht der Kommission zur Reform des Versicherungsvertragsrechts vom 19. April 2004, S. 98.

558 Bei *langfristigen* Lebensversicherungsverträgen wäre eine generelle Nichtbeteiligung an den erwirtschafteten Überschüssen jedoch unter zwei Gesichtspunkten als rechtlich unzulässig anzusehen: Zum einen würde die Aufsichtsbehörde einen Missstand nach § 81 Abs. 2 VAG annehmen, wenn ein Lebensversicherer bei langfristigen Versicherungsverträgen die vorsichtige – und damit erhöhte – Kalkulation der Prämien nicht durch eine den Grundsätzen des § 81c VAG genügende Überschussbeteiligung ausgleichen würde. Zum anderen könnte der Vertrag auch unter zivilrechtlichen Gesichtspunkten nichtig sein, Abschlussbericht der Kommission zur Reform des Versicherungsvertragsrechts vom 19. April 2004, S. 98.

559 Siehe auch Fn. 556.

weichung nach der Deregulierung des Versicherungsmarktes im Jahre 1994 nunmehr zulässig ist[560].

Fraglich ist jedoch, *worauf* der vertragliche Anspruch auf Überschussbeteiligung *konkret* gerichtet ist. Ausgehend von § 17 Muster-ALB 94 wird in den Allgemeinen Versicherungsbedingungen regelmäßig nur geregelt sein, wie die Überschüsse ermittelt (§ 17 Abs. 1 Muster-ALB 94) und der Versicherungsnehmer an diesen beteiligt (§ 17 Abs. 2 Muster-ALB 94) wird. Diese Regelungen sind jedoch so allgemein gehalten, dass der Versicherungsnehmer keinen konkreten Zahlungsanspruch aus den Versicherungsbedingungen wird herleiten können[561]. Bis zum Erlass des Festsetzungsbeschlusses hat der Versicherungsnehmer daher nur einen Anspruch auf vertragsgemäße Ermittlung und Beteiligung an den Überschüssen[562]. Der vertragliche Anspruch richtet sich also lediglich beteiligungsähnlich auf die vertragsgemäße Zuweisung eines Teils des Gewinns der Gesellschaft und hat danach den Charakter eines schuldrechtlichen partiarischen Anspruchs[563]. Erst mit Festsetzung des Überschusses erwirbt der Versicherungsnehmer einen konkreten Anspruch auf die Überschussanteile[564]. Wird das Insolvenzverfahren nach der Festsetzung der Überschussanteile eröffnet, so kann der Anspruch auf die Überschussanteile als Insolvenzforderung geltend gemacht werden[565].

---

560 Prölss/Martin-*Kollhosser*, VVG Vorbem. ALB 94.

561 Entgegen der Ansicht von BerlinKommVVG-*Schwintowski*, Vorbem. §§ 159-178 Rn. 64 muss die Höhe der Überschussbeteiligung nicht aus dem Versicherungsvertrag in Verbindung mit den AVB hergeleitet werden können, BGH vom 9. Mai 2001 (IV ZR 121/00) NVersZ 2001, 308, 313.

562 So auch *Backes*, Die Insolvenz des Versicherungsunternehmens, S. 131 ff.; *Baumann*, Die Kapitallebensversicherung mit Überschußbeteiligung als partiarisches Versicherungsverhältnis, S. 87; Bruck/Möller/Winter-*Winter*, VVG/Lebensversicherung Anm. G 362; *Maus*, Der Konkurs der Lebensversicherungsgesellschaft, S. 33; *Stelkens*, Rechtsgrundlagen der Überschußbeteiligung in der privaten Lebensversicherung, S. 69. Anderer Ansicht ist Prölss/Martin-*Kollhosser*, VVG § 17 ALB 94 Rn. 2, der für die Zeit vor einer Zuteilung aus der *Rückstellung für Beitragsrückerstattung* (RfB) gar keinen zivilrechtlichen Anspruch annimmt.

563 *Maus*, Der Konkurs der Lebensversicherungsgesellschaft, S. 33.

564 Bruck/Möller/Winter-*Winter*, VVG/Lebensversicherung Anm. G 367.

565 Sofern keine unmittelbare *Direktgutschrift* erfolgt, werden die erwirtschafteten Überschüsse der *Rückstellung für Beitragsrückerstattung* (RfB) zugeführt und dieser mit einer zeitlichen Verzögerung von etwa ein bis zwei Jahren – abhängig vom konkreten Festsetzungsbeschluss – entnommen, um an die einzelnen Versicherungen ausgeschüttet zu werden. Dieses Verfahren wird als *Vorausdeklaration* bezeichnet, *Hagelschuer*, Lebensversicherung, S. 181 f.

Erfolgt die Eröffnung des Insolvenzverfahrens dagegen vor der Festsetzung der Überschussanteile, so ist zu differenzieren. Soweit ein Überschuss für das abgelaufene Geschäftsjahr angefallen ist und insoweit nur noch der Festsetzungsbeschluss gefasst werden muss, hat sich der Anspruch auf vertragsgemäße Ermittlung und Beteiligung an den Überschüssen bereits so stark verdichtet, dass er als Anwartschaft[566] im Insolvenzverfahren geltend gemacht werden kann[567]. Dagegen hat sich der grundsätzliche Beteiligungsanspruch für das laufende Geschäftsjahr, in das die Eröffnung des Insolvenzverfahrens fällt, noch nicht in der Weise verdichtet, dass bereits eine Anwartschaft angenommen werden kann. Darüber hinaus ist anzumerken, dass sich die Frage einer Überschussbeteiligung im Jahr der Insolvenzeröffnung praktisch nicht stellen wird, da hier aufgrund der finanziellen Situation regelmäßig keine Überschüsse mehr erwirtschaftet werden.

Für die „Altverträge“ – Lebensversicherungsverträge, die vor dem 29. Juli 1994 abgeschlossen wurden – ergibt sich der *grundsätzliche* Anspruch auf Überschussbeteiligung, soweit eine Überschussbeteiligung vereinbart war, aus dem Versicherungsvertrag in Verbindung mit § 16 ALB 86, der für alle Lebensversicherungsunternehmen einheitlich galt und von dem nicht abgewichen werden konnte. Danach ist die Versicherung nach Maßgabe des jeweiligen von der Aufsichtsbehörde genehmigten Geschäftsplanes am Überschuss beteiligt und gehört zum Abrechnungsverband[568]. Der von der Aufsichtsbehörde zu genehmigende nicht öffentliche Geschäftsplan enthält die Grundsätze und Maßstäbe für die Teilhabe der Versicherten an den Überschüssen[569]. Bis zum Festsetzungsbeschluss ist der Anspruch aber wiederum nur auf vertragsgemäße Zuweisung eines Teils des Gewinns der Gesellschaft gerichtet[570]. Insoweit gelten auch bei den „Altverträgen“ die oben dargestellten insolvenzrechtlichen Ausführungen.

---

566 Zum Anwartschaftsrecht siehe Palandt-*Heinrichs*, BGB Einf. § 158 Rn. 9.

567 *Backes*, Die Insolvenz des Versicherungsunternehmens, S. 132; Bruck/Möller/Winter-*Winter*, VVG/Lebensversicherung Anm. G 367; *Maus*, Der Konkurs der Lebensversicherungsgesellschaft, S. 34; *Präve*, ZfV 1992, 334, 335 f.

568 BerlinKommVVG-*Schwintowski*, Vorbem. §§ 159-178 Rn. 61.

569 BerlinKommVVG-*Schwintowski*, Vorbem. §§ 159-178 Rn. 61.

570 *Backes*, Die Insolvenz des Versicherungsunternehmens, S. 131 f.; Bruck/Möller/Winter-*Winter*, VVG/Lebensversicherung Anm. G 362; *Maus*, Der Konkurs der Lebensversicherungsgesellschaft, S. 33; *Stelkens*, Rechtsgrundlagen der Überschußbeteiligung in der privaten Lebensversicherung, S. 69. Anderer Ansicht ist wiederum Prölss/Martin-*Kollhosser*, VVG § 16 ALB 96 Rn. 3, der für die Zeit vor einer Zuteilung aus der *Rückstellung für Beitragsrückerstattung* (RfB) gar keinen zivilrechtlichen Anspruch annimmt.

b) Schlussüberschussbeteiligung

Die jährliche Überschussbeteiligung wird durch die Schlussüberschussbeteiligung am Vertragsende ergänzt und hat im Wesentlichen zwei Funktionen. Zum einen soll der bei Beendigung des Lebensversicherungsvertrages erwirtschaftete und der *Rückstellung für Beitragsrückerstattung* (RfB) zugeführte Überschuss, der aufgrund der Vorausdeklaration[571] bei der laufenden Überschussbeteiligung erst mit einer zeitlichen Verzögerung von ein bis zwei Jahren ausgeschüttet wird, *sofort* bei Vertragsende ausgezahlt werden[572]. Die durch den Festsetzungsbeschluss zugeteilten Überschussanteile können – wie bei der laufenden Überschussbeteiligung – als Insolvenzforderung geltend gemacht werden.

Zum anderen werden durch den Schlussüberschussanteil auch solche Überschüsse erfasst, die über die Vertragsdauer tatsächlich angefallen sind, jedoch aufgrund einer vorsichtigen Berechnung, etwa wegen Schwankungen in den Jahresergebnissen, bei der laufenden Überschussbeteiligung nicht zur Ausschüttung gekommen sind[573]. Häufig beteiligen die Lebensversicherer die Versicherungsnehmer in der Weise, dass für jedes zurückgelegte Versicherungsjahr ein bestimmter Promillesatz (Schlussüberschussanteilsatz) der Versicherungssumme gewährt wird[574]. Würden diese Mittel den Versicherungsverträgen zugeteilt, so wäre ein Zahlungsanspruch gegeben, der im Insolvenzverfahren auch als Insolvenzforderung geltend gemacht werden könnte[575].

Regelmäßig werden diese Mittel jedoch dem Schlussüberschussanteilsfonds (vgl. § 28 Abs. 6 der Verordnung über die Rechnungslegung von Versicherungsunternehmen [RechVersV]) zugeführt. Dieser Fonds ist eine Teilrückstellung innerhalb der RfB, die in der Lebensversicherung für die Schlussüberschussanteile und Schlusszahlungen nach Maßgabe der letzten Deklaration zu bilden ist. Daher wird der für den einzelnen Versicherungsvertrag finanzierte Betrag, der dem Schlussüberschussanteilsfonds zugeführt wird, tatsächlich regelmäßig nicht zugeteilt[576]. Die Mittel des Schlussüberschussanteilsfonds sind

---

571 Siehe auch Fn. 565.

572 Bruck/Möller/Winter-*Winter*, VVG/Lebensversicherung Anm. G 338.

573 *Hagelschuer*, Lebensversicherung, S. 194. Dadurch soll gewährleistet werden, dass die Überschussbeteiligung über die Jahre konstant gehalten werden kann.

574 *Hagelschuer*, Lebensversicherung, S. 195.

575 So zu verstehen *Backes*, Die Insolvenz des Versicherungsunternehmens, S. 134, der darauf abstellt, dass die Höhe des Schlussüberschussanteilssatzes häufig auch im Rahmen der jährlichen Deklaration für die laufende Überschussbeteiligung festgelegt wird und damit nach seiner Ansicht ein Zahlungsanspruch für die zurückgelegten Jahre auch hinsichtlich der Schlussüberschussanteile existiert.

576 Abschlussbericht der Kommission zur Reform des Versicherungsvertragsrechts vom 19. April 2004, S. 109.

zwar für die spätere Auszahlung an die Versicherungsnehmer zweckgebunden und einer „willkürlichen“ Verwendung des Lebensversicherers damit entzogen[577]. Jedoch kann das Versicherungsunternehmen nach § 56a Satz 5 VAG mit Zustimmung der Aufsichtsbehörde in Ausnahmefällen die RfB, soweit sie nicht auf bereits festgelegte Überschussanteile entfällt, im Interesse der Versicherten zur Abwendung eines Notstandes heranziehen. Damit kann auch der nicht gebundene Teil des Schlussüberschussanteilsfonds als Teilkrückstellung der RfB zur Abwendung eines Notstandes herangezogen werden, da der nicht gebundene Teil des Fonds keine festgelegten Überschussanteile enthält[578]. In Ermangelung einer Festlegung besteht daher auch kein Zahlungsanspruch. Hinsichtlich der dem Schlussüberschussanteilsfonds zugeführten Mittel kann auch kein Anwartschaftsrecht angenommen werden, da die Rechtsposition des Versicherungsnehmers durch das Lebensversicherungsunternehmen jederzeit unter den Voraussetzungen des § 56a Satz 5 VAG zerstört und daher nicht als gefestigt angesehen werden kann.

Somit bestehen hinsichtlich der Schlussüberschussanteile, die dem Schlussüberschussanteilsfonds zugeführt worden sind, grundsätzlich keine Rechtsansprüche, die im Insolvenzverfahren geltend gemacht werden könnten. Lediglich für die zuletzt vor der Eröffnung des Insolvenzverfahrens auslaufenden Lebensversicherungsverträge, für die bereits eine Festlegung der auszuzahlenden Schlussüberschussanteile stattgefunden hat, kann ein Zahlungsanspruch als Insolvenzforderung geltend gemacht werden.

c) Reformvorhaben: Kommissionsentwurf zur Reform des Versicherungsvertragsrechts – Jüngste höchstrichterliche Rechtsprechung zur Lebensversicherung

Im Rahmen der geplanten Reform des VVG ist vorgesehen, die Überschussbeteiligung nunmehr gesetzlich in § 145 VVG-2006 zu regeln, wobei auch weiterhin eine Beteiligung an den Überschüssen ausgeschlossen werden kann, dies dann aber ausdrücklich vereinbart werden muss, § 145 Abs. 1 VVG-2006[579]. Ist eine Überschussbeteiligung nicht ausgeschlossen worden, hat der Lebensversicherer die Überschüsse grundsätzlich nach einem verursachungsorientiertem Verfahren zu verteilen, § 145 Abs. 2 VVG-2006. Eine erhöhte Transparenz in der Überschussbeteiligung soll auch dadurch geschaffen werden, dass dem Versicherungsnehmer nach § 145 Abs. 3 VVG-2006 in Textform mitzuteilen ist,

---

577 *Hagelschuer*, Lebensversicherung, S. 195.

578 Vgl. Prölss/Kollhosser-*Kölschbach*, VAG § 56a Rn. 24 und Prölss/Kollhosser-*Lipowsky*, VAG § 66 Rn. 5a.

579 Siehe auch Fn. 488.

dass der Überschuss nach handelsrechtlichen Gesichtspunkten ermittelt wird, eine Mindestzuführung zur Rückstellung für Beitragsrückerstattung nach § 81c VAG vorzunehmen ist und die Rückstellung für Beitragsrückerstattung nach § 56a VAG auch zur Verlustdeckung herangezogen werden kann. Aus diesen Informationen wird der Versicherungsnehmer jedoch keine Rechtsansprüche herleiten können, die auch in einem Insolvenzverfahren des Lebensversicherers geltend gemacht werden könnten[580]. Bei § 145 Abs. 2 VVG-2006 handelt es sich um einen gesetzlichen Anspruch vertragsrechtlicher Art, der darauf gerichtet ist, dass die erwirtschafteten Überschusse auf die einzelnen Versicherungsnehmer grundsätzlich verursachungsorientiert – sei es über die RfB oder in Form der Direktgutschrift – verteilt werden[581]. Einen konkreten Zahlungsanspruch wird der einzelne Versicherungsnehmer aus der Vorschrift aber auch nicht herleiten können. Insbesondere soll es auch keinen vertraglichen Anspruch des einzelnen Versicherungsnehmers auf eine bestimmte Zuführung zu der Rückstellung für Beitragsrückerstattung (RfB) geben[582]. Daher wird für die Rechtsansprüche hinsichtlich der Überschussbeteiligung weiterhin der jährliche Festsetzungsbeschluss maßgeblich sein[583]. Eine Verbesserung für den Versicherungsnehmer würde jedoch die neue Vorschrift des § 147 VVG-2006 bringen, die den Versicherer verpflichten würde, den Versicherungsnehmer einer überschussbeteiligten Versicherung auf den Todes- oder Erlebensfall jährlich über die tatsächliche Entwicklung seiner Ansprüche unter Einbeziehung der Überschussbeteiligung in Textform zu unterrichten[584]. Dadurch könnten die entstandenen Ansprüche in einem etwaigen Insolvenzverfahren einfacher angemeldet werden.

Das Bundesverfassungsgericht hat in seinem Urteil vom 26. Juli 2005[585] festgestellt, dass die gesetzlichen Regelungen für den Bereich der Kapitalbildenden Lebensversicherung mit Überschussbeteiligung nicht den verfassungsrechtlichen Schutzanforderungen genügen. Es gebe keine hinreichenden rechtlichen Vorkehrungen, die die durch die Prämienzahlungen geschaffenen Vermögenswerte,

---

580 Zu der grundsätzlichen Kritik, die es nicht als ausreichend erachtet, dass für die Höhe der Überschussbeteiligung auf § 81c VAG und die dazu erlassene Rechtsverordnung verwiesen wird, siehe BerlinKommVVG-*Schwintowski*, Vorbem. §§ 159-178 Rn. 64 ff.

581 Abschlussbericht der Kommission zur Reform des Versicherungsvertragsrechts vom 19. April 2004, S. 105 f., 383 f.

582 Abschlussbericht der Kommission zur Reform des Versicherungsvertragsrechts vom 19. April 2004, S. 105, 383.

583 Siehe oben Kapitel 4: C. II. 3. a).

584 Dagegen kann der Versicherungsnehmer aus der nach § 146 VVG-2006 zu erstellenden Modellrechnung keine vertraglichen Ansprüche gegen den Versicherer ableiten, § 146 Abs. 3 VVG-2006.

585 BVerfG vom 26. Juli 2005 (1 BvR 80/95) NJW 2005, 2376, 2376 ff.

insbesondere die stillen Reserven[586], bei der Berechnung des Schlussüberschusses angemessen berücksichtigen würden. Da die Versicherungsnehmer nicht die Möglichkeit hätten, ihre Belange selbst durchzusetzen, sei der Gesetzgeber aufgrund seines verfassungsrechtlichen Schutzauftrages aus Art. 2 Abs. 1 und Art. 14 Abs. 1 GG verpflichtet, entsprechende Neuregelungen bis zum 31. Dezember 2007 zu schaffen. Da sich eine „große" Reform des Versicherungsvertragsgesetzes auf der Grundlage des Kommissionsentwurfs vom 19. April 2004 wegen den vorgezogenen Neuwahlen zum 16. Deutschen Bundestag nunmehr zumindest verzögern wird[587], bleibt abzuwarten, ob der Gesetzgeber die angemahnten Neuregelungen des Bundesverfassungsgerichts im Rahmen einer „großen" Reform umsetzen oder diesen Bereich der Überschussbeteiligung abtrennt und isoliert neu regeln wird[588]. Das Bundesverfassungsgericht hat dem Gesetzgeber dabei keinen speziellen Lösungsweg vorgeschrieben, sondern mehrere Möglichkeiten angedeutet, wie die Rechte der Versicherungsnehmer gestärkt und die Überschussbeteiligung insgesamt transparenter gestaltet werden könnte. Dass der Gesetzgeber aber die Rechtsposition der Versicherungsnehmer in der Weise stärken wird, dass konkrete Rechtsansprüche geschaffen werden, die dann auch in einem Insolvenzverfahren geltend gemacht werden könnten, ist nicht erforderlich und zum heutigen Zeitpunkt nur wenig wahrscheinlich.

4. Anspruch auf Prämienrückzahlung im Falle des Nichtzustandekommens oder der Aufhebung des Versicherungsvertrages

Ist der Lebensversicherungsvertrag vor der Eröffnung des Insolvenzverfahrens nicht zustande gekommen, so hat der Versicherungsnehmer einen bereicherungsrechtlichen Anspruch auf Rückzahlung der bereits geleisteten Versicherungsprämien, da er insoweit ohne Rechtsgrund geleistet hat, §§ 812 ff. BGB.

---

586 Stille Reserven sind der Unterschiedbetrag zwischen dem Buchwert und dem höheren Zeitwert.

587 Aufgrund veränderter politischer Machtverhältnisse auf Bundesebene ist auch eine grundlegende Abänderung des Kommissionsentwurfs nicht auszuschließen. Bei der aktuellen Diskussion um eine Reform des Versicherungsvertragsrechts wären auch die jüngsten Entscheidungen des Bundesgerichtshofs zur Berechung von Rückkaufswerten mit einzubeziehen: BGH vom 12. Oktober 2005 (IV ZR 162/03) NJW 2005, 3559, 3559 ff. sowie BGH vom 12. Oktober 2005 (IV ZR 177/03) und (IV ZR 245/03). Zwar betreffen die Urteile nur die Versicherungsverträge (Kapitalbildende Lebensversicherung), die zwischen Ende Juli 1994 und Jahresmitte 2001 abgeschlossen worden sind. Von grundsätzlichem Interesse für die Reform des Versicherungsvertragsrechts ist aber das vom Bundesgerichtshof dargestellte Verfahren zur Berechung der Rückkaufswerte.

588 Nunmehr steht seit spätestens Ende 2006 fest, dass der Gesetzgeber eine umfassende Reform des Versicherungsvertragsrechts anstrebt, vgl. auch Fn. 478 und Fn. 488.

Dieser Rückzahlungsanspruch kann als Insolvenzforderung geltend gemacht werden.

Wurde der Versicherungsvertrag vor der Eröffnung des Insolvenzverfahrens aufgehoben, so hat der Versicherungsnehmer grundsätzlich einen bereicherungsrechtlichen Rückzahlungsanspruch hinsichtlich des Teils der Prämie, der auf die Zeit nach der Aufhebung des Vertrages fällt. Zu beachten ist hier jedoch § 40 Abs. 1 und Abs. 2 VVG, wonach dem Versicherer in den dort bezeichneten Fällen die volle Prämie bis zur Beendigung der laufenden Versicherungsperiode zusteht und ein Rückzahlungsanspruch damit nicht gegeben ist. Mit der Reform des VVG soll das Prinzip der Unteilbarkeit der Prämie aufgegeben und § 40 VVG grundlegend neu in § 42 VVG-2006 geregelt werden[589]. Danach soll dem Versicherer bei Beendigung des Versicherungsverhältnisses vor dem Ende einer laufenden Versicherungsperiode grundsätzlich nur der Teil der vereinbarten Prämie zustehen, der dem vom Versicherer anteilig getragenen Risiko entspricht[590]. Ist ein Rückzahlungsanspruch im konkreten Fall gegeben, so kann er als Insolvenzforderung geltend gemacht werden.

5. Zins- und Kostenansprüche

Etwaige vor der Eröffnung des Insolvenzverfahrens entstandene Zinsansprüche oder Kosten der Rechtsverfolgung können als einfache Insolvenzforderungen geltend gemacht werden. Die seit der Eröffnung des Insolvenzverfahrens laufenden Zinsen der Forderungen sowie die Kosten, die den einzelnen Insolvenzgläubigern durch ihre Teilnahme am Insolvenzverfahren entstehen, sind als nachrangige Insolvenzforderungen anzumelden und werden in der Rangfolge von § 39 Abs. 1 InsO befriedigt.

---

[589] Abschlussbericht der Kommission zur Reform des Versicherungsvertragsrechts vom 19. April 2004, S. 31 ff., 323 ff.

[590] Abschlussbericht der Kommission zur Reform des Versicherungsvertragsrechts vom 19. April 2004, S. 324.

D. Das Insolvenzprivileg des § 77a VAG (§ 77 Abs. 4 VAG a.F.)

I. Grundlegende Neugestaltung des Insolvenzprivilegs durch die VAG-Novelle 2003

Das Insolvenzprivileg des ehemaligen § 77 Abs. 4 VAG ist durch das Sanierungs- und Liquidationsgesetz im Jahre 2003 in § 77a VAG umfassend neu geregelt worden. Nunmehr sind nach Maßgabe der Sanierungs- und Liquidationsrichtlinie sämtliche *Versicherungsforderungen*[591] bei der Befriedigung aus der Sondermasse (Sicherungsvermögen nach § 66 VAG) bevorrechtigt. Nach der Vorgabe von Art. 10 Abs. 1 Sanierungs- und Liquidationsrichtlinie haben die Mitglied- und Vertragsstaaten zwei Durchführungsmethoden zur Auswahl, nach denen die bevorrechtigte Behandlung von Versicherungsforderungen gegenüber anderen Forderungen gegen das Versicherungsunternehmen sicherzustellen ist[592]. Der deutsche Gesetzgeber hat sich ausschließlich[593] für die erste Durchführungsmethode nach Art. 10 Abs. 1 Buchstabe a[594] Sanierungs- und Liquidationsrichtlinie entschieden, wonach Versicherungsforderungen ein absolutes Vorrecht auf Befriedigung aus den Vermögenswerten zur Deckung der versicherungstechnischen Rückstellungen vor allen anderen Forderungen gegen das Versicherungsunternehmen haben. Dementsprechend hat der deutsche Gesetzgeber in § 77a Abs. 1 Satz 1 Nr. 1 VAG normiert, dass bei der Befriedigung aus den Werten des Sicherungsvermögens (§ 66 Abs. 6 und Abs. 6a VAG) die Forderungen der Versicherten, Versicherungsnehmer, Begünstigten oder geschädigten Dritten, die einen Direktanspruch gegen das Versicherungsunternehmen haben,

---

591 Nach der Legaldefinition des Art. 2 Buchstabe k der Sanierungs- und Liquidationsrichtlinie ist „Versicherungsforderung" jeder Betrag, den ein Versicherungsunternehmen Versicherten, Versicherungsnehmern, Begünstigten oder geschädigten Dritten, die einen Direktanspruch gegen das Versicherungsunternehmen haben, aufgrund eines Versicherungsvertrages oder eines in Art. 1 Abs. 2 und Abs. 3 der Richtlinie 79/267/EWG genannten Geschäfts im Rahmen der Direktversicherung schuldet; hierzu gehören auch für die genannten Personen zurückgestellte Beträge, wenn einzelne Elemente der Forderung noch ungewiss sind. Prämien, die ein Versicherungsunternehmen schuldet, weil ein derartiger Vertrag oder ein derartiges Geschäft im Einklang mit dem für diese Verträge und Geschäfte maßgeblichen Recht vor der Eröffnung des Liquidationsverfahrens nicht zustande gekommen ist oder aufgehoben wurde, gelten ebenfalls als Versicherungsforderungen.

592 Zu den zur Auswahl stehenden Durchführungsmethoden siehe auch oben Kapitel 1: B. III. 2. b) aa).

593 Eine Kombination von beiden Durchführungsmethoden wäre nach Art. 10 Abs. 1 Sanierungs- und Liquidationsrichtlinie grundsätzlich zulässig gewesen.

594 In der im Amtsblatt der Europäischen Union veröffentlichten Fassung der Richtlinie heißt es in Art. 10 Abs. 1 statt „a" versehentlich „m" und statt „b" versehentlich „n".

in Höhe des Anteils am Sicherungsvermögen gemäß § 66 Abs. 1a VAG Vorrang vor den Forderungen aller übrigen Insolvenzgläubiger haben[595].

Schon vor der Reform 2003 gab es mit § 77 Abs. 4 VAG a.F. ein absolutes Vorrecht, das auf bestimmte Vermögenswerte – den Deckungsstock nach § 66 VAG a.F. – beschränkt war. Da der Deckungsstock jedoch nur für die Lebensversicherung sowie die in § 79 VAG a.F. genannten Versicherungen[596] zu bilden war, gab es insoweit für die sonstige Kranken- und Schadensversicherung keine Sondermasse mit einer entsprechenden Privilegierung bestimmter Insolvenzforderungen[597]. Diese Lücke ist durch die VAG-Novelle 2003 geschlossen worden, da nunmehr für alle Erstversicherungen ein einheitliches Sicherungsvermögen (§ 66 VAG) anzulegen ist[598].

Im Zuge der Anpassungen des deutschen Versicherungsaufsichtsgesetzes an die europarechtlichen Vorgaben wurde § 77 VAG a.F. komplett überarbeitet und in §§ 77, 77a und 77b VAG neu gefasst, um die Norm zu „entzerren". Dabei entspricht der neue § 77 Abs. 1 und Abs. 2 VAG im Regelungsgehalt der alten Fassung von § 77 Abs. 1 und Abs. 2 VAG a.F., da insoweit nur eine Anpassung an die neue Terminologie stattgefunden hat. Das Insolvenzprivileg – früher in § 77 Abs. 4 VAG a.F. normiert – ist nun in § 77a VAG geregelt. Die alte Regelung von § 77 Abs. 5 VAG a.F.[599] ist durch die Reform überflüssig geworden, da aufgrund der gegenseitigen Anerkennung der Liquidationsverfahren keine nationalen Sekundärinsolvenzverfahren und sonstige Partikularverfahren mehr zulässig sind, § 88 Abs. 1b Satz 1 VAG[600]. Die Vorschrift des § 77b VAG entspricht dem ehemaligen § 77 Abs. 3 VAG a.F. (in Verbindung mit § 79 VAG a.F.).

---

595 Nach § 77a Abs. 1 Satz 1 Nr. 2 VAG sind – entsprechend den Vorgaben der Sanierungs- und Liquidationsrichtlinie – die Prämienrückzahlungsansprüche, wenn der Versicherungsvertrag vor der Eröffnung des Insolvenzverfahrens nicht zustande gekommen ist oder aufgehoben wurde, in gleicher Weise bevorrechtigt.

596 Siehe auch Fn. 339.

597 *Eilert*, VW 2004, 907, 908. Zu den ehemaligen Konkursvorrechten des § 80 VAG a.F. – aufgehoben mit Einführung der Insolvenzordnung zum 1. Januar 1999 – in der Nicht-Lebensversicherung, die im Übrigen auch nur Rangvorrechte waren, siehe auch Fn. 329 sowie Prölss/Schmidt-*Lipowsky*, VAG [11. Aufl.] § 80 Rn. 1 ff.

598 *Eilert*, VW 2004, 907, 908.

599 Nach § 77 Abs. 5 VAG a.F. waren Vorrechte zugunsten der Versicherten eines Lebensversicherungsunternehmens und zugunsten von Versicherten eines Kranken- und Unfallversicherungsunternehmens der in § 12 VAG genannten Art, die ihren Sitz in einem Mitglied- oder Vertragsstaat haben, in einem inländischen Insolvenzverfahren anzuerkennen, wenn sie dem Vorrecht von § 77 Abs. 4 VAG a.F. entsprochen haben und die Gegenseitigkeit verbürgt war.

600 Zur alten Rechtslage siehe *Backes*, Die Insolvenz des Versicherungsunternehmens, S. 172 ff., 193.

II. Rechtsnatur des Insolvenzprivilegs

Die rechtliche Einordnung des Insolvenzprivilegs war und ist zum Teil auch heute noch umstritten. Hinsichtlich des Konkurs- bzw. Insolvenzprivilegs des § 77 Abs. 4 VAG a.F. ging die herrschende Meinung von einem *besonderen Konkurs- beziehungsweise Insolvenzvorrecht eigener Art*[601] aus.

Die Hauptursache für den Meinungsstreit ist darin zu sehen, dass von Teilen der Literatur versucht wird, ein im Grunde heterogenes Recht, das vom Gesetzgeber zu Zeiten der Konkursordnung geschaffen worden ist, den bekannten konkurs- und später dann insolvenzrechtlichen Kategorien zuzuordnen. So wurde hauptsächlich früher vertreten, dass es sich bei der Privilegierung um ein dem Absonderungsrecht ähnliches Recht (§§ 4, 47 ff. KO; §§ 49 ff., 165 ff. InsO) handeln würde[602]. Eine in dem Maße bestehende Rechtsähnlichkeit mit dem Absonderungsrecht ist aber auch seit Inkrafttreten der Insolvenzordnung nicht gegeben, da die Absonderungsberechtigten außerhalb des Konkurs- bzw. Insolvenzverfahrens befriedigt werden. Dagegen handelt es sich bei den privilegierten Forderungen nach § 77a VAG (§ 77 Abs. 4 VAG a.F.) um Insolvenzforderungen, die innerhalb des Verfahrens zu bedienen sind. Auch haben die potentiellen Anspruchberechtigten nach § 77a VAG (§ 77 Abs. 4 VAG a.F.) – anders als die Absonderungsberechtigten nach §§ 49 ff. InsO – außerhalb eines Insolvenzverfahrens grundsätzlich keine Rechte an den Vermögenswerten des Sicherungsvermögens nach § 66 VAG[603]. Aus denselben Gründen ist auch insbesondere eine Vergleichbarkeit mit dem Aussonderungsrecht nach §§ 47 f. InsO (§§ 43 ff. KO) abzulehnen.

Da es zu Zeiten der Konkursordnung noch die Konkursvorrechte nach § 61 Abs. 1 Nr. 1 bis Nr. 5 KO gab, wurde das Konkursprivileg des § 77 Abs. 4 VAG a.F. teilweise, um eine terminologische Abgrenzung herzustellen, nicht als Konkursvorrecht, sondern als Vorzugsrecht eigener Art bezeichnet[604]. Diese Unterschei-

---

601 Goldberg/Müller-*Müller*, VAG § 77 Rn. 11; Prölss/Schmidt-*Lipowsky*, VAG [11. Aufl.] § 77 Rn. 15; *Backes*, Die Insolvenz des Versicherungsunternehmens, S. 152; *Maus*, Der Konkurs der Lebensversicherungsgesellschaft, S. 58.

602 Fromm/Goldberg-*Goldberg*, VAG § 77 Anm. 4. II.; Prölss/Schmidt/Sasse-*Sasse*, VAG [6. Aufl.] § 77 Nr. 7.

603 Insbesondere wurde durch das Urteil des Bundesverfassungsgerichts vom 26. Juli 2005 (1 BvR 80/95) NJW 2005, 2376, 2379 nochmals klargestellt, dass die Versicherungsnehmer durch ihre Prämienzahlungen Vermögen an den Versicherer übertragen, dass vollständig in das Eigentum des Versicherungsunternehmens übergeht. Davon angeschaffte Vermögenswerte, die gegebenenfalls auch dem Sicherungsvermögen zugeführt werden, stehen daher vollständig im Eigentum des Versicherungsunternehmens.

604 Vgl. *Maus*, Der Konkurs der Lebensversicherungsgesellschaft, S. 57 f.

dung ist jedoch lediglich sprachlicher Natur, da hier, insbesondere nach Inkrafttreten der Insolvenzordnung, keine materiellen Unterschiede auszumachen sind[605]. Der Unterschied des Insolvenzprivilegs von § 77 Abs. 4 VAG a.F. zu den allgemeinen Konkursvorrechten nach § 61 Abs. 1 Nr. 1 bis Nr. 5 KO bestand im Wesentlichen darin, dass sich die zuletzt genannten Rechte auf das gesamte Unternehmensvermögen bezogen, während das Privileg nach § 77 Abs. 4 VAG a.F. auf die Werte des Deckungsstocks beschränkt war.

Die historische Gesetzesbegründung zum Versicherungsaufsichtsgesetz ist für eine genauere dogmatische Einordnung nur wenig hilfreich. Der Verweis auf § 35 HypBankG[606] ist nicht zielführend, da die Rechnatur hier ebenfalls umstritten war und auch noch teilweise ist[607]. Da § 35 HypBankG im Jahre 1998[608] und zuletzt 2004[609] grundlegend reformiert worden ist, ist ein aktueller Vergleich mit § 77a VAG (§ 77 Abs. 4 VAG a.F.) nicht mehr möglich. Auch hinsichtlich § 32 DepotG (§ 7a DepotG a.F.[610]), der dem Insolvenzprivileg des Versicherungsaufsichtsgesetzes ähnlich ist, wurde zu Zeiten der Konkursordnung diskutiert, ob es sich bei dem Privileg formell um ein Konkursvorrecht, materiell aber im Wesentlichen um ein Absonderungsrecht handeln würde[611]. Verallgemeinerungsfähig und daher auch für § 77a VAG (§ 77 Abs. 4 VAG a.F.) interessant ist die nachfolgende Passage der Gesetzesbegründung zur Änderung von § 32 DepotG durch das Einführungsgesetz zur Insolvenzordnung: „Es ist vorgesehen, im Rahmen der Reform des Insolvenzrechts alle allgemeinen Konkursvorrechte zu beseitigen. Vorrechte an Sondermassen sollen jedoch erhalten bleiben. Sie stehen den Absonderungsrechten näher als den allgemeinen Konkursvorrechten, denn auch bei den Vorrechten an Sondermassen wird nur ein bestimmter, deutlich abgegrenzter Teil des Vermögens des Schuldners für die Befriedigung be-

---

605 *Backes*, Die Insolvenz des Versicherungsunternehmens, S. 151 f.

606 Begründung zum Gesetzentwurf des VAG, RT-Drucksache 10. Legislaturperiode, II. Session 1900/1901 Erster Anlageband Nr. 5, S. 196; Bundesaufsichtsamt, Motive zum VAG, S. 49.

607 Vgl. ausführlich *Stürner*, Die Sicherung der Pfandbrief- und Obligationengläubiger vor einer Insolvenz der Hypothekenbank, S. 48 ff., der für § 35 HypBankG ein Absonderungsrecht eigener Art annimmt, das auf dem Gedanken einer gesetzlichen Sicherungstreuhand der Hypothekenbank an eigenen Gegenständen beruht, S. 48.

608 Gesetz zur weiteren Fortentwicklung des Finanzplatzes Deutschland (Drittes Finanzmarktförderungsgesetz) vom 24. März 1998 (BGBl. I 1998, 529).

609 Gesetz zur Umsetzung der Richtlinie 2002/47/EG vom 6. Juni 2002 über Finanzsicherheiten und zur Änderung des Hypothekenbankgesetzes und anderer Gesetze vom 5. April 2004 (BGBl. I 2004, 502).

610 Siehe auch Fn. 267.

611 Vgl. *Riesser*, DepotG, S. 174 f.

stimmter Gläubiger reserviert."[612] Der Aussage, dass das Insolvenzprivileg den Absonderungsrechten näher als den allgemeinen Konkursvorrechten steht, kann insoweit zugestimmt werden. Jedoch ist eine Ähnlichkeit zwischen Insolvenzprivileg einerseits und Absonderungsrecht andererseits (wie oben schon aufgezeigt) nicht in dem Maße gegeben, dass bei Gesetzeslücken pauschal auf die Regelungen zum Absonderungsrecht zurückgegriffen werden könnte. Zudem ist die Gesetzesbegründung auch eher in dem Kontext zu verstehen, dass begründet werden sollte, warum das Vorrecht des § 32 DepotG – obwohl die allgemeinen Vorrechte der Konkursordnung abgeschafft werden – fortbestehen soll.

Zusammenfassend ist zum alten Insolvenzprivileg des § 77 Abs. 4 VAG a.F. festzustellen, dass es sich hier um ein heterogenes Recht gehandelt hat, das nicht den bekannten konkurs- bzw. insolvenzrechtlichen Kategorien zugeordnet werden kann. Die Vergleichbarkeit mit dem Absonderungsrecht ist auch zu gering, als dass im Falle etwaiger Gesetzeslücken pauschal auf die entsprechenden konkurs- bzw. insolvenzrechtlichen Vorschriften des Absonderungsrechts zurückgegriffen werden könnte. Vielmehr hätte eine im Einzelfall bestehende Gesetzeslücke unter Berücksichtigung des Sinns und Zwecks des Insolvenzprivilegs geschlossen werden müssen.

Diese Erkenntnisse zu § 77 Abs. 4 VAG a.F. können ohne Einschränkung auf das neue Insolvenzprivileg des § 77a VAG übertragen werden. Die Wirkungsweise des neuen § 77a VAG entspricht trotz der Ausweitung des Privilegs auf sämtliche Versicherungen im Wesentlichen der von § 77 Abs. 4 VAG a.F.[613]. Auffällig sind jedoch die im Rahmen der VAG-Novelle 2003 durchgeführten Änderungen im Normtext. So heißt es in § 77a Abs. 1 Satz 1 VAG nunmehr, dass die Versicherungsforderungen bei der Befriedigung aus dem Sicherungsvermögen in Höhe des Anteils am Sicherungsvermögen gemäß § 66 Abs. 1a VAG ***Vorrang*** *vor den Forderungen aller übrigen Insolvenzgläubiger* haben. Hierbei handelt es sich aber lediglich um sprachliche Änderungen, die der neuen Terminologie der Insolvenzordnung geschuldet sind[614]. Diese unterscheidet hinsichtlich der Insolvenzgläubiger nur noch zwischen den vollrangigen (§ 38 InsO) und den nachrangigen (§ 39 InsO) Insolvenzgläubigern. Dieser neuen Terminologie folgend haben die nach § 77a VAG privilegierten Insolvenzgläubiger Vorrang vor allen übrigen (voll- und nachrangigen) Insolvenzgläubigern. Da die

---

612 Begründung zum Gesetzentwurf der EGInsO, BR-Drucksache 511/92, S. 96 sowie BT-Drucksache 12/3803, S. 96.

613 Prölss/Kollhosser-*Lipowsky*, VAG § 77a Rn. 1.

614 Der neuen insolvenzrechtlichen Terminologie entsprechend angepasst wurde § 32 DepotG bereits durch das Einführungsgesetz zur Insolvenzordnung vom 5. Oktober 1994 (BGBl. I 1994, 2911), Begründung zum Gesetzentwurf der EGInsO, BR-Drucksache 511/92, S. 96 sowie BT-Drucksache 12/3803, S. 96.

Insolvenzordnung aber keine den vollrangigen Insolvenzgläubigern *vorrangige* ***Insolvenzgläubiger*** kennt, ist eine Zuordnung zu den bekannten insolvenzrechtlichen Kategorien weiterhin nicht möglich. Daher haben diese terminologischen Änderungen keine Auswirkungen auf die rechtliche Einordnung des neu gestalteten Insolvenzprivilegs.

Abschließend ist daher zusammenzufassen, dass es sich bei dem Insolvenzprivileg des § 77a VAG – trotz der Änderungen im Rahmen der VAG-Novelle 2003 – weiterhin um ein heterogenes Recht handelt, das nicht den bekannten insolvenzrechtlichen Kategorien zugeordnet und insoweit mit der herrschenden Meinung als Insolvenzvorrecht eigener Art bezeichnet werden kann. Etwaige Gesetzeslücken sind im Wege der Gesetzesauslegung unter Berücksichtigung des Telos von § 77a VAG zu schließen.

III. Bevorrechtigte Forderungen in der Insolvenz des Lebensversicherers

1. Vor der VAG-Novelle 2003

Da es im Bereich der Lebensversicherung schon vor der VAG-Novelle 2003 einen Anspruch auf den rechnungsmäßigen Anteil an dem Mindestumfang des Deckungsstocks (§ 77 Abs. 3 Halbsatz 2 VAG a.F.) gab[615], der bei der Befriedigung aus den Werten des Deckungsstocks bevorrechtigt war (§ 77 Abs. 4 Satz 1 VAG a.F.), stellen die Änderungen der VAG-Novelle 2003 – was die hier zu betrachtende Lebensversicherungssparte angeht – keinen Systemwechsel bezüglich der Sicherung der Ansprüche aus den Versicherungsverträgen in der Insolvenz des Versicherers dar. Vielmehr wurde das bestehende System, dass gewisse Ansprüche aus den Versicherungsverträgen bei der Befriedigung aus der Sondermasse bevorzugt zu behandeln sind, nach den Vorgaben der Sanierungs- und Liquidationsrichtlinie auf sämtliche Versicherungszweige ausgeweitet. Diese Ausweitung zog jedoch Änderungen, insbesondere hinsichtlich der Sondermasse – früher als Deckungsstock, nunmehr als Sicherungsvermögen bezeichnet – nach sich, die dann auch ihre Auswirkungen im Bereich der Lebensversicherung entfalten[616].

---

[615] Siehe auch oben Kapitel 4: C. I. 1.

[616] Siehe dazu ausführlich unten Kapitel 4: D. IV.

Vor der Novellierung des VAG im Jahre 2000[617] und der damit einhergehenden Änderung von § 77 Abs. 3 VAG a.F.[618] war umstritten, ob und in welchem Umfang auch der Anspruch auf die vereinbarte Versicherungsleistung[619] sowie der Anspruch auf den Rückkaufswert[620] die Privilegierung von § 77 Abs. 4 Satz 1 VAG a.F.[621] genoss. Die herrschende Meinung bejahte die Privilegierung dieser Ansprüche, begrenzte diese aber konsequenterweise in ihrem Umfang auf den Betrag der rechnungsmäßigen Deckungsrückstellung[622]. Ein eventuell überschießender Betrag sollte somit nur einfache Konkurs- bzw. Insolvenzforderung sein. Mit der Reform von 2000[623] war dieser Streit grundsätzlich überwunden, da nur noch der (insoweit erweiterte) Anspruch auf den rechnungsmäßigen Anteil an dem Mindestumfang des Deckungsstocks (§ 77 Abs. 3 Halbsatz 2 VAG a.F.) nach § 77 Abs. 4 Satz 1 VAG a.F. bevorrechtigt war[624].

2. Nach der VAG-Novelle 2003

Mit der VAG-Novelle von 2003 ist der Streit von damals nun endgültig überwunden, da nunmehr sämtliche „Versicherungsforderungen“[625] aus sämtlichen Versicherungssparten nach der Vorschrift des § 77a VAG bevorrechtigt sind. Die Bestrebungen von damals, die Privilegierung möglichst weit zu verstehen und auf andere Ansprüche auszudehnen, sind damit überflüssig geworden.

a) Grundsatz

Nach der neuen Regelung müssen grundsätzlich drei Voraussetzungen gegeben sein, damit eine Forderung nach § 77a VAG bevorrechtigt ist. Zum Ersten muss

---

617 Gesetz zur Änderung des Versicherungsaufsichtsgesetzes, insbesondere zur Durchführung der EG-Richtlinie 98/78/EG vom 27. Oktober 1998 über die zusätzliche Beaufsichtigung der einer Versicherungsgruppe angehörenden Versicherungsunternehmen sowie zur Umstellung von Vorschriften auf Euro vom 21. Dezember 2000 (BGBl. I 2000, 1857).

618 VAG in der Fassung der Bekanntmachung vom 17. Dezember 1992 (BGBl. I 1993, 2), damals zuletzt geändert durch Art. 14 des GKV-Gesundheitsreformgesetzes 2000 vom 22. Dezember 1999 (BGBl. I 1999, 2626).

619 Siehe oben Kapitel 4: C. II. 1.

620 Siehe oben Kapitel 4: C. II. 2.

621 Siehe Fn. 618.

622 Ausführlich zum damaligen Meinungsstreit *Maus*, Der Konkurs der Lebensversicherungsgesellschaft, S. 37 ff.

623 Siehe auch Fn. 617.

624 Ausführlich zur alten Rechtslage vor der VAG-Novelle 2003 *Backes*, Die Insolvenz des Versicherungsunternehmens, S. 141 f., 145 ff. sowie 152.

625 Zur Legaldefinition von „Versicherungsforderung“ gemäß der Sanierungs- und Liquidationsrichtlinie siehe Fn. 591.

die Forderung unmittelbar auf dem Versicherungsvertrag beruhen. Zweitens muss für diese Forderung eine Rückstellung gemäß § 66 Abs. 1a VAG gebildet worden sein[626]. Bei der Befriedigung aus den Werten des Sicherungsvermögens haben diese Forderungen daher auch nur in Höhe ihres rechnungsmäßigen Anteils am Sicherungsvermögen nach § 66 Abs. 1a VAG Vorrang vor den Forderungen aller übrigen Insolvenzgläubiger. Ist der Betrag der Forderung höher als der entsprechende rechnungsmäßige Anteil an dem Sicherungsvermögen nach § 66 Abs. 1a VAG, so ist der überschießende Teilbetrag nur eine einfache (nicht bevorrechtigte) Insolvenzforderung. Dritte grundsätzliche Voraussetzung für eine Bevorrechtigung ist, dass die Forderung dem Grunde nach vor der Eröffnung des Insolvenzverfahrens entstanden ist. Eine wichtige Ausnahme von diesem Grundsatz stellt die Vorschrift des § 77b VAG dar.

b) Einzelne Forderungen

aa) Anspruch auf den rechnungsmäßigen Anteil an dem Mindestumfang des Sicherungsvermögens[627]

Der Anspruch gemäß § 77b Satz 2 VAG auf den rechnungsmäßigen Anteil an dem Mindestumfang des Sicherungsvermögens ist nach § 77a Abs. 1 Satz 1 Nr. 1 VAG bevorrechtigt. Dabei bestimmt sich die Höhe der Forderung selbst nach dem rechnungsmäßigen Anteil am Sicherungsvermögen[628]. Dies gilt auch für jene Lebensversicherungsverträge, bei denen bereits ein Anspruch auf die vertraglich vereinbarte Versicherungsleistung infolge des Eintritts des Versicherungsfalls oder der Anspruch auf den Rückkaufswert nach § 176 VVG (§ 161 VVG-2006) entstanden ist[629]. Nur in Höhe des rechnungsmäßigen Anteils haben sie bei der Befriedigung aus den Werten des Sicherungsvermögens Vorrang vor allen übrigen Insolvenzgläubigern. Ist der Anspruch auf die vertraglich vereinbarte Versicherungsleistung oder der Anspruch auf den Rückkaufswert höher als der rechnungsmäßige Anteil am Sicherungsvermögen nach § 66 Abs. 1a VAG, so ist der überschießende Teil der Forderung nicht nach § 77a VAG bevorrech-

---

626 Prölss/Kollhosser-*Lipowsky*, VAG § 77a Rn. 4.

627 Oben Kapitel 4: C. I. 1.

628 Begründung zum Gesetzentwurf des Sanierungs- und Liquidationsgesetzes, BR-Drucksache 543/03, S. 47 sowie BT-Drucksache 15/1653, S. 26.

629 Dogmatisch unscharf ist hier Prölss/Kollhosser-*Lipowsky*, VAG § 77b Rn. 5: Der Anspruch auf den rechnungsmäßigen Anteil am Sicherungsvermögen hat seine eigenständige Anspruchsgrundlage in § 77b Satz 2 VAG und entsteht erst durch die Eröffnung des Insolvenzverfahrens. Der (gegebenenfalls) gleichzeitig bestehende Anspruch auf die vereinbarte Versicherungsleistung bzw. den Rückkaufswert hat seine Grundlage im Versicherungsvertrag respektive in § 176 VVG (§ 161 VVG-2006); diese Ansprüche sind bereits vor der Insolvenzeröffnung entstanden.

tigt. Dieser überschießende Teil kann daher nur als einfache (nicht bevorrechtigte) Insolvenzforderung geltend gemacht werden.

Der Anspruch nach § 77b Satz 2 VAG ist eine Ausnahme zu dem oben genannten Grundsatz, dass die Forderung vor der Eröffnung des Insolvenzverfahrens entstanden sein muss, um nach § 77a bevorrechtigt zu sein. Forderungen, die erst durch die Eröffnung des Insolvenzverfahrens entstanden sind, sind – mit Ausnahme des Anspruchs nach § 77b Satz 2 VAG – nicht bevorrechtigt.

bb) Anspruch auf die vereinbarte Versicherungsleistung[630] */ Anspruch auf den Rückkaufswert*[631]

Nunmehr sind sowohl der Anspruch auf die vereinbarte Versicherungsleistung als auch der Anspruch auf den Rückkaufswert nach § 77a Abs. 1 Satz 1 Nr. 1 VAG bevorrechtigt. Jedoch haben auch diese Forderungen bei der Befriedigung aus den Werten des Sicherungsvermögens nur Vorrang in Höhe des rechnungsmäßigen Anteils am Sicherungsvermögen nach § 66 Abs. 1a VAG. Da diese Ansprüche nun nach der Novelle von 2003 auch an dem Insolvenzprivileg von § 77a VAG teilnehmen, ist es praktisch ohne Bedeutung, dass in diesen Fällen auch der Anspruch nach § 77b Satz 2 VAG gegeben ist, da dieser auch nur in Höhe des rechnungsmäßigen Anteils am Sicherungsvermögen besteht und in dieser Höhe nach § 77a Abs. 1 Satz 1 Nr. 1 VAG bevorrechtigt ist. Anders war dies noch vor der VAG-Novelle von 2003: Damals waren weder der Anspruch auf die vertragliche Versicherungsleistung noch der Anspruch auf den Rückkaufswert Gegenstand des Insolvenzprivilegs. Dem ehemaligen Anspruch auf den rechnungsmäßigen Anteil an dem Mindestumfang des Deckungsstocks (§ 77 Abs. 3 Halbsatz 2 VAG a.F.) kam in diesen Fällen somit eine große Bedeutung zu, da nur dieser an dem Insolvenzprivileg des § 77 Abs. 4 Satz 1 VAG a.F. teilgenommen hat[632].

cc) Anspruch auf Prämienrückzahlung im Falle des Nichtzustandekommens oder der Aufhebung des Versicherungsvertrages[633]

Der Anspruch auf Prämienrückzahlung im Falle des Nichtzustandekommens oder der Aufhebung des Versicherungsvertrages vor der Eröffnung des Insolvenzverfahrens ist ausdrücklich nach § 77a Abs. 1 Satz 1 Nr. 2 VAG bevorrechtigt. Der deutsche Gesetzgeber hatte hier keine Wahl, da nach der Legaldefiniti-

---

630 Oben Kapitel 4: C. II. 1.
631 Oben Kapitel 4: C. II. 2.
632 Vgl. auch Fn. 624.
633 Oben Kapitel 4: C. II. 4.

on von Art. 2 Buchstabe k der Sanierungs- und Liquidationsrichtlinie diese Prämienrückzahlungsansprüche als „Versicherungsforderungen“ zu betrachten und damit zu bevorrechtigen sind[634]. Daher musste auch der Mindestumfang des Sicherungsvermögens um die Position des § 66 Abs. 1a Satz 1 Nr. 6 VAG erweitert werden.

dd) Anspruch auf Prämienrückzahlung im Falle der Vorauszahlung[635]

Anders als die vorherigen Prämienrückzahlungsansprüche ist der Anspruch auf Prämienrückzahlung im Falle der Vorauszahlung nicht nach § 77a VAG bevorrechtigt. Der Rückzahlungsanspruch nach § 40 Abs. 3 VVG entsteht erst durch die Eröffnung des Insolvenzverfahrens aufgrund des insolvenzbedingten Erlöschens der Lebensversicherungsverträge. Daher kann der Anspruch nur als einfache (nicht bevorrechtigte) Forderung im Insolvenzverfahren geltend gemacht werden.

ee) Anspruch auf Schadensersatz[636]

Da es sich bei dem Schadensersatzanspruch um einen Sekundäranspruch handelt, der nicht unmittelbar auf dem Versicherungsvertrag gründet, ist hier nur eine einfache Insolvenzforderung gegeben, die nicht nach § 77a VAG bevorrechtigt ist. Darüber hinaus scheidet eine Bevorrechtigung auch unter dem Gesichtspunkt aus, dass der Schadensersatzanspruch erst durch die Eröffnung des Insolvenzverfahrens entsteht.

ff) Anspruch auf Überschussbeteiligung[637]

Grundsätzlich sind die vor der Eröffnung des Insolvenzverfahrens entstandenen Ansprüche im Rahmen der jährlichen Überschussbeteiligung ebenfalls in Höhe des Anteils am Sicherungsvermögen bevorrechtigt, da sie unmittelbar auf dem Versicherungsvertrag gründen. Gleiches gilt grundsätzlich auch für bereits entstandene Ansprüche bei der Schlussüberschussbeteiligung.

Insgesamt ist hier jedoch zu berücksichtigen, dass der Anspruch auf den rechnungsmäßigen Anteil an dem Mindestumfang des Sicherungsvermögens nach § 77b Satz 2 VAG auch die entsprechenden Überschussanteile erfasst. Daher kommt der Bevorrechtigung der Ansprüche aus der Überschussbeteiligung im Ergebnis keine gesonderte Bedeutung zu.

---

634 Zur Legaldefinition von „Versicherungsforderung“ siehe Fn. 591.
635 Oben Kapitel 4: C. I. 3.
636 Oben Kapitel 4: C. I. 2.
637 Oben Kapitel 4: C. II. 3.

gg) Zins- und Kostenansprüche[638]

Etwaige vor der Eröffnung des Insolvenzverfahrens entstandene Kosten der Rechtsverfolgung sind nicht nach § 77a Abs. 1 VAG bevorrechtigt, da sie nicht auf dem Versicherungsvertrag beruhen. Dagegen sind die bis zur Insolvenzeröffnung aufgelaufenen Zinsen auf die Hauptforderung bevorrechtigt, wenn sie mit der Versicherungsforderung in einem unmittelbaren Zusammenhang stehen[639].

IV. Umfang der bevorrechtigten Forderungen: Beschränkung auf das Sicherungsvermögen gemäß § 66 VAG

1. Zweifache Beschränkung auf das Sicherungsvermögen

Die Forderungen aus den Versicherungsverträgen sind nur bei der Befriedigung aus den Vermögenswerten des Sicherungsvermögens (§ 66 Abs. 6 und Abs. 6a VAG) nach § 77a Abs. 1 VAG bevorrechtigt. Das Insolvenzprivileg bezieht sich daher nicht auf das gesamte Unternehmensvermögen, sondern ist auf die Sondermasse „Sicherungsvermögen“ (§ 66 VAG) beschränkt.

Eine zweite Beschränkung im Umfang der Bevorrechtigung ergibt sich nach § 77a Abs. 1 VAG dadurch, dass die Versicherungsforderungen nur in Höhe des Anteils am Mindestumfang des Sicherungsvermögens gemäß § 66 Abs. 1a VAG bevorrechtigt sind. Maßgeblich für die Höhe der Bevorrechtigung ist daher nicht die Höhe der Forderung, die sich grundsätzlich aus dem Versicherungsvertrag ergibt, sondern nur der entsprechende Anteil an dem Mindestumfang des Sicherungsvermögens gemäß § 66 Abs. 1a VAG. Aus diesem Grund werden in § 77a Abs. 1 VAG auch nur potentielle Forderungsinhaber genannt[640]. In Einzelfällen kann es daher vorkommen, dass die vertragliche Forderung nicht in voller Höhe nach § 77a Abs. 1 VAG bevorrechtigt ist, wenn nicht entsprechendes Sicherungsvermögen im Mindestumfang gemäß § 66 Abs. 1a VAG vorhanden ist[641].

---

[638] Oben Kapitel 4: C. II. 5.

[639] Prölss/Kollhosser-*Lipowsky*, VAG § 77b Rn. 5.

[640] Begründung zum Gesetzentwurf des Sanierungs- und Liquidationsgesetzes, BR-Drucksache 543/03, S. 47 sowie BT-Drucksache 15/1653, S. 26.

[641] Grundsätzlich sollte dies jedoch eine Ausnahme darstellen, da die Deckungsrückstellung (§ 65 VAG), die den Mindestumfang des Sicherungsvermögens gemäß § 66 Abs. 1a Satz 1 Nr. 2 VAG maßgeblich mitbestimmt, die vertraglich vereinbarten Leistungen, die den bezugsberechtigten Personen bei Eintritt des versicherten Ereignisses (z.B. das Erleben eines festgelegten Zeitpunkts oder der Eintritt des Todes) umfasst und das entsprechend zu bildende

Ein eventuell nicht bevorrechtigter Teilbetrag einer Versicherungsforderung ist eine einfache Insolvenzforderung nach § 38 InsO. Eine Ausnahme stellt hier wiederum der Anspruch nach § 77b Satz 2 VAG dar, da sich die Höhe dieser Forderung selbst nach dem entsprechenden Anteil an dem Mindestumfang des Sicherungsvermögens – und nicht nach dem Versicherungsvertrag – bestimmt und insoweit auch in dieser Höhe voll nach § 77a Abs. 1 VAG bevorrechtigt ist.

2. Das Sicherungsvermögen

Das Sicherungsvermögen ist zu verstehen als die Gesamtheit all jener aktiven Vermögenswerte, die der Bedeckung der Bilanzposten im Mindestumfang des § 66 Abs. 1a VAG dienen[642]. Im Unterschied zum ehemaligen Deckungsstock nach § 66 VAG a.F., der neben der Lebensversicherung nur für die Versicherungszweige gemäß § 79 VAG a.F. zu bilden war, muss das im Zuge der VAG-Novelle 2003 neu geschaffene Sicherungsvermögen (§ 66 VAG) nunmehr für sämtliche Versicherungssparten gebildet werden. Da es für die hier zu betrachtende Lebensversicherung mit dem ehemaligen Deckungsstock, der grundsätzlich mit dem neuen Sicherungsvermögen vergleichbar ist, bereits eine Sondermasse zur Bedeckung der versicherungstechnischen Rückstellungen gab, soll hier insbesondere auf die wesentliche Änderungen (bedingt durch das neue Sicherungsvermögen) eingegangen werden.

a) Erweiterter Mindestumfang des Sicherungsvermögens

Der Mindestumfang des Sicherungsvermögens gemäß § 66 Abs. 1a VAG – auch als Sicherungsvermögen-Soll bezeichnet – ist im Vergleich zum ehemaligen Mindestumfang des Deckungsstocks (§ 66 Abs. 1a VAG a.F.) erheblich erweitert worden. Diese Erweiterung war notwendig, da nunmehr sämtliche Versicherungsforderungen zu bevorrechtigen sind. Die in § 66 Abs. 1a Satz 1 Nr. 1 bis 6 VAG aufgezählten Bilanzpositionen der Passivseite stellen den Mindestumfang des Sicherungsvermögens dar, wobei letztendlich für die Höhe des Sicherungsvermögen-Soll die Summe aller bis zum jeweiligen Zeitpunkt aufgelaufener Leistungsansprüche der Versicherungsnehmer – unabhängig davon, in welcher Bilanzposition sie konkret passiviert worden sind – maßgeblich ist[643].

Sicherungsvermögen regelmäßig – auch unterjährig – den veränderten Bilanzwerten angepasst werden muss.

642 Prölss/Kollhosser-*Lipowsky*, VAG § 66 Rn. 2.

643 Die im deutschen Recht umgesetzte Methode nach Art. 10 Abs. 1 Buchstabe a (m) der Sanierungs- und Liquidationsrichtlinie erfordert eine Deckung aller versicherungstechnischen Rückstellungen. Die in das nach Art. 10 Abs. 3 Sanierungs- und Liquidationsrichtlinie „besondere Verzeichnis" einzutragenden Vermögensgegenstände müssen in der Summe jederzeit

Weiterhin unverändert bestimmt die *Deckungsrückstellung* als eine zentrale versicherungstechnische Rückstellung in der Lebensversicherung (vgl. § 341f HGB) den Mindestumfang des Sicherungsvermögens maßgeblich mit, § 66 Abs. 1a Satz 1 Nr. 2 VAG. Eine wesentliche Erweiterung des Sicherungsvermögensumfangs stellt die Aufnahme nachfolgender Rückstellungen gemäß § 66 Abs. 1a Satz 1 Nr. 3 Buchstaben a bis c VAG dar: *Rückstellung für noch nicht abgewickelte Versicherungsfälle und Rückkaufe* (vgl. § 341g HGB), *Rückstellung für erfolgsunabhängige Beitragsrückerstattung* (vgl. § 341e Abs. 2 Nr. 2 HGB) sowie *Rückstellung für unverbrauchte Beiträge aus ruhenden Versicherungsverträgen* (vgl. § 31 Abs. 2 Nr. 2 RechVersV)[644]. Dabei kommt in der Lebensversicherung der erstgenannten Rückstellung eine hohe Bedeutung zu, da mit dieser die „ungewissen Verbindlichkeiten" (vgl. generell zur Rückstellung auch § 249 HGB) hinsichtlich der vereinbarten Versicherungsleistungen[645] sowie den Rückkaufswerten[646] passiviert werden. Von gleicher Relevanz für die Lebensversicherung sind die nunmehr gemäß § 66 Abs. 1a Satz 1 Nr. 4 VAG einzubeziehenden *Teile der Rückstellung für erfolgsabhängige Beitragsrückerstattung, die auf bereits festgelegte, aber noch nicht zugeteilte Überschussanteile entfallen* (vgl. § 341e Abs. 2 Nr. 2 HGB, § 28 Abs. 8 Nr. 2 RechVersV). Hierbei handelt es sich um die bereits individuell deklarierten Überschussanteile sowohl in der laufenden Überschuss- als auch in der Schlussüberschussbeteiligung, auf die die Versicherungsnehmer zum Zuteilungsstichtag einen Anspruch haben[647]. Dieser Teil der festgelegten RfB kann nicht mehr zur Abwendung eines Notstandes nach § 56a Satz 5 VAG herangezogen werden. Hierzu zählt auch der gebundene Teil des Schlussüberschussanteilsfonds, der für die Ausschüttung im Folgejahr festgelegt ist[648]. Eine weitere für die Lebensversicherung bedeutsame Erweiterung des Mindestumfangs stellt die Aufnahme der *Verbindlichkeiten aus dem selbst abgeschlossenen Versicherungsgeschäft gegenüber Versicherungsnehmern* gemäß § 66 Abs. 1a Satz 1 Nr. 5 VAG dar. Hierbei handelt es sich im Unterschied zur Rückstellung um sämtliche dem Versicherungsunternehmen bekannte und entstandene Forderungen des Versicherungsnehmers aus dem Versicherungsvertrag, wie z.B. ein entstandener Anspruch auf die vereinbarte Versi-

---

mindestens dem Betrag der versicherungstechnischen Rückstellungen entsprechen, Nr. 3 des Anhangs zur Sanierungs- und Liquidationsrichtlinie.

644 Der ehemalige Deckungsstock umfasste dagegen nur die *in der Rückstellung für noch nicht abgewickelte Versicherungsfälle und Rückkäufe enthaltenen anteiligen Deckungsrückstellungen der einzelnen Versicherungsverträge*, § 66 Abs. 1a Satz 1 VAG a.F.

645 Siehe auch oben Kapitel 4: C. II. 1 sowie Kapitel 4: D. III. 2. b) bb).

646 Siehe auch oben Kapitel 4: C. II. 2. sowie Kapitel 4: D. III. 2 b) bb).

647 Begründung zum Gesetzentwurf des Sanierungs- und Liquidationsgesetzes, BR-Drucksache 543/03, S. 45 sowie BT-Drucksache 15/1653, S. 25.

648 Prölss/Kollhosser-*Lipowsky*, VAG § 66 Rn. 5a.

cherungsleistung[649] oder auch ein entstandener Anspruch auf den Rückkaufswert[650]. Ebenso gehören die bereits gutgeschriebenen Überschussanteile zu diesem Passivposten, wobei dies keine Veränderung zum ehemaligen Deckungsstock darstellt, da dieser früher auch schon die gutgeschriebenen Überschussanteile erfasst hat (§ 66 Abs. 1a Satz 1 VAG a.F.). Auch keine Veränderung – jedenfalls in Bezug auf die Lebensversicherung – gibt es bei den *Beitragsüberträgen* (vgl. § 341e Abs. 2 Nr. 1 HGB), die nunmehr vollständig für alle Versicherungen gemäß § 66 Abs. 1a Satz 1 Nr. 1 VAG im Mindestumfang des Sicherungsvermögens zu berücksichtigen sind. Da das Deckungsstock-Soll aber schon früher die Beitragsüberträge, die für die Deckungsrückstellung – und damit für die Lebensversicherung – bestimmt waren, erfasst hat, sind bei der hier zu betrachtenden Lebensversicherung keine Änderungen gegeben. Der letzte gemäß § 66 Abs. 1a Satz 1 Nr. 6 VAG zu berücksichtigende Bilanzwert *der als Prämie eingenommenen Beträgen, die ein Versicherungsunternehmen zu erstatten hat, wenn ein Versicherungsvertrag oder ein in § 1 Abs. 4 VAG genanntes Geschäft nicht zustande gekommen ist oder aufgehoben wurde* musste wegen der Definition von „Versicherungsforderung"[651] der Sanierungs- und Liquidationsrichtlinie neu in den Mindestumfang des Sicherungsvermögens aufgenommen werden, da nach der Richtlinie auch diese Prämienrückzahlungsansprüche[652] als „Versicherungsforderungen" gelten und demzufolge auch zu bevorrechtigen (vgl. § 77a Abs. 1 Satz 1 Nr. 2 VAG) sind.

Insgesamt hat die dargestellte Ausweitung des Mindestumfangs des Sicherungsvermögens gemäß § 66 Abs. 1a VAG auch ihre Auswirkungen auf den Anspruch nach § 77b Satz 2 VAG[653]. Da der Anspruch auf den rechnungsmäßigen Anteil an dem Mindestumfang des Sicherungsvermögens zum Zeitpunkt der Insolvenzeröffnung geht, hat sich infolge der Erweiterung des Mindestumfangs – soweit er die Lebensversicherung betrifft und eine unmittelbare Relevanz für den Anspruch nach § 77b Satz 2 VAG hat – dementsprechend auch der Umfang des Anspruchs nach § 77b Satz 2 VAG erweitert. Hier ist insbesondere der neu zu berücksichtigende Bilanzwert gemäß § 66 Abs. 1a Satz 1 Nr. 4 VAG (*Teile der Rückstellung für erfolgsabhängige Beitragsrückerstattung, die auf bereits festgelegte, aber noch nicht zugeteilte Überschussanteile entfallen*) hervorzuheben, der bei dem ehemaligen Mindestumfang des Deckungsstocks und dementsprechend auch bei dem alten Anspruch auf den rechnungsmäßigen Anteil an

---

649 Siehe auch oben Kapitel 4: C. II. 1 sowie Kapitel 4: D. III. 2. b) bb).
650 Siehe auch oben Kapitel 4: C. II. 2. sowie Kapitel 4: D. III. 2 b) bb).
651 Zur Legaldefinition von „Versicherungsforderung" siehe Fn. 591.
652 Siehe auch oben Kapitel 4: C. II. 4. sowie Kapitel 4: D. III. 2. b) cc).
653 Oben Kapitel 4: C. I. 1. sowie Kapitel 4: D. III. 2. b) aa).

dem Mindestumfang des Deckungsstocks (§ 77 Abs. 3 Halbsatz 2 VAG a.F.) noch keine Berücksichtigung gefunden hat.

b) Zuführung zum Sicherungsvermögen und Vermögensverzeichnis

Da sich der deutsche Gesetzgeber für die erste Methode gemäß Art. 10 Abs. 1 Buchstabe a (m) der Sanierungs- und Liquidationsrichtlinie entschieden hat, muss er gemäß Art. 10 Abs. 3 der Richtlinie den Versicherungsunternehmen die Erstellung und regelmäßige Aktualisierung eines „besonderen Verzeichnisses" vorschreiben, das gemäß den Bestimmungen des Anhangs (Nr. 1 bis 9) der Richtlinie zu führen ist. In das Verzeichnis über die Bestände des Sicherungsvermögens (Vermögensverzeichnis), das mit dem ehemaligen Deckungsstockverzeichnis vergleichbar ist, sind die einzelnen Vermögenswerte des Sicherungsvermögens einzeln einzutragen (vgl. § 66 Abs. 6 VAG). Die Einzelheiten zur Aufstellung und Führung des Vermögensverzeichnisses sind in dem Rundschreiben 12/2005 (VA) der Aufsichtsbehörde geregelt, das gleichzeitig das Rundschreiben 31/2002 (VA) zum Deckungsstockverzeichnis mit Wirkung zum 1. Januar 2006 aufhebt.

Dem Vermögensverzeichnis kommt bei der Sicherung der bevorrechtigten Versicherungsforderungen in der Insolvenz des Versicherungsunternehmens eine entscheidende Bedeutung zu. Nur die in das Vermögensverzeichnis eingetragenen Vermögenswerte gehören zum Sicherungsvermögen (vgl. § 66 Abs. 6 Satz 2 VAG), und nur diese stehen im Insolvenzfall den Anspruchsberechtigten bei der bevorrechtigten Befriedigung zur Verfügung (vgl. § 77a Abs. 1 Satz 1 VAG)[654]. Die Zuführung zum Sicherungsvermögen geschieht daher ausschließlich durch die Eintragung eines durch den Versicherer erworbenen und gemäß den §§ 54 ff. VAG (sowie der Anlageverordnung[655]) anlagefähigen Vermögensgegenstandes in das Vermögensverzeichnis[656]. Daher ist es äußerst wichtig, dass bei der laufenden Führung des Vermögensverzeichnisses die Zu- und Abgänge der Vermögensgegenstände unverzüglich eingetragen werden (vgl. R 12/2005 Punkt 1.3.1). Dies betrifft auch die Abgänge, da das Sicherungsvermögen-Ist auch ohne Eintragung des Abgangs des Vermögensgegenstandes gemindert wird und somit eine eventuelle Unterdeckung des Sicherungsvermögen-Ist *nicht* durch das Vermögensverzeichnis entsprechend abgebildet wird.

---

654 Lediglich die Nutzungsansprüche von zum Sicherungsvermögen gehörenden Vermögensgegenständen gehören kraft Gesetzes (§ 66 Abs. 6 Satz 3 VAG) auch ohne Eintragung in das Vermögensverzeichnis zum Sicherungsvermögen.

655 Verordnung über die Anlage des gebundenen Vermögens von Versicherungsunternehmen (Anlageverordnung – AnlV) gemäß § 54 Abs. 3 VAG.

656 Prölss/Kollhosser-*Lipowsky*, VAG § 66 Rn. 6.

Das Sicherungsvermögen-Ist (Gesamtsumme der im Vermögensverzeichnis eingetragenen Vermögenswerte) muss stets mindestens dem Sicherungsvermögen-Soll (Mindestumfang gemäß § 66 Abs. 1a VAG) entsprechen, vgl. § 66 Abs. 2 VAG. Eine einmalige jährliche Zuführung zum Sicherungsvermögen, nachdem das Sicherungsvermögen-Soll zum Stichtag des Jahresabschlusses ermittelt worden ist, ist aber nicht ausreichend. Vielmehr müssen dem Sicherungsvermögen gemäß § 66 Abs. 1 Satz 1 VAG laufend Vermögensgegenstände in der Höhe zugeführt werden, wie es dem voraussichtlichen Anwachsen des Sicherungsvermögens-Soll entspricht[657]. Im Einzelfall – insbesondere bei niedrigen Zeitwerten von Vermögensgegenständen – kann die Aufsichtsbehörde gemäß § 66 Abs. 3 VAG sogar anordnen, dass das Sicherungsvermögen-Ist über dem Sicherungsvermögen-Soll liegen muss.

c) Verwaltung und Aufbewahrung des Sicherungsvermögens

Damit im Insolvenzfall auch tatsächlich eine Sondermasse zur bevorzugten Befriedigung der Versicherungsforderungen zur Verfügung steht, muss das Sicherungsvermögen gemäß § 66 Abs. 5 Satz 1 VAG gesondert von jedem anderen Vermögen des Versicherungsunternehmens verwaltet werden. Dabei sind die Werte des Sicherungsvermögens grundsätzlich (Ausnahmen sind von der Aufsichtbehörde zu genehmigen) am Sitz des Versicherungsunternehmens aufzubewahren. Die Überwachung der ordnungsgemäßen Verwaltung und Aufbewahrung hat, wie überhaupt die gesamte Überwachung des Sicherungsvermögens, durch den Treuhänder und seinen Stellvertreter (§§ 70 ff. VAG) zu erfolgen[658].

d) Einrichtung mehrerer gesonderter Sicherungsvermögen pro Versicherungsunternehmen? – Bildung selbständiger Abteilungen

Vor der VAG-Novelle 2003 waren für die Lebensversicherung und die in § 79 VAG a.F. genannten Versicherungen jeweils gesonderte Deckungsstöcke mit den entsprechenden Deckungsstockverzeichnissen zu bilden, vgl. Rundschreiben 31/2002 (VA) Punkt 1.5.1. Nachdem nunmehr für alle Versicherungszweige ein

---

657 Das Nähere – insbesondere Hinweise zur Schätzung der versicherungstechnischen Passiva sowie den vierteljährlich von den Versicherungsunternehmen einzureichenden Bedeckungsrechnungen im Rahmen der verschiedenen Berichtspflichten – regelt das Rundschreiben 11/2005 (VA). Weitere Regelungen zur Überwachung der ausreichenden Bedeckung des Sicherungsvermögens sind in dem Rundschreiben 13/2005 (VA), das gleichzeitig das Rundschreiben 3/78 zum Bericht über Deckungsstock und geschätztes Deckungsstock-Soll aufgehoben hat, niedergeschrieben.

658 Einzelheiten zur Aufbewahrung und Verwaltung des Sicherungsvermögens sind im Rundschreiben 12/2005 (VA) Punkt 3 sowie im Rundschreiben 13/2005 (VA) Punkt 2.5 geregelt.

Sicherungsvermögen anzulegen ist, könnte man annehmen, dass auch nur noch *ein* Sicherungsvermögen pro Versicherungsunternehmen gebildet werden muss; die Vorschrift des § 66 VAG trifft hierzu jedenfalls keine Regelungen. Die Sanierungs- und Liquidationsrichtlinie schreibt dagegen in Nr. 2 des Anhangs verbindlich vor, dass Versicherungsunternehmen, die gleichzeitig Tätigkeiten der Schaden- und Lebensversicherung betreiben, für jede dieser Tätigkeiten ein getrenntes Vermögensverzeichnis – und damit auch ein getrenntes Sicherungsvermögen – zu führen haben. Nur wenn ein Mitgliedstaat den Versicherungsunternehmen gestattet, Tätigkeiten der Lebensversicherung und zugleich die in Anhang A Nr. 1 und 2 der Richtlinie 73/239/EWG genannten Risiken[659] zu decken, kann es bestimmen, dass nur ein einziges Vermögensverzeichnis – und damit auch nur ein Sicherungsvermögen – für alle Tätigkeiten zu führen ist. Da in Deutschland die Erlaubnis zum Betrieb der Lebensversicherung (Nr. 19 bis 24 der Anlage Teil A zum VAG) und die Erlaubnis zum Betreib anderer Versicherungssparten gemäß § 8 Abs. 1a Satz 1 VAG einander gegenseitig ausschließen[660], ist das in der Sanierungs- und Liquidationsrichtlinie beschriebene gleichzeitige Tätigwerden in der Lebens- und Schadenversicherung *eines* Versicherungsunternehmens in Deutschland ausgeschlossen. Daher hat ein Versicherungsunternehmen, das in Deutschland die Lebensversicherung betreibt, auch nur ein Sicherungsvermögen zu bilden[661].

Jedoch kann es in der Lebensversicherung erforderlich sein, dass selbständige Abteilungen innerhalb des einen Sicherungsvermögens gebildet werden. Selbständige Abteilungen dürfen jedoch nur dann gebildet werden, wenn sie entweder gesetzlich angeordnet[662] oder von der Aufsichtsbehörde genehmigt worden sind (§ 66 Abs. 7 VAG). Bei den selbständigen Abteilungen hat der Treuhänder insbesondere zu überwachen, dass jede selbständige Abteilung eine ausreichende Bedeckung aufweist. Da die Bestände einer selbständigen Abteilung im Insolvenzfall nur den Versicherten dieser Abteilung zur bevorzugten Befriedigung zur Verfügung stehen, kann die Unterdeckung einer selbständigen Abteilung nicht mit der Überdeckung einer anderen selbständigen Abteilung ausgeglichen

659 Unfall (einschließlich Arbeitsunfälle und Berufskrankheiten) und Krankheit.

660 Zur Spartentrennung siehe auch oben Kapitel 4: A.

661 Anders ist es dagegen bei den Schaden- und Unfallversicherungsunternehmen, die mehrere gesonderte Sicherungsvermögen zu bilden haben, vgl. Rundschreiben 12/2005 (VA) Punkt 1.5.1.

662 Zum Beispiel müssen die Bestände des Anlagestocks (§ 54b VAG) der Fondsgebundenen Lebensversicherung in einer selbständigen Abteilung des Sicherungsvermögens erfasst werden, vgl. im Übrigen auch Rundschreiben 12/2005 (VA) Punkt 1.5.2.

werden[663]. Jede selbständige Abteilung ist wie ein eigenständiges Sicherungsvermögen mit entsprechendem eigenem Vermögensverzeichnis zu führen (§ 66 Abs. 7 VAG).

V. Geltendmachung der bevorrechtigten Forderungen

Auch nach der VAG-Novelle 2003 kommt dem Pfleger (§ 78 VAG), der vom Insolvenzgericht den Anspruchsberechtigten zur Wahrung ihrer Rechte nach §§ 77a und 77b VAG zu bestellen ist, bei der Geltendmachung der privilegierten Forderungen eine zentrale Bedeutung zu[664]. Zu dem in § 78 Abs. 2 und Abs. 3 VAG abschließend aufgeführten Aufgabenbereich des Pflegers gehört insbesondere die Feststellung des Umfangs des Sicherungsvermögens sowie die anschließende Ermittlung und Anmeldung der bevorrechtigten Versicherungsforderungen.

Der Pfleger muss bei der Feststellung des Sicherungsvermögensumfangs prüfen, ob die im Vermögensverzeichnis eingetragenen Vermögenswerte auch tatsächlich vorhanden sind. Hierbei hat der Pfleger – sowie der Insolvenzverwalter, der ihn bei der Feststellung gemäß § 78 Abs. 4 VAG zu unterstützen hat – nunmehr auch die Vorgaben der Sanierungs- und Liquidationsrichtlinie zu beachten. Diese schreibt in Nr. 6 des Anhangs vor, dass mit der Eröffnung des Insolvenzverfahrens die Zusammensetzung der Vermögenswerte des Vermögensverzeichnisses nicht mehr geändert werden darf. Generell dürfen ab diesem Zeitpunkt, mit Ausnahme der Korrektur „rein technischer Irrtümer“, an den Vermögensverzeichnissen ohne Genehmigung der „zuständigen Behörde“[665] keine Änderungen mehr vorgenommen werden. Jedoch wird eine *exakte* Feststellung des Sicherungsvermögensumfangs kaum möglich sein, da die laufenden Erträge der Vermögenswerte des Sicherungsvermögens sowie die noch nach der Insolvenzeröffnung einzuziehenden Versicherungsprämien, soweit sie dem Sicherungsvermögen zuzuführen sind, den Umfang des Sicherungsvermögens weiterhin erhöhen (vgl. Nr. 7 des Anhangs der Sanierungs- und Liquidationsrichtlinie).

Bei der Ermittlung der Ansprüche durch den Pfleger war vor der VAG-Novelle 2003 vorherrschende Meinung, dass sich die Ermittlung nicht auf den bevor-

---

663 Prölss/Kollhosser-*Lipowsky*, VAG § 66 Rn. 4. Zu der Frage, was mit etwaigen Überschüssen einer selbständigen Abteilung nach der Befriedigung der aus dieser selbständigen Abteilung bevorrechtigten Versicherungsgläubiger passiert, siehe unten Kapitel 4: D. VI.

664 Zum Pfleger gemäß § 78 VAG siehe auch oben Kapitel 3: B. IV.

665 Zuständige Behörde in Deutschland ist nach der Eröffnung des Insolvenzverfahrens das Insolvenzgericht, da die Aufsicht der Versicherungsaufsichtsbehörde ruht, siehe auch oben Kapitel 3: B. III.

rechtigten Anspruch auf den rechnungsmäßigen Anteil an dem Mindestumfang des Deckungsstocks[666] beschränken sollte, sondern auch die nicht bevorrechtigten Forderungen, soweit sie denn auf dem Versicherungsvertrag beruhten, von dem Pfleger ermittelt werden sollten[667]. Die unklare Rechtslage ergab sich im Wesentlichen daraus, dass § 78 Abs. 1 Satz 1 VAG a.F. generell auf § 77 VAG a.F. Bezug genommen hat und damit nicht auf den bevorrechtigten Anspruch beschränkt war, obwohl die alten Motive zum VAG eine solche Beschränkung eigentlich vorgesehen hatten[668]. Nach den Änderungen der VAG-Novelle 2003 bezieht sich § 78 Abs. 1 Satz 1 VAG nun konkret auf die §§ 77a und 77b VAG, was zu dem vermeintlichen Rückschluss führen könnte, dass nur der bevorrechtigte Teil der Versicherungsforderungen von dem Pfleger zu ermitteln wäre. Jedoch ist zu beachten, dass bei der Ermittlung des bevorrechtigten Betrages regelmäßig auch der gesamte Betrag der Versicherungsforderung geprüft werden muss und es daher nicht rational nachvollziehbar wäre, wenn später nur der bevorrechtigte Teil der Versicherungsforderung von dem Pfleger angemeldet werden würde, obwohl ihm auch ein eventuell nicht bevorrechtigter Teilbetrag der Versicherungsforderung bekannt wäre. Daher sind vom Pfleger sämtliche Versicherungsforderungen im Sinne der Legaldefinition[669] zu ermitteln und bei der Anmeldung der bevorrechtigte und der nicht bevorrechtigte Teil der Versicherungsforderung gesondert anzugeben. Darüber hinaus kann es aber nicht Aufgabe des Pflegers sein, auch andere Insolvenzforderungen der bevorrechtigten Gläubiger, die keine Versicherungsforderungen im Sinne der Legaldefinition sind – und somit auch nicht nach den §§ 77a und 77b VAG bevorrechtigt sein können – zu ermitteln und anzumelden[670]. Da der Pfleger gemäß § 78 Abs. 1 Satz 1 VAG zur Wahrung der Rechte nach §§ 77a und 77b VAG von dem Insolvenzgericht zu bestellen ist, endet die Ermittlungspflicht dort, wo eine Bevorrechtigung einer Forderung von Anfang an ausgeschlossen ist, was bei Forderungen, die keine Versicherungsforderungen sind, der Fall ist[671]. Dementsprechend ist auch die Auskunftspflicht des Pflegers (§ 78 Abs. 3 Satz 1 a.E. VAG) auf die anspruchserheblichen Tatsachen hinsichtlich der Versicherungsforderungen im Sinne der Legaldefinition beschränkt.

---

666 Siehe auch oben Kapitel 4: C. I. 1.

667 Vgl. *Backes*, Die Insolvenz des Versicherungsunternehmens, S. 165 f.

668 Begründung zum Gesetzentwurf des VAG, RT-Drucksache 10. Legislaturperiode, II. Session 1900/1901 Erster Anlageband Nr. 5, S. 197; Bundesaufsichtsamt, Motive zum VAG, S. 50.

669 Zur Legaldefinition von „Versicherungsforderung" siehe Fn. 591.

670 Auch nach der VAG-Novelle 2003 weiterhin unklar Prölss/Kollhosser-*Lipowsky*, VAG § 78 Rn. 7 f.

671 Der Pfleger ist eben nicht zur Wahrung *sämtlicher* Rechte der bevorrechtigten Gläubiger zu bestellen, sondern nur zur Wahrung ihrer Rechte nach §§ 77a und 77b VAG.

Bei der Anmeldung der (bevorrechtigten und nicht bevorrechtigten) Versicherungsforderungen durch den Pfleger wird auch nach der VAG-Novelle 2003 weiterhin streitig sein, ob die Anmeldefrist von § 28 InsO sowie die Anmeldeform von § 174 InsO entsprechende Anwendung finden sollen[672]. Dabei ist vorneweg zu berücksichtigen, dass es sich bei den bevorrechtigten Versicherungsgläubigern letztendlich auch um Insolvenzgläubiger handelt (vgl. § 77a Abs. 1 Satz 1 VAG: Die Versicherungsforderungen haben „Vorrang vor den Forderungen aller *übrigen* Insolvenzgläubiger"). Daher können – im Sinne eines einheitlichen und formalisierten Verfahrens sogar müssen – die Vorschriften der Insolvenzordnung grundsätzlich zumindest analog auf die bevorrechtigten Versicherungsgläubiger angewendet werden. Von diesem Grundsatz darf nur in zwei Ausnahmefällen abgewichen werden: Erstens darf es keine spezialgesetzlichen Sonderregelungen im Versicherungsaufsichtsgesetz geben und zweitens dürfen die (entsprechend) anzuwendenden Vorschriften der Insolvenzordnung nicht den versicherungsaufsichtsrechtlichen Besonderheiten des Insolvenzvorrechts zuwiderlaufen und dessen Geltendmachung im Insolvenzverfahren gefährden. Die Vorschrift des § 78 VAG, um damit auf die Frage der Anwendbarkeit der §§ 28 und 174 InsO zurückzukommen, enthält keine Sonderregelungen hinsichtlich der Anmeldung der Versicherungsforderungen durch den Pfleger. Adressaten der Aufforderung zur Anmeldung ihrer Forderungen im Eröffnungsbeschluss gemäß § 28 Abs. 1 Satz 1 InsO sind regelmäßig, auch wenn dies im Beschluss nicht ausdrücklich erwähnt wird, nur die Insolvenzgläubiger mit nicht nachrangigen Insolvenzforderungen nach § 38 InsO[673]. Eine entsprechende Anwendung von § 28 InsO auf den Pfleger würde aber dann die Geltendmachung der bevorrechtigten Versicherungsforderungen – sowie des nicht bevorrechtigten Teils, der ja ebenfalls vom Pfleger zu ermitteln und anzumelden ist – gefährden, wenn dem Pfleger im konkreten Fall nicht ausreichend Zeit zur Ermittlung und Anmeldung der Versicherungsforderungen zur Verfügung stehen würde[674]. Der Regelungszweck von § 28 Abs. 1 InsO, der im Wesentlichen der Beschleunigung des Verfahrens[675] wegen einer Vielzahl von verschiedenen Insolvenzgläu-

---

672 Für eine entsprechende Anwendung Prölss/Kollhosser-*Lipowsky*, VAG § 77a Rn. 7; Prölss/Kollhosser-*Lipowsky*, VAG § 78 Rn. 8. Noch zu Zeiten der Konkursordnung (§§ 138 f. KO) *Maus*, Der Konkurs der Lebensversicherungsgesellschaft, S. 62 f. Gegen eine entsprechende Anwendung *Backes*, Die Insolvenz des Versicherungsunternehmens, S. 166 ff.

673 MünchKommInsO-*Schmahl*, §§ 27-29 Rn. 45.

674 Insbesondere mit dem Argument der zu starren und – im Falle der Insolvenz eines Versicherungsunternehmens – möglicherweise auch zu kurzen Fristbestimmung des § 28 InsO lehnt *Backes*, Die Insolvenz des Versicherungsunternehmens, S. 167 eine entsprechende Anwendung von § 28 InsO ab.

675 Da es sich bei der Anmeldefrist nach § 28 Abs. 1 InsO nicht um eine Ausschlussfrist handelt, wird mit dieser hauptsächlich die Förderung des Verfahrens durch die Insolvenzgläubiger bezweckt, MünchKommInsO-*Schmahl*, §§ 27-29 Rn. 43, 52.

bigern dienen soll, läuft beim Pfleger auch gänzlich ins Leere. Der Pfleger, der im Übrigen ja von dem Insolvenzgericht zu bestellen ist und dessen Aufsicht unterliegt, braucht zur Ermittlung und Anmeldung der Versicherungsforderungen die Zeit, die objektiv für das konkrete Verfahren notwendig ist. Eine entsprechende Anwendung von § 28 Abs. 1 InsO in der Weise, dass die Aufforderung zur Anmeldung an die Gläubiger mit vollrangigen Insolvenzforderungen (§ 38 InsO) – und zwar innerhalb des starren Zeitrahmens von § 28 Abs. 1 Satz 2 InsO – auch für den Pfleger gelten soll, macht somit überhaupt keinen Sinn, da eine Verfahrensbeschleunigung hierdurch gar nicht erreicht werden kann. Gleichwohl sollte das Insolvenzgericht im Eröffnungsbeschluss – gesondert von der Aufforderung nach § 28 Abs. 1 InsO – einen konkreten Zeitraum benennen, in dem die Versicherungsforderungen von dem Pfleger anzumelden sind[676]. Dies wäre nicht nur wegen eines einheitlichen formalisierten und auch transparenten Verfahrens für alle Verfahrensbeteiligten sinnvoll, sondern wegen § 78 Abs. 3 Satz 2 VAG, wonach der Einzelne weiterhin seine Versicherungsforderung unabhängig vom Pfleger anmelden kann[677], geradezu notwendig. Demnach sollte das Insolvenzgericht in dem Eröffnungsbeschluss eine gesonderte Frist für die Anmeldung durch den Pfleger bestimmen. Darauf basierend sollte das Insolvenzgericht die Gläubiger von Versicherungsforderungen ebenfalls gesondert von § 28 Abs. 1 InsO zur Anmeldung auffordern, damit ihr Recht zur eigenen Anmeldung auch effektiv wahrgenommen werden kann. Diese Frist müsste etwas länger als die des Pflegers sein, damit die Berechtigten – nach der Benachrichtigung durch den Pfleger[678] – die Möglichkeit zur Prüfung hätten. Andernfalls, bei einer kürzeren Frist, würde es zu einer Vielzahl von unnötigen Doppelanmeldungen kommen, die so zu vermeiden wären. Bei den Fristenbestimmungen sollte sich das Insolvenzgericht durchaus an dem Zeitrahmen von § 28 Abs. 1 Satz 2 InsO orientieren, wobei jedoch letztendlich die Größe des Insolvenzverfahrens maßgeblich wäre[679]. Adressaten der weiterhin zu erfolgenden Aufforde-

---

676 Anders *Backes*, Die Insolvenz des Versicherungsunternehmens, S. 166 f., der keine konkrete Zeitbestimmung für erforderlich hält; die Anmeldung des Pflegers sollte aber in einem „angemessenen Zeitraum“ ab der Eröffnung des Insolvenzverfahrens erfolgen.

677 Weichen die Anmeldungen des Berechtigten und des Pflegers voneinander ab, so gilt – bis die Abweichung beseitigt ist – die Anmeldung, die für den Berechtigten günstiger ist, § 78 Abs. 3 Satz 3 VAG.

678 Der Pfleger hat die Berechtigten gemäß § 78 Abs. 3 Satz 1 VAG nach der erfolgten Anmeldung zu benachrichtigen.

679 Da der Pfleger erst mit der Eröffnung des Insolvenzverfahrens zu bestellen ist, wird eine vorherige Anhörung des Pflegers, zum Zwecke der Fristenbestimmung im Eröffnungsbeschluss, regelmäßig nicht möglich sein. Da hier aber nicht der starre Zeitrahmen von § 28 Abs. 1 Satz 2 InsO einzuhalten wäre, könnte die Frist für den Pfleger – und dazu korrespondierend auch die Frist für die Gläubiger von Versicherungsforderungen – nachträglich durch Gerichtsbeschluss verlängert werden.

rung zur Anmeldung nach § 28 Abs. 1 InsO wären demnach nur noch die Gläubiger mit einfachen Insolvenzforderungen nach § 38 InsO, die keine Versicherungsforderungen sind.

Obwohl weder im Versicherungsaufsichtsgesetz noch in der Insolvenzordnung gesetzlich festgeschrieben, hat der Pfleger bei der Anmeldung der Versicherungsforderungen auf den bevorrechtigten Teil der Forderung gesondert hinzuweisen[680]. Dies ergibt sich nicht nur aus der Natur der Sache, da andernfalls eine Befriedigung der bevorrechtigten Versicherungsforderungen aus der Sondermasse praktisch kaum durchführbar wäre. Eine Pflicht zum Hinweis auf das Vorrecht kann sondern auch in entsprechender Anwendung von § 174 Abs. 3 Satz 2 InsO, der bei der Anmeldung von nachrangigen Insolvenzforderungen (§ 39 InsO) eine Hinweispflicht normiert, hergeleitet werden. Indes müssen die Anmeldeformalitäten des § 174 Abs. 1 und Abs. 2 InsO – wegen den versicherungsaufsichtsrechtlichen Besonderheiten im Zusammenhang mit dem Vorrecht – nicht durch den Pfleger eingehalten werden[681]. Schon vor der Einfügung von § 174 Abs. 4 InsO[682] hat Backes vertreten, dass es vollkommen ausreichend sei, wenn der Pfleger dem Insolvenzverwalter eine EDV-Datei, die – gesondert nach den einzelnen Gläubigern – den Grund und die Höhe der Forderungen sämtlicher Berechtigter mitsamt dem entsprechenden Hinweis auf das Vorrecht ausweist, zukommen lässt[683]. Dem ist, nachdem nunmehr auch „gewöhnliche" Insolvenzforderungen durch die Übermittlung eines elektronischen Dokumentes angemeldet werden können, umso mehr zuzustimmen[684]. Da dem Insolvenzverwalter die Unterlagen, die die Versicherungsforderungen der Berechtigten belegen, zugänglich sind, muss der Pfleger auch grundsätzlich keine entsprechenden schriftlichen Unterlagen nachreichen[685].

---

680 Ganz herrschende Meinung; stellvertretend für viele Prölss/Kollhosser-*Lipowsky*, VAG § 78 Rn. 8.

681 So auch *Backes*, Die Insolvenz des Versicherungsunternehmens, S. 167 f., der eine entsprechende Anwendung als überflüssig und – wegen dem Umfang – als undurchführbar ansieht.

682 § 174 Abs. 4 InsO – am 1. April 2005 in Kraft getreten – wurde durch das Gesetz über die Verwendung elektronischer Kommunikationsformen in der Justiz (Justizkommunikationsgesetz – JKomG) vom 22. März 2005 (BGBl. I 2005, 837) eingefügt.

683 *Backes*, Die Insolvenz des Versicherungsunternehmens, S. 167.

684 Der Insolvenzverwalter muss aber gemäß § 174 Abs. 4 Satz 1 InsO der Übermittlung elektronischer Dokumente ausdrücklich zugestimmt haben. Diese Einschränkung soll jedoch nur sicherstellen, dass elektronische Anmeldungen nur in einer vom Insolvenzverwalter verwendbaren Form erfolgen, Begründung zum Gesetzentwurf des Justizkommunikationsgesetzes, BR-Drucksache 609/04, S. 134 sowie BT-Drucksache 15/4067, S. 54. Diese Problematik stellt sich beim Pfleger, der sich im Zweifelsfall mit dem Insolvenzverwalter abzustimmen hat, nicht.

685 *Backes*, Die Insolvenz des Versicherungsunternehmens, S. 167 f.

Die Feststellung der Versicherungsforderungen erfolgt nach den Regelungen der Insolvenzordnung. Hier zeigt sich nochmals die Notwendigkeit einer Fristenbestimmung für den Pfleger, da nur so der formalisierte Verfahrensablauf – vgl. etwa die Terminbestimmungen des § 29 InsO – effektiv zu gewährleisten ist[686].

VI. Verwertung des Sicherungsvermögens und Verteilung des Erlöses

Die Verwertung des Sicherungsvermögens erfolgt ebenfalls nach den Regelungen der Insolvenzordnung. Nach der Eröffnung des Insolvenzverfahrens nimmt der Insolvenzverwalter das Sicherungsvermögen in Besitz und Verwaltung (vgl. § 148 Abs. 1 InsO). Unverzüglich nach dem Berichtstermin hat er dann die zum Sicherungsvermögen gehörenden Vermögensgegenstände unter Beachtung der Beschlüsse der Gläubigerversammlung zu verwerten (vgl. § 159 InsO). Der Treuhänder und sein Stellvertreter wirken bei der Verwertung des Sicherungsvermögens nicht mehr mit[687].

Die durch die Verwertung erzielten Erlöse sind als Sondermasse getrennt von der übrigen Insolvenzmasse zu verwahren, um die bevorzugte Befriedigung der bevorrechtigten Versicherungsgläubiger sicherzustellen. Streitig ist dabei nur, ob dies aus § 66 Abs. 5 Satz 1 VAG[688] oder aus dem Umstand, dass an der Sondermasse und der allgemeinen Masse unterschiedliche Gläubigerrechte bestehen[689], folgt. Diejenigen, die die zuletzt genannte Ansicht vertreten, verweisen zutreffend darauf, dass § 66 Abs. 5 VAG im Insolvenzverfahren keine Anwendung erfahren kann, da die auf Erhaltung des Sicherungsvermögens (damals noch Deckungsstock) abzielende Anlage- und Aufbewahrungsvorschrift des § 66 Abs. 5 VAG nicht mit der umfassenden Verwaltungs- und Verfügungsbefugnis des Insolvenzverwalters nach § 80 InsO vereinbar ist. Die damit gleichzeitig einhergehende Verneinung der Aufbewahrungspflicht der Verwertungserlöse am Sitz des Versicherungsunternehmens ist jedoch nur in dogmatischer Hinsicht interessant, da der Insolvenzverwalter die Verwertungserlöse bis zur Verteilung an die Gläubiger im Regelfall als Barmittel auf einem Bankkonto verwahren wird.

Die Verteilung der Sondermasse erfolgt grundsätzlich unabhängig von der Verteilung der allgemeinen Insolvenzmasse. Da es sich bei den bevorrechtigten

---

686 Zum Ablauf des eröffneten Insolvenzverfahrens siehe auch oben Kapitel 3: A.

687 Siehe auch oben Kapitel 3: B. IV.

688 So Prölss/Kollhosser-*Lipowsky*, VAG § 77a Rn. 8.

689 So *Backes*, Die Insolvenz des Versicherungsunternehmens, S. 156; *Maus*, Der Konkurs der Lebensversicherungsgesellschaft, S. 66.

Versicherungsgläubigern letztendlich aber auch um Insolvenzgläubiger handelt[690] – der bevorrechtigte Teil der Versicherungsforderung ist eine vorrangige Insolvenzforderung hinsichtlich der Sondermasse; ein eventuell nicht bevorrechtigter oder auch bei der Sondermasse ausgefallener Teilbetrag würde eine vollrangige Insolvenzforderung hinsichtlich der allgemeinen Masse darstellen –, können die §§ 187 ff. InsO, soweit sie nicht den Besonderheiten des Insolvenzvorrechts zuwiderlaufen, bei der Verteilung der Sondermasse entsprechend angewendet werden[691].

Bei der Verteilung der Verwertungserlöse zeigt sich deutlich, dass das Sicherungsvermögen in der Insolvenz des Lebensversicherers *nicht* in *vollem* Umfang zur bevorzugten Befriedigung der bevorrechtigten Versicherungsgläubiger zur Verfügung steht[692]. Der Insolvenzverwalter hat zunächst gemäß § 78 Abs. 5 Satz 2 VAG den Vergütungsanspruch des Pflegers zu befriedigen und ihm seine entstandenen Auslagen zu erstatten. Ebenfalls vor der Befriedigung der bevorrechtigten Versicherungsgläubiger hat er die der Sondermasse zuzuordnenden Masseverbindlichkeiten vorweg gemäß § 53 InsO zu berichtigen[693]. Das sind zum einen die Kosten des Insolvenzverfahrens (§ 54 InsO) und zum anderen die sonstigen Masseverbindlichkeiten (§ 55 InsO), die in einem konkreten sachlichen Zusammenhang mit der Sondermasse stehen. Erst danach kann der verbliebene Verwertungserlös unter den bevorrechtigten Versicherungsgläubigern verteilt werden, deren Forderungen untereinander denselben Rang haben, § 77a Abs. 2 VAG.

Die Gefahr, dass der Verwertungserlös zur vollständigen Befriedigung der bevorrechtigten Versicherungsforderungen nicht ausreicht, ist daher als nicht zu gering einzuschätzen. Und zwar nicht nur unter dem Gesichtspunkt, dass die Sondermasse auch für Forderungen, die keine Versicherungsforderungen sind – und damit auch keine Berücksichtigung im Sicherungsvermögen-Soll (§ 66 Abs. 1a VAG) gefunden haben – aufzukommen hat, sondern insbesondere auch im Hinblick darauf, dass der Insolvenzverwalter die Vermögensgegenstände des Sicherungsvermögens möglicherweise nicht zu den im Vermögensverzeichnis

---

690 Siehe auch oben Kapitel 4: D. V.

691 So im Ergebnis auch *Backes*, Die Insolvenz des Versicherungsunternehmens, S. 162 f., der die Verteilung der Sondermasse als eine besondere Form der Abschlagsverteilung (§ 187 Abs. 2 InsO) qualifiziert und die insolvenzrechtlichen Normen entsprechend anwenden will.

692 Siehe hierzu auch die oben (Kapitel 1: B. III.) umfassend dargestellte Problematik, inwieweit die Vermögenswerte des Sicherungsvermögens zur Vorwegbefriedigung der Masseverbindlichkeiten nach § 53 InsO genutzt werden können.

693 Siehe oben Kapitel 1: B. III. 2. b) ee) (2) sowie Kapitel 1: B. III. 3.

angegebenen Bewertungen verwerten kann[694]. Sollte die Sondermasse tatsächlich nicht zur vollständigen Berichtigung aller bevorrechtigten Versicherungsforderungen ausreichen, so würden die Forderungen dann nur nach dem Verhältnis zueinander befriedigt werden[695]. Ein etwaiger Fehlbetrag wäre somit von allen bevorrechtigten Gläubigern zu tragen. Der ausgefallene Teilbetrag der bevorrechtigten Versicherungsforderung besteht zwar als Forderung weiter, ist aber seit der VAG-Novelle von 2003 nur noch als einfache Insolvenzforderung aus der allgemeinen Insolvenzmasse zu befriedigen.

Noch vor der VAG-Novelle 2003 wäre auch der ausgefallene Forderungsbetrag[696] bei der Befriedigung aus der allgemeinen Insolvenzmasse gegenüber den einfachen Insolvenzforderungen besser gestellt gewesen, da gemäß § 77 Abs. 4 Satz 3 VAG a.F. die Vorschriften der §§ 52, 190 und 192 InsO zu den Absonderungsberechtigten auf den ausgefallenen Forderungsbetrag entsprechende Anwendung gefunden hätten[697]. Diese Regelung wurde bei der Novellierung in 2003 nicht übernommen, weil eine „Übernahme eine Umsetzung der Methode des Artikels 10a Abs. 1 Buchstabe b der Richtlinie und damit eine unzulässige Kombination der beiden zur Wahl stehenden Methoden des Artikels 10a Abs. 1 der Richtlinie bedeuten würde“[698]. Dieser Begründung kann so nur teilweise gefolgt werden, da die Sanierungs- und Liquidationsrichtlinie den Mitgliedstaaten eine Kombination der beiden Methoden grundsätzlich freistellt[699]. Gleichwohl ist eine Abschaffung dieser alten – strukturell noch aus den Zeiten der Konkursordnung[700] stammenden – Regelung nach dem Inkrafttreten der Insolvenzordnung in Deutschland richtig und sogar notwendig. Eine bevorzugte Befriedigung aus der allgemeinen Insolvenzmasse der bei der Sondermasse ausgefallenen Teilforderungen würde auf ein Rangvorrecht bei den einfachen Insolvenzforde-

---

694 Bleibt der durch die Verwertung erzielte Erlös unter den im Vermögensverzeichnis angegebenen Bewertungen der Vermögensgegenstände zurück, so ist dies von dem Insolvenzverwalter gegenüber dem Insolvenzgericht zu rechtfertigen, vgl. Nr. 8 des Anhangs zur Sanierungs- und Liquidationsrichtlinie.

695 Prölss/Kollhosser-*Lipowsky*, VAG § 77a Rn. 9.

696 Vor der VAG-Novelle 2003 ging es aber nur um die Forderung nach § 77 Abs. 3 Halbsatz 2 VAG a.F. (vgl. auch oben Kapitel 4: C. I. 1.).

697 Der Auffassung von *Backes*, Die Insolvenz des Versicherungsunternehmens, S. 161, wonach sich § 77 Abs. 4 Satz 3 VAG a.F. entgegen der damals herrschenden Meinung nicht nur auf den ausgefallenen Forderungsbetrag, sondern auf die gesamte Forderung nach § 77 Abs. 3 Halbsatz 2 VAG a.F. beziehen würde, hat hier keine Relevanz und soll wegen der Abschaffung der Regelung nicht weiter thematisiert werden.

698 Begründung zum Gesetzentwurf des Sanierungs- und Liquidationsgesetzes, BR-Drucksache 543/03, S. 47 sowie BT-Drucksache 15/1653, S. 26.

699 Vgl. Art. 10 Abs. 1 Sanierungs- und Liquidationsrichtlinie.

700 Vor Einführung der Insolvenzordnung verwies § 77 Abs. 4 Satz 3 VAG a.F. auf eine entsprechende Anwendung der §§ 64, 153, 155, 156 und 168 Nr. 3 KO.

rungen hinauslaufen, das der Systematik der Insolvenzordnung widersprechen würde[701]. Daher hätte § 77 Abs. 4 Satz 3 VAG a.F. eigentlich schon mit Einführung der Insolvenzordnung zum 1. Januar 1999 aufgehoben werden müssen.

Obschon des richtigen Ergebnisses kann aber die konkrete Umsetzung durch den Gesetzgeber kritisiert werden. Die ersatzlose Streichung von § 77 Abs. 4 Satz 3 VAG a.F. und der damit einhergehende Verlust der privilegierten Befriedigung[702] der bei der Sondermasse ausgefallenen Forderungsbeträge aus der allgemeinen Insolvenzmasse sollte sich wieder dadurch teilweise ausgleichen, dass das jetzige Sicherungsvermögen im Vergleich zum ehemaligen Deckungsstock eine Ausweitung im Umfang (§ 66 Abs. 1a VAG) erfahren habe[703]. Dies ist jedoch nicht zutreffend, da dem erweiterten Mindestumfang des Sicherungsvermögens auch eine erweiterte Anzahl von bevorrechtigten Forderungen gegenübersteht und daher die Erweiterung des Sicherungsvermögen-Soll nicht als ein Ausgleich für die Streichung von § 77 Abs. 4 Satz 3 VAG a.F. angesehen werden kann. Besser – und sogar mehr als ein Ausgleich – wäre es daher gewesen, wenn der Mindestumfang nach § 66 Abs. 1a VAG zusätzlich um eine Position erweitert worden wäre, die die nichtversicherungstechnischen Verbindlichkeiten, die der Sondermasse im Insolvenzverfahren zur Last fallen, abdeckt. In Betracht käme etwa eine gewöhnliche – nichtversicherungstechnische – Rückstellung gemäß § 249 HGB, die die ungewissen Verbindlichkeiten hinsichtlich der §§ 54 und 55 InsO sowie die Kosten der Pflegschaft nach § 78 Abs. 5 Satz 2 VAG abzudecken hätte. Dadurch wäre das Risiko, das die verwerteten Vermögensgegenstände des Sicherungsvermögens nicht zur vollständigen Befriedigung der bevorrechtigten Versicherungsforderungen ausreichen, erheblich gemindert worden. Eine solche gesetzgeberische Maßnahme hätte damit sogar eine Besserstellung im Vergleich zur alten Rechtslage dargestellt, da die Gefahr, dass es überhaupt zu Ausfällen bei den bevorrechtigten Versicherungsforderungen kommen könnte, in gleichem Maße abgenommen hätte.

Sollte nach der Verteilung des Verwertungserlöses ein Restbetrag übrig bleiben, würde dieser grundsätzlich der allgemeinen Insolvenzmasse zugute kommen[704].

---

701 Vgl. Prölss/Kollhosser-*Lipowsky*, VAG § 77a Rn. 10.

702 In der Gesetzesbegründung wird von dem „Verlust dieses zusätzlichen Absonderungsrechts" gesprochen, was jedoch eigentlich unzutreffend ist, da es sich nicht um ein Absonderungsrecht, sondern um eine Insolvenzforderung – auf die die Vorschriften der §§ 52, 190 und 192 InsO entsprechend angewendet werden sollten – gehandelt hat.

703 Begründung zum Gesetzentwurf des Sanierungs- und Liquidationsgesetzes, BR-Drucksache 543/03, S. 47 sowie BT-Drucksache 15/1653, S. 26.

704 Ganz herrschende Meinung; vgl. zum Deckungsstock Fahr/Kaulbach-*Kaulbach*, VAG [3. Aufl.] § 77 Rn. 10; Goldberg/Müller-*Müller*, VAG § 77 Rn. 12; Prölss/Schmidt-*Lipowsky*, VAG [11. Aufl.] § 66 Rn. 4; Prölss/Schmidt-*Lipowsky*, VAG [11. Aufl.] § 77 Rn. 20; *Backes*,

Diese eigentlich nicht überraschende Feststellung ist jedoch im Falle des Bestehens von selbständigen Abteilungen innerhalb des Sicherungsvermögens durchaus diskussionswürdig und daher in Frage zu stellen. Bei einem auftretenden Fehlbetrag einer selbständigen Abteilung und einem gleichzeitigen Überschuss bei einer anderen selbständigen Abteilung erscheint es nicht fern liegend, dass der Überschuss der einen selbständigen Abteilung vorrangig der anderen selbständigen Abteilung mit Fehlbetrag zugute kommen soll, bevor ein dann eventuell noch verbliebener Restbetrag der allgemeinen Insolvenzmasse zufallen würde. Die herrschende Meinung verneint dies jedoch hauptsächlich unter Verweis darauf, dass es sich bei den gebildeten selbständigen Abteilungen innerhalb des Sicherungsvermögens im Rechtssinne eigentlich um jeweils gesonderte Sicherungsvermögen handeln würde[705]. Etwaige Überschüsse einer selbständigen Abteilung hätten daher direkt an die allgemeine Insolvenzmasse zu fließen. Jedoch muss aus dem Umstand, dass selbständige Abteilungen gemäß § 66 Abs. 7 VAG wie eigenständige Sicherungsvermögen zu führen sind, nicht zwingend gefolgert werden, dass etwaige Überschüsse einer selbständigen Abteilung unmittelbar der allgemeinen Insolvenzmasse zugute kommen müssen. Selbst für den – bei einem Lebensversicherungsunternehmen jedoch nicht möglichen[706] – Fall, dass tatsächlich mehrere gesonderte Sicherungsvermögen bei einem Versicherungsunternehmen existieren, ist es ebenso nicht zwingend, dass kein vorrangiger Ausgleich zwischen den Sicherungsvermögen stattfinden könnte[707]. Bei dem hier zu betrachtenden Fall, dass innerhalb eines Sicherungsvermögens mehrere selbständige Abteilungen bestehen, ist daher hervorzuheben, dass es sich nur um *ein* Sicherungsvermögen handelt. Dabei wird nicht in Abrede gestellt, dass die selbständigen Abteilungen wie eigenständige Sicherungsvermögen geführt werden müssen. Bei der fortlaufenden Führung der jeweiligen Vermögensverzeichnisse wäre es somit weiterhin unzulässig, dass eine Unterdeckung einer selbständigen Abteilung mit einer Überdeckung einer anderen selbständigen Abteilung „verrechnet“ werden würde. Auch wird nicht in Abrede gestellt, dass die Vermögenswerte einer selbständigen Abteilung im Insolvenzfall grundsätzlich auch nur denjenigen Versicherungsgläubigern zur bevorrechtigten Befriedigung

---

Die Insolvenz des Versicherungsunternehmens, S. 161 f.; *Hopt*, DB 1975, 1061, 1067; *Maus*, Der Konkurs der Lebensversicherungsgesellschaft, S. 97 ff. Vgl. zum Sicherungsvermögen Prölss/Kollhosser-*Lipowsky*, VAG § 66 Rn. 4; Prölss/Kollhosser-*Lipowsky*, VAG § 77a Rn. 9.

705 Vgl. noch zum Deckungsstock *Maus*, Der Konkurs der Lebensversicherungsgesellschaft, S. 98 f.

706 Siehe oben Kapitel 4: D. IV. 2. d).

707 Die herrschende Meinung verneint einen vorrangigen Ausgleich hauptsächlich ohne eine nähere Begründung. Zum Teil wird angeführt, dass es sich bei mehreren gesonderten Sicherungsvermögen um unverbundene Sondermassen handele, die jeweils nur einer ganz bestimmten Gruppe von Vorrechtsgläubiger zur bevorzugten Befriedigung dienen würden, vgl. noch zum Deckungsstock *Hopt*, DB 1975, 1061, 1067.

zur Verfügung stehen, für deren Verträge die betreffende Abteilung gebildet worden ist. Diese selbständige Abteilung wurde nur für *diese* und nicht etwa für andere bevorrechtigte Versicherungsgläubiger gebildet; jedoch wurde diese selbständige Abteilung auch nicht für die einfachen Insolvenzgläubiger gebildet. Daher ist hier, bei einem – zufällig auftretenden – Überschuss letztendlich die entscheidende Frage, wer dem Überschuss rechtlich näher steht: Die ausgefallenen bevorrechtigten Versicherungsforderungen oder die einfachen Insolvenzforderungen[708]? Ein Anzeichen dafür, dass die erstgenannten Forderungen den Überschüssen einer selbständigen Abteilung rechtlich näher stehen, ist bereits aus dem Umstand zu folgern, dass es sich bei den ausgefallenen bevorrechtigten Forderungen ebenfalls um bevorrechtigte Versicherungsforderungen handelt. Ein solches Ergebnis würde auch nicht dem Sinn und Zweck der Bildung von selbständigen Abteilungen innerhalb eines Sicherungsvermögens widersprechen. Dieser liegt ausschließlich darin, dass die besonderen Risiken von bestimmten Versicherungsverträgen auf diese beschränkt bleiben sollen und im Ernstfall nicht auf die anderen (risikoärmeren) Verträge durchgreifen können[709]. Bei der Prüfung dieser Frage ist seit der VAG-Novelle von 2003 auch insbesondere die Sanierungs- und Liquidationsrichtlinie zu berücksichtigen. Diese sieht die Bildung von selbständigen Abteilungen überhaupt nicht vor. Lediglich Nr. 2 des Anhangs zur Richtlinie schreibt ein getrenntes Vermögensverzeichnis – und damit ein getrenntes Sicherungsvermögen – bei einem gleichzeitigen Tätigwerden in der Schaden- und Lebensversicherung vor. Eine weitere Trennung innerhalb *eines* Sicherungsvermögens wird von der Sanierungs- und Liquidationsrichtlinie nicht gefordert, ist aber zulässig, wenn die in Art. 10 Sanierungs- und Liquidationsrichtlinie geforderte bevorrechtigte Behandlung von Versicherungsforderungen gegenüber anderen Forderungen gegen das Versicherungsunternehmen gewährleistet bleibt. Die an *einem* Sicherungsvermögen bevorrechtigten Versicherungsgläubiger bilden somit eine Gefahrengemeinschaft, auch dann, wenn es innerhalb des einen Sicherungsvermögens mehrere selbständige Abteilungen gibt[710]. Daher stehen die ausgefallenen bevorrechtigten Versicherungsforderungen den Überschüssen einer selbständigen Abteilung rechtlich näher und sind vorrangig aus diesen zu befriedigen, bevor ein dann noch eventuell

---

[708] Diese Frage hat nach der ersatzlosen Streichung von § 77 Abs. 4 Satz 3 VAG a.F. für die bevorrechtigten Versicherungsgläubiger stark an Bedeutung gewonnen, da ihre ausgefallenen bevorrechtigten Forderungsbeträge bei der Befriedigung aus der allgemeinen Insolvenzmasse jetzt nicht mehr bevorzugt behandelt werden.

[709] Besondere Risiken bestehen etwa bei der Fondsgebundenen Lebensversicherung oder bei Versicherungsverträgen, die in der Währung eines Staates außerhalb der Vertragsstaaten des EWR zu erfüllen sind, vgl. auch Rundschreiben 12/2005 (VA) Punkt 1.5.2.

[710] So im Ergebnis für den ehemaligen Deckungsstock auch *Hopt*, DB 1975, 1061, 1067, der hinsichtlich der Gläubiger eines Deckungsstocks eine gelockerte Gefahrengemeinschaft angenommen hat.

verbliebener Teil der Überschüsse der allgemeinen Insolvenzmasse zufallen würde. Ein direktes Zufallen an die allgemeine Insolvenzmasse würde seit Inkrafttreten der VAG-Novelle 2003 sogar einen Verstoß gegen die Vorgaben der Sanierungs- und Liquidationsrichtlinie bedeuten, da diese den besonderen Schutz der Gläubiger von Versicherungsforderungen bezweckt.

VII. Exkurs: Erneute Reform der Insolvenzsicherung – Würde eine Übertragung des neuen Sicherungssystems von § 35 HypBankG auf das Versicherungsaufsichtsgesetz eine Verbesserung bedeuten?

Bis 1998 waren die Systeme der Insolvenzsicherung von § 77 VAG a.F. und § 35 HypBankG a.F. vergleichbar. Beide Vorschriften normierten die bevorrechtigte Befriedigungsmöglichkeit gewisser Gläubigergruppen aus extra dafür geschaffenen Vermögensmassen innerhalb eines Konkursverfahrens. Durch die umfassende Neugestaltung von § 35 HypBankG durch das Dritte Finanzmarktförderungsgesetz[711] von 1998 und Gesetz[712] von 2004 wurde diese Vergleichbarkeit aufgehoben. § 35 Abs. 1 HypBankG sieht nunmehr vor, dass die im Hypothekenregister (§ 22 HypBankG) eingetragenen Werte nicht in die Insolvenzmasse fallen, wenn über das Vermögen der Hypothekenbank ein Insolvenzverfahren eröffnet wurde. Die Forderungen der – ehemals bevorrechtigten – Pfandbriefgläubiger sind aus den eingetragenen Werten, die von einem Sachwalter (§§ 35a ff. HypBankG) und unabhängig von dem Insolvenzverfahren der Hypothekenbank verwaltet werden, weiterhin voll zu befriedigen. Die Pfandbriefgläubiger nehmen dabei grundsätzlich[713] überhaupt nicht mehr an dem Insolvenzverfahren der Hypothekenbank teil. Sollte die Deckungsmasse selber zahlungsunfähig oder überschuldet sein, wird auf Antrag der Aufsichtsbehörde über sie ein gesondertes Insolvenzverfahren eröffnet, § 35 Abs. 6 HypBankG. Die Deckungsmasse wird somit im Insolvenzfall gesetzlich zum Sondervermögen, über das ein Sonderinsolvenzverfahren eröffnet werden kann[714]. Eine Übertragung dieses Sicherungsmodells auf das Versicherungsaufsichtsgesetz, insbesondere im Hinblick auf die dann gegebene Möglichkeit eines Sonderinsolvenzverfahrens über das Sicherungsvermögen gemäß § 66 VAG, wäre jedenfalls dann er-

---

711 Gesetz zur weiteren Fortentwicklung des Finanzplatzes Deutschland (Drittes Finanzmarktförderungsgesetz) vom 24. März 1998 (BGBl. I 1998, 529).

712 Gesetz zur Umsetzung der Richtlinie 2002/47/EG vom 6. Juni 2002 über Finanzsicherheiten und zur Änderung des Hypothekenbankgesetzes und anderer Gesetze vom 5. April 2004 (BGBl. I 2004, 502).

713 Eine Ausnahme besteht nur gemäß § 35 Abs. 6 Satz 4 HypBankG.

714 Begründung zum Gesetzentwurf des Dritten Finanzmarktförderungsgesetztes, BR-Drucksache 605/97, S. 69 sowie BT-Drucksache 13/8933, S. 69.

strebenswert, wenn durch diese Maßnahme erhebliche Vorteile zu erwarten sind[715].

Es ist jedoch festzustellen, dass sich die Sach- und Interessenlage im Hypothekenbankgesetz und Versicherungsaufsichtsgesetz unterscheiden. Durch die rechtliche Abtrennung der Deckungsmasse im Insolvenzfall der Hypothekenbank wollte der Gesetzgeber die Attraktivität des Pfandbriefs an den Finanz- und Kapitalmärkten als eine sichere Form der Geldanlage stärken[716]. Noch vor der Gesetzesänderung von 1998 wären die Forderungen der Pfandbriefgläubiger mit Eröffnung des Insolvenzverfahrens automatisch fällig geworden. Dagegen wären die für die bevorrechtigte Befriedigung vorgesehenen Deckungswerte (Hypotheken, Kommunaldarlehen) nur innerhalb der vereinbarten Laufzeiten zu bedienen gewesen, worin Rating-Agenturen unter dem Gesichtspunkt der *jederzeitigen* Bedienung der Forderungen der Pfandbriefgläubiger im Konkursfall der Hypothekenbank Probleme gesehen haben[717]. Im Versicherungsaufsichtsgesetz stellt sich dieser Rating-Aspekt nicht, da eine *zeitnahe* Befriedigung der bevorrechtigten Versicherungsgläubiger aus den Werten des Sicherungsvermögens zwar wünschenswert, aber nicht zwingend erforderlich ist und – letztendlich entscheidend – das Produkt Lebensversicherung keinem vergleichbarem Rating unterliegt, das zu einer Verteuerung führen könnte. Darüber hinaus enden die Lebensversicherungsverträge mit Eröffnung des Insolvenzverfahrens des Versicherungsunternehmens, unabhängig davon, ob das Sicherungsvermögen im Insolvenzfall gesetzlich als Sondervermögen ausgestaltet ist oder nicht. Die Gründe, die zur Änderung des Hypothekenbankgesetzes geführt haben, können somit nicht auf das Versicherungsaufsichtsgesetz übertragen werden.

Die noch vor der VAG-Novelle 2003 angeführten Argumente für ein Sonderkonkurs(-insolvenz)verfahren des Deckungsstocks und dessen bevorrechtigten Ansprüchen sind mit der Novellierung des Versicherungsaufsichtsgesetzes weg-

---

715 Immer wieder gab es Stimmen in der Literatur, die die Möglichkeit eines Sonderkonkurs(-insolvenz)verfahrens über den Deckungsstock gefordert haben, vgl. etwa *Backes*, Die Insolvenz des Versicherungsunternehmens, S. 98 f. sowie *Maus*, Der Konkurs der Lebensversicherungsgesellschaft, S. 111 ff.

716 Der Pfandbriefmarkt gilt als sichere Geldanlagemöglichkeit, da in der mehr als 100jährigen Geschichte der Pfandbriefe bisher noch keine Hypothekenbank in Konkurs bzw. Insolvenz gefallen ist. Ende Oktober 2005 wurde dieses Bild aufgrund der massiven Finanzprobleme der Allgemeinen Hypothekenbank Rheinboden (AHBR) erstmals stark eingetrübt, vgl. zum Fall AHBR auch Frankfurter Allgemeine Zeitung vom 27. Oktober 2005 (Nr. 250), S. 19 sowie zur einstweiligen Rettung von AHBR Süddeutsche Zeitung vom 9. Dezember 2005 (Nr. 284), S. 32.

717 Begründung zum Gesetzentwurf des Dritten Finanzmarktförderungsgesetztes, BR-Drucksache 605/97, S. 69 sowie BT-Drucksache 13/8933, S. 69.

gefallen. Die Ablehnung des Konkurs- bzw. Insolvenzantrags mangels Masse (§ 107 KO bzw. § 26 InsO) wurde damals insoweit als problematisch angesehen, da in der dann zu erfolgenden außergerichtlichen Liquidation des Versicherungsunternehmens die Interessen der Versicherungsnehmer nicht in ausreichender Weise geschützt würden und dies nicht mit dem Ordnungsgedanken des Versicherungs- und Konkurs-/Insolvenzrechts zu vereinbaren wäre[718]. Daher sollte in diesem Fall zumindest die Möglichkeit eines gesonderten Konkurs- bzw. Insolvenzverfahrens über den Deckungsstock möglich sein[719]. Da nunmehr aber klargestellt wurde, dass die Kosten des Insolvenzverfahrens (§ 54 InsO) im Wege der Vorwegberichtigung nach § 53 InsO den Versicherungsforderungen vorgehen und auch in vollem Umfang dem Sicherungsvermögen entnommen werden können[720], ist eine Abweisung mangels (allgemeiner) Masse ausgeschlossen.

Die Zulassung eines Sonderinsolvenzverfahrens über das Sicherungsvermögen ist zwar grundsätzlich möglich und insbesondere auch mit den Vorgaben der Sanierungs- und Liquidationsrichtlinie vereinbar. Indes sind dadurch keine erheblichen Vorteile hinsichtlich der Insolvenzsicherung und der Abwicklung der bevorrechtigten Versicherungsforderungen zu erzielen. Ein Sonderinsolvenzverfahren würde zwar die Problematik bei der konkreten Ausgabenzuordnung (allgemeine Masse vs. Sondermasse) auflösen[721], aber auch eigenständige (Mehr-)Kosten verursachen. Völlig ausreichend sind daher die oben dargestellten Forderungen in Bezug auf klarere Zuordnungsregelungen an den Gesetzgeber[722].

Das Hypothekenbankgesetz kann aber unter einem anderen Aspekt als Vorbild zu einer weiteren Anpassung des Versicherungsaufsichtsgesetzes dienen. So kann die Regelung von § 6 Abs. 1 Satz 2 HypBankG eine Alternativlösung zur oben geäußerten Kritik sein, dass die Verbindlichkeiten und Kosten der §§ 54 und 55 InsO sowie des § 78 Abs. 5 Satz 2 VAG, die zu Lasten der Sondermasse gehen, nicht ausreichend im Mindestumfang des Sicherungsvermögen gemäß § 66 Abs. 1a VAG berücksichtigt worden sind[723]. Durch die im Hypothekenbankgesetz seit 2004 bestehende Pflicht zur „sichernden Überdeckung“ in Höhe von zwei Prozent des Gesamtwertes der zu deckenden Verbindlichkeiten aus den Hypothekenpfandbriefen und Derivaten sollen insbesondere Ausfälle und die Kosten der Verwaltung der Deckungsmasse im Falle der Insolvenz der Hypo-

---

718 *Maus*, Der Konkurs der Lebensversicherungsgesellschaft, S. 114.

719 *Backes*, Die Insolvenz des Versicherungsunternehmens, S. 98; *Maus*, Der Konkurs der Lebensversicherungsgesellschaft, S. 114.

720 Siehe oben Kapitel 1: B. III. 3.

721 Siehe oben Kapitel 1: B. III. 2.

722 Siehe oben Kapitel 1: B. III. 2. b) ee).

723 Siehe oben Kapitel 4: D. VI.

thekenbank abgedeckt werden[724]. Durch eine vergleichbare Überdeckung des Mindestumfangs des Sicherungsvermögens könnten die bislang noch nicht berücksichtigten Verbindlichkeiten und Kosten angemessen abgedeckt werden ohne den Mindestumfang des Sicherungsvermögens um eine neue (nichtversicherungstechnische) Rückstellung zu erweitern.

[724] Begründung zum Entwurf eines Gesetzes zur Umsetzung der Richtlinie 2002/47/EG vom 6. Juni 2002 über Finanzsicherheiten und zur Änderung des Hypothekenbankgesetzes und anderer Gesetzes, BR-Drucksache 563/03, S. 23 sowie BT-Drucksache 15/1853, S. 18 f.

Kapitel 5: Die Beendigung des Insolvenzverfahrens

Bei der Beendigung des Insolvenzverfahrens ist zwischen der Einstellung (Kapitel 5: B.) und der Aufhebung (Kapitel 5: C.) des Verfahrens zu unterscheiden. Mit der Einstellung (§§ 207 ff. InsO) wird die *vorzeitige* Beendigung des Insolvenzverfahrens bezeichnet. Mit der Aufhebung des Insolvenzverfahrens ist die *reguläre* Verfahrensbeendigung gemeint, nachdem die Schlussverteilung vollzogen wurde (§ 200 Abs. 1 InsO) oder – innerhalb eines Insolvenzplanverfahrens – die Bestätigung des Insolvenzplans rechtskräftig geworden ist (§ 258 Abs. 1 InsO).

Davon zu unterscheiden ist die Aufhebung des noch nicht rechtskräftigen Eröffnungsbeschlusses im Rechtsmittelverfahren (Kapitel 5: A.). Da der Eröffnungsbeschluss rückwirkend aufgehoben wird, handelt es sich auch nicht um eine *Beendigung* des Insolvenzverfahrens im obigen Sinne, da das Insolvenzverfahren in der Rückschau überhaupt nicht eröffnet worden ist, womit auch andere Rechtswirkungen als bei einer tatsächlichen Verfahrensbeendigung nach bereits rechtskräftigem Eröffnungsbeschluss zu beachten sind.

A. Aufhebung des Eröffnungsbeschlusses im Rechtsmittelverfahren

I. Sofortige Beschwerde gegen den Eröffnungsbeschluss des Insolvenzgerichts

Wird das Insolvenzverfahren eröffnet, so steht dem Schuldner die sofortige Beschwerde zu, § 34 Abs. 2 InsO[725]. Dieses Rechtsmittel steht auch einem Versicherungsunternehmen offen[726]. Wird der Eröffnungsbeschluss im Beschwerdeverfahren aufgehoben, so entzieht der den Eröffnungsbeschluss aufhebende Beschluss der Eröffnung rückwirkend die Rechtsgrundlage; die Rechtswirkungen der Eröffnung entfallen somit *von Anfang an*[727]. Da sich die Rückwirkung der Aufhebung auf *alle* kraft Gesetzes ausgelösten Rechtsfolgen der Eröffnung erstreckt[728], entfallen daher auch die durch das Versicherungsaufsichtsgesetz ausgelösten Rechtsfolgen rückwirkend von Anfang an. Die durch die Eröffnung des

---

[725] Zur sofortigen Beschwerde gemäß § 34 InsO siehe auch oben die Ausführungen im Zusammenhang mit dem Wegfall der Unanfechtbarkeit des konkursgerichtlichen Eröffnungsbeschlusses, Kapitel 1: A. I. 2. b) aa) (2).

[726] Anderer Ansicht – aber wenig überzeugend – Prölss/Kollhosser-*Weigel*, VAG Vor § 50 Rn. 2, der aus dem Antragsmonopol der BaFin auf einen Rechtsmittelausschluss von § 34 Abs. 2 InsO bei einem VVaG schließt.

[727] MünchKommInsO-*Schmahl*, § 34 Rn. 86.

[728] MünchKommInsO-*Schmahl*, § 34 Rn. 87.

Insolvenzverfahrens erloschenen Lebensversicherungsverhältnisse (§ 77b Satz 1 VAG) leben somit wieder auf[729] und gelten im Rückblick als nie beendet, mit der Folge, dass einerseits Versicherungsschutz und andererseits eine Prämienzahlungspflicht für die Vergangenheit besteht. Anders verhält es sich dagegen mit dem wegen der Insolvenzeröffnung zu erfolgenden Widerruf der Erlaubnis zum Geschäftsbetrieb (§ 87 Abs. 2a Satz 1 VAG). Der Erlaubniswiderruf ist von der Aufsichtsbehörde gesondert zu widerrufen (Widerruf des Widerrufs), da der Erlaubniswiderruf nicht kraft Gesetzes, sondern *anlässlich* der Eröffnung des Insolvenzverfahrens erfolgt ist[730]. Die Wirkungen der Rechtshandlungen, die vom Insolvenzverwalter oder ihm gegenüber vorgenommen worden sind, werden gemäß § 34 Abs. 3 Satz 3 InsO durch die Aufhebung des Eröffnungsbeschlusses ausdrücklich *nicht* berührt. Mit dieser Ausnahmeregelung soll das Vertrauen des Rechtsverkehrs in den gerichtlich bestellten Insolvenzverwalter geschützt werden[731], was auch der alten Rechtslage – ohne dass dies ausdrücklich in der Konkursordnung normiert war – entspricht[732].

II. Verwaltungsgerichtliches Verfahren gegen den Eröffnungsantrag der Bundesanstalt für Finanzdienstleistungsaufsicht: Auswirkungen auf das Eröffnungsverfahren und das eröffnete Insolvenzverfahren

Vor Einführung der Insolvenzordnung und dem damit einher gehenden Wegfall der Bindungswirkung des Eröffnungsantrags der Aufsichtsbehörde konnte das Versicherungsunternehmen nur auf dem Verwaltungsrechtsweg gegen die Entscheidung der Aufsichtsbehörde, Konkursantrag zu stellen, vorgehen; der Eröffnungsbeschluss des Konkursgerichts war unanfechtbar[733]. Wurde der Beschluss der Beschlusskammer[734], Konkurseröffnung zu beantragen, im verwaltungsgerichtlichen Verfahren (Widerspruchsverfahren gemäß § 68 ff. VwGO; Anfechtungsklage gemäß § 42 VwGO) aufgehoben, so hatte die Aufsichtsbehörde das Konkursgericht davon zu unterrichten; dieses hatte dann das Konkursverfahren „einzustellen“ und die „Einstellung“ bekanntzumachen[735]. Obwohl der Beschluss (der Beschlusskammer) durch die Eröffnung des Konkursverfahrens schon vollzogen war, sollte es sich der Sache nach um eine Aufhebung des Er-

729 Vgl. etwa Prölss/Kollhosser-*Kollhosser*, VAG § 88 Rn. 4.
730 Vgl. zu dem Unterschied auch MünchKommInsO-*Schmahl*, § 34 Rn. 87.
731 *Kübler/Prütting*, Das neue Insolvenzrecht, S. 201.
732 MünchKommInsO-*Schmahl*, § 34 Rn. 10.
733 Siehe dazu auch ausführlich oben Kapitel 1: A. I. 2. b) aa).
734 Zum Beschlusskammerverfahren und dessen Abschaffung siehe auch Fn. 25.
735 Prölss/Schmidt-*Kollhosser*, VAG [11. Aufl.] § 88 Rn. 8.

öffnungsbeschlusses handeln, mit der Folge, dass das Konkursverfahren als nie eröffnet angesehen werden sollte[736].

Nachdem seit Einführung der Insolvenzordnung nunmehr auch gegen den Eröffnungsbeschluss des Insolvenzgerichts Rechtsmittel eingelegt werden kann (§ 34 Abs. 2 InsO), herrscht Uneinigkeit darüber, ob und inwieweit das weiterhin mögliche verwaltungsgerichtliche Verfahren gegen den Eröffnungsantrag der Bundesanstalt für Finanzdienstleistungsaufsicht auch Auswirkungen auf das (eröffnete) Insolvenzverfahren haben kann. Aufgrund des Wegfalls der Bindungswirkung sieht die herrschende Meinung in dem Eröffnungsantrag der Bundesanstalt nunmehr keinen anfechtbaren Verwaltungsakt mehr und hält deshalb nur noch die Entscheidung des Insolvenzgerichts über den Eröffnungsantrag für anfechtbar[737]. Dagegen qualifiziert eine Mindermeinung den Eröffnungsantrag weiterhin als anfechtbaren Verwaltungsakt, mit der Folge, dass eine „Einstellung" des Insolvenzverfahrens weiterhin wie früher möglich sei, wenn der Anfechtungsklage gegen den Eröffnungsantrag stattgegeben wird[738]. Unabhängig von der Frage, ob der Eröffnungsantrag auch weiterhin als Verwaltungsakt gemäß § 35 Satz 1 VwVfG anzusehen ist, kann ein verwaltungsgerichtliches Verfahren – sei es als Anfechtungsklage gegen den Eröffnungsantrag (mit vorherigem Vorverfahren) oder als allgemeine Leistungsklage auf Rücknahme des Eröffnungsantrags – aber keine Auswirkungen auf ein eröffnetes Insolvenzverfahren haben, *sobald* der Eröffnungsbeschluss des Insolvenzgerichts *Rechtskraft* erlangt hat. Da die Rechtskraft des Eröffnungsbeschlusses grundsätzlich alle Rechtsmängel hinsichtlich des Beschlusses und des Eröffnungsverfahrens heilt[739], ist der Ausgang des verwaltungsgerichtlichen Verfahrens ab dem Zeitpunkt der Rechtskraft des Eröffnungsbeschlusses für das Insolvenzverfahren nicht mehr relevant[740]. Insbesondere wäre das Insolvenzverfahren *nicht*, so wie früher angesehen, „einzustellen"[741], da diese „Einstellung" aufgrund der eintretenden Rechtswirkungen einer Aufhebung des Eröffnungsbeschlusses gleichkommen würde. Ein verwaltungsgerichtliches Verfahren gegen den Eröffnungs-

---

736 Prölss/Schmidt-*Kollhosser*, VAG [11. Aufl.] § 88 Rn. 8.

737 Vgl. etwa Prölss/Kollhosser-*Kollhosser*, VAG § 88 Rn. 4.

738 *Backes*, Die Insolvenz des Versicherungsunternehmens, S. 112.

739 MünchKommInsO-*Schmahl*, § 34 Rn. 108; Uhlenbruck-*Uhlenbruck*, InsO § 27 Rn. 16.

740 Selbst wenn die Aufsichtsbehörde *überhaupt keinen* Eröffnungsantrag gestellt hätte, würde die Rechtskraft des Eröffnungsbeschlusses diesen Mangel heilen, vgl. MünchKommInsO-*Schmahl*, § 34 Rn. 66.

741 Anders zu verstehen *Backes*, Die Insolvenz des Versicherungsunternehmens, S. 112, der weiterhin für eine „Einstellung" des Insolvenzverfahren – das sachlich eine Aufhebung des Eröffnungsbeschlusses sein soll – ist, sobald einer Anfechtungsklage gegen den Eröffnungsantrag stattgegeben wird.

antrag kann daher nur *vor* Eintritt der Rechtskraft des Eröffnungsbeschlusses Auswirkungen auf das Insolvenzverfahren haben.

Besondere Bedeutung kommt dem verwaltungsgerichtlichen Verfahren gegen den Eröffnungsantrag damit im Eröffnungsverfahren zu, auch deswegen, weil Entscheidungen des Insolvenzgerichts während des Eröffnungsverfahrens grundsätzlich unanfechtbar sind[742]. Aufgrund des kurzen Zeitrahmens müsste sich das Versicherungsunternehmen jedoch auf den vorläufigen Rechtsschutz fokussieren. Eine vorläufige Suspendierung des Eröffnungsantrags gemäß § 80 Abs. 5 VwGO würde aber nur dann in Betracht kommen, wenn der Eröffnungsantrag nach dem Wegfall Bindungswirkung auch weiterhin als Verwaltungsakt gemäß § 35 Satz 1 VwVfG anzusehen wäre. Dies ist mit der herrschenden Meinung[743] jedoch abzulehnen. Mit dem Wegfall der Bindungswirkung des Eröffnungsantrags ist die verbindliche Regelungsfunktion entfallen[744]; insbesondere entfaltet der Eröffnungsantrag keine Tatbestandswirkung mehr gegenüber dem Insolvenzgericht, das nunmehr in eigener Verantwortung prüfen muss, ob die Eröffnungsvoraussetzungen vorliegen und ein Insolvenzverfahren zu eröffnen ist[745]. Darüber hinaus entspricht dies dem eindeutigen Regelungswillen des Gesetzgebers, der den Eröffnungsantrag der Versicherungsaufsichtsbehörde nach dem Wegfall der Bindungswirkung nicht mehr als anfechtbaren Verwaltungsakt ansehen will[746]. Der Mindermeinung[747] ist jedoch zuzugestehen, dass bei einer Verneinung der Verwaltungsaktsqualität die Regelung des § 89a VAG, wonach *Widerspruch* und *Anfechtungsklage* gegen Maßnahmen unter anderem nach § 88 VAG keine aufschiebende Wirkung haben, dann widersprüchlich erscheinen muss. Die Verneinung der Verwaltungsaktsqualität bedeutet aber nicht, dass überhaupt kein verwaltungsgerichtlicher Rechtschutz mehr gegen den Eröffnungsantrag gegeben ist. Vielmehr kann das Versicherungsunternehmen in der Hauptsache eine allgemeine Leistungsklage auf Rücknahme des Eröffnungsantrags gegen die Aufsichtsbehörde anstrengen[748]. Als vorläufiger Rechtsschutz käme demnach ein Antrag auf Erlass einer einstweiligen Anordnung nach § 123

---

742 Vgl. Nerlich/Römermann-*Mönning*, InsO § 34 Rn. 2.

743 Vgl. etwa Prölss/Kollhosser-*Kollhosser*, VAG § 88 Rn. 4.

744 Vgl. zum Merkmal „Regelung" *Kopp/Ramsauer*, VwVfG § 35 Rn. 47 ff.

745 Für die Annahme eines Verwaltungsakts reicht es nicht aus, dass das Insolvenzgericht aufgrund des Eröffnungsantrags ein *Eröffnungs*verfahren durchzuführen hat, da der Eröffnungsantrag der Bundesanstalt auf Eröffnung eines *Insolvenz*verfahrens gerichtet und daran das Insolvenzgericht gerade *nicht* mehr gebunden ist, anderer Ansicht *Backes*, Die Insolvenz des Versicherungsunternehmens, S. 110.

746 Begründung zum Gesetzentwurf des EGInsO, BR-Drucksache 511/92, S. 108, 105 f. sowie BT-Drucksache 12/3803, S. 108, 105 f.

747 *Backes*, Die Insolvenz des Versicherungsunternehmens, S. 110 ff.

748 Vgl. dazu *Backes*, Die Insolvenz des Versicherungsunternehmens, S. 112 f.

Abs. 1 VwGO in Betracht, und zwar mit dem Begehren, dass der aufsichtsbehördliche Eröffnungsantrag einstweilen nicht von dem Insolvenzgericht zu befolgen ist. Würde dem Antrag stattgegeben, dürfte das Insolvenzgericht einstweilen weder den Eröffnungsantrag abweisen, noch das Insolvenzverfahren eröffnen.

Fraglich bleibt indes, welche Auswirkungen das verwaltungsgerichtliche Verfahren entfaltet, wenn das Insolvenzverfahren zwar schon eröffnet wurde, der Eröffnungsbeschluss aber noch nicht rechtskräftig ist. Teilweise wird hier die Ansicht vertreten, dass einer Rücknahme des Eröffnungsantrags die Vorschrift des § 13 Abs. 2 InsO, wonach ein Antrag nur bis zur Eröffnung des Insolvenzverfahrens zurückgenommen werden kann, entgegenstehen würde[749]. Dem ist jedoch entgegenzuhalten, dass der Vorschrift ein anderes gesetzliches Regelungsziel zugrunde liegt, das hier nicht einschlägig ist. So soll im Interesse der Rechtssicherheit eine Verfahreneröffnung mit ihren Wirkungen gegenüber Dritten durch eine Rücknahme des Antrags nicht mehr in Frage gestellt werden können[750]. Dem Antragsteller soll nicht mehr die Möglichkeit offen stehen, durch einseitige (möglicherweise auch willkürliche) Erklärung, auf das eröffnete Insolvenzverfahren, das endgültig in ein Amtsverfahren übergegangen ist, Einfluss nehmen zu können[751]. Eine andere Sach- und Interessenlage ist dagegen gegeben, wenn die Aufsichtsbehörde im verwaltungsgerichtlichen Verfahren dazu verpflichtet wird, den Eröffnungsantrag zurückzunehmen. Die Vorschrift des § 13 Abs. 2 InsO steht einer Rücknahme des Eröffnungsantrags somit nicht entgegen. Die zu erfolgende Rücknahme würde aber keine unmittelbaren Rechtsfolgen für das eröffnete Insolvenzverfahren haben; vielmehr müsste dieser neue Umstand im Rechtsmittelverfahren nach § 34 Abs. 2 InsO geltend gemacht werden. Sollte der Lebensversicherer im Rahmen des vorbeugenden Rechtsschutzes nach § 123 Abs. 1 VwGO erfolgreich sein, müsste das Insolvenzgericht eigenständig entscheiden, ob das Insolvenzverfahren einstweilen zu unterbrechen wäre.

Als Gesamtergebnis lässt sich damit festhalten, dass mit der Rechtskraft des Eröffnungsbeschlusses das verwaltungsgerichtliche Verfahren gegen den Eröffnungsantrag keine Auswirkungen mehr auf das Insolvenzverfahren hat, da die Rechtskraft sämtliche Rechtsmängel heilt. Vor der Rechtskraft des Eröffnungsbeschlusses würden verwaltungsgerichtliche Entscheidungen nur insoweit Auswirkungen auf das Insolvenzverfahren haben, als dass sie in dem Beschwerde-

---

[749] *Backes*, Die Insolvenz des Versicherungsunternehmens, S. 112.

[750] Begründung zum Gesetzentwurf der Insolvenzordnung, BR-Drucksache 1/92, S. 113 sowie BT-Drucksache 12/2443, S. 113.

[751] Vgl. MünchKommInsO-*Schmahl*, § 13 Rn. 5.

verfahren nach § 34 Abs. 2 InsO geltend gemacht werden müssten und das Insolvenzgericht gesondert darüber zu entscheiden hätte. Lediglich innerhalb des Eröffnungsverfahrens wäre das Insolvenzgericht an eine verwaltungsgerichtliche Entscheidung über den Eröffnungsantrag gebunden. Damit wird deutlich, dass sich das Versicherungsunternehmen nach der Eröffnung des Insolvenzverfahrens zwingend auf das Rechtsmittelverfahren nach § 34 Abs. 2 InsO konzentrieren muss, will es sich gegen die Insolvenzeröffnung zur Wehr setzen. Dies entspricht auch dem Willen des Gesetzgebers, der insbesondere vermeiden will, dass das Insolvenzverfahren mittelbar durch das verwaltungsgerichtliche Verfahren gegen den Eröffnungsantrag in Frage gestellt wird[752].

B. Einstellung des Insolvenzverfahrens

Mit der Einstellung des Insolvenzverfahrens wird seine vorzeitige Beendigung bezeichnet. Die Gründe für eine Einstellung sind in den §§ 207 ff. InsO aufgeführt und vom Grundsatz her auch bei Lebensversicherungsunternehmen anwendbar. Bei näherer Betrachtung wird eine vorzeitige Verfahrensbeendigung jedoch regelmäßig ausscheiden.

Eine Einstellung nach § 213 InsO (Einstellung mit Zustimmung der Gläubiger) wird schon wegen der Vielzahl der beteiligten Gläubiger nicht in Betracht kommen. Einer Einstellung gemäß § 212 InsO (Einstellung wegen Wegfalls des Eröffnungsgrunds) wird bei einem Lebensversicherer ebenfalls keine praktische Relevanz zukommen. Zwar ist es durchaus möglich, dass der Eröffnungsgrund nach der Eröffnung des Insolvenzverfahrens wieder wegfällt[753]. Da die Lebensversicherungsverträge jedoch mit der Eröffnung des Insolvenzverfahrens erloschen sind (§ 77b Satz 1 VAG), gibt es weder für das Versicherungsunternehmen, das im Übrigen wegen des Antragsmonopols der Aufsichtsbehörde gar keinen Antrag nach § 212 InsO stellen dürfte, noch für die Aufsichtsbehörde, der das Antragsrecht abweichend vom Wortlaut des § 212 InsO zustehen würde, ein nachvollziehbares Bedürfnis für eine vorzeitige Beendigung des Insolvenzverfahrens. Auch eine Einstellung nach § 207 InsO (Einstellung mangels Masse) erscheint bei einem Lebensversicherer wenig wahrscheinlich, da das Siche-

---

752 Vgl. Begründung zum Gesetzentwurf des EGInsO, BR-Drucksache 511/92, S. 108, 105 f. sowie BT-Drucksache 12/3803, S. 108, 105 f.

753 Insbesondere bei einer Eröffnung wegen Überschuldung (§ 19 InsO) ist – soweit die Ursache für die Überschuldung hauptsächlich in einer Aktienbaisse liegt und sich die Aktienmärkte sukzessive wieder erholen – diese Möglichkeit gegeben. Vgl. zu dem „temporären Bilanzproblem" auch *Albrecht*, VW 2003, 1085, 1085.

rungsvermögen – sollte die allgemeine Masse nicht ausreichen – für die Kosten des Insolvenzverfahrens (§ 54 InsO) voll haften würde[754].

Damit verbleibt lediglich eine Einstellung gemäß § 211 InsO (Einstellung nach Anzeige der Masseunzulänglichkeit), wenn der Insolvenzverwalter beim Insolvenzgericht die Masseunzulänglichkeit angezeigt (§ 208 InsO) und eine Befriedigung der Massegläubiger gemäß § 209 InsO stattgefunden hat. Masseunzulänglichkeit ist gegeben, wenn zwar die Kosten des Insolvenzverfahrens gedeckt sind, jedoch die Insolvenzmasse nicht ausreicht, um die fälligen sonstigen Masseverbindlichkeiten erfüllen zu können, § 208 Abs. 1 Satz 1 InsO[755]. Da davon ausgegangen werden kann, dass das Sicherungsvermögen stets ausreichen wird, die dem Sicherungsvermögen zufallenden fälligen sonstigen Masseverbindlichkeiten zu befriedigen, besteht hier lediglich die realistische Gefahr, dass die allgemeine Masse nicht ausreicht, um die fälligen sonstigen Masseverbindlichkeiten, die der allgemeinen Masse zuzuordnen sind, zu befriedigen. Eine unbeschränkte Haftung des Sicherungsvermögens für sämtliche sonstige Masseverbindlichkeiten muss – wie bereits oben festgestellt[756] – ausscheiden. Sollte tatsächlich Masseunzulänglichkeit in Bezug auf die allgemeine Masse eintreten, wäre das Insolvenzverfahren einzustellen. Vor der Einstellung hätte der Insolvenzverwalter die allgemeine Masse nach Maßgabe des § 209 InsO zu verteilen; die Sondermasse hätte nur für die Kosten des Insolvenzverfahrens zu haften. Die Sondermasse wäre dann, nachdem die ihr zuordenbaren sonstigen Masseverbindlichkeiten sowie die Kosten der Pflegschaft befriedigt worden wären, unter den bevorrechtigten Versicherungsgläubigern zu verteilen.

C. Aufhebung des Insolvenzverfahrens

Sobald die Schlussverteilung vollzogen ist, hebt das Insolvenzgericht das Verfahren gemäß § 200 Abs. 1 InsO durch Beschluss auf. Die Rechtsfolgen der Aufhebung nach Vollzug der Schlussverteilung sind (wie auch schon in der Konkursordnung) gesetzlich nicht geregelt worden. Deswegen sind nach allgemeiner Ansicht die Rechtswirkungen nach der Einstellung des Verfahrens (§ 215 InsO) sowie nach rechtskräftiger Bestätigung des Insolvenzplans (§ 259 InsO) analog anzuwenden[757]. Anders als bei der Aufhebung des Eröffnungsbeschlusses im Rechtsmittelverfahren entfaltet der Beschluss, der das Insolvenz-

---

[754] Siehe auch oben Kapitel 1: B. III. 3.

[755] Nach § 208 Abs. 1 Satz 2 InsO ist Masseunzulänglichkeit auch gegeben, wenn die Insolvenzmasse voraussichtlich nicht ausreichen wird, um die bestehenden sonstigen Masseverbindlichkeiten im Zeitpunkt der Fälligkeit zu erfüllen.

[756] Oben Kapitel 1: B. III. 2. b) dd) und ee).

[757] MünchKommInsO-*Hintzen*, § 200 Rn. 3, 30 ff.

verfahren einstellt oder aufhebt, nur Rechtswirkungen für die Zukunft (ex nunc); insbesondere die Lebensversicherungsverträge bleiben damit erloschen. Da die Tätigkeit des Insolvenzverwalters mit der Einstellung bzw. Aufhebung endet, lebt die ruhende Versicherungsaufsicht bis zur Löschung des Versicherungsunternehmens aus dem Handelsregister wieder auf.

Kapitel 6: Der neu geschaffene Sicherungsfonds für die Lebensversicherung und private Krankenversicherung

Die Frage der wirksamen Sicherung der Ansprüche der Versicherungsnehmer und aller anderen Berechtigten aus den Versicherungsverträgen in, und insbesondere auch schon *vor* der Insolvenz eines Versicherungsunternehmens ist in der jüngsten Vergangenheit verstärkt in den Blickpunkt der öffentlichen Aufmerksamkeit gerückt. Allen Beteiligten – sowohl der Versicherungswirtschaft und den Versicherungskunden, als auch dem Gesetzgeber und der Aufsichtsbehörde – wurde durch die Aktienbaisse der Jahre 2000 bis 2002 schonungslos vor Augen geführt, dass auch vermeintlich finanzstarke Versicherungsunternehmen durch die Kumulation von „unglücklichen" Umständen in die Nähe eines bis dahin kaum vorstellbaren Insolvenzverfahrens geraten können[758].

Der besondere Schutz der Gläubiger von Versicherungsforderungen durch das Insolvenzvorrecht des § 77a VAG[759] greift allerdings erst in einem Insolvenzverfahren und ist auf die insolvenzrechtliche *Abwicklung* der Versicherungsforderungen beschränkt. Alle Beteiligten haben jedoch regelmäßig ein großes Interesse an der *Fortführung* der Lebensversicherungsverträge. Der Versicherungskunde möchte weiterhin Versicherungsschutz; ein Neuvertrag bei einem anderen Versicherungsunternehmen wäre möglicherweise aufgrund von veränderten Risiken nicht mehr möglich, zumindest aber wegen des höheren Eintrittsalters kostenintensiver. Im Zuge eines eröffneten Insolvenzverfahrens würde das Vertrauen der Verbraucher in das Produkt Lebensversicherung erheblich erschüttert, woran die Versicherungswirtschaft – nicht zuletzt wegen zukünftiger Vertragsabschlüsse – kein Interesse haben kann. Letztendlich hat auch der Gesetzgeber, der um die Altersabsicherung breiter Bevölkerungskreise über die Lebensversicherung weiß, ein gesamtpolitisches Interesse daran, dass die Fortführung der Lebensversicherungsverträge eines insolvenzbedrohten Versicherungsunternehmens gesichert ist.

Insbesondere wegen dem zuletzt genanten Aspekt, dass die Kranken- und Lebensversicherungen langfristige soziale Sicherungsaufgaben von weiten Teilen der Bevölkerung wahrnehmen, hat der Gesetzgeber Ende 2004 einen gesetzlichen Sicherungsfonds (§§ 124 bis 133a VAG) für diese Versicherungen geschaffen[760]. Mit wechselnder Intensität wurde schon über viele Jahrzehnte über

---

758 Siehe auch oben Kapitel 1: A. III. 2. b) bb) zum Fall Mannheimer Leben.

759 Siehe ausführlich oben Kapitel 4: D.

760 Die Regelungen zum Sicherungsfonds wurden durch das Gesetz zur Änderung des Versicherungsaufsichtsgesetzes und anderer Gesetze vom 15. Dezember 2004 (BGBl. I 2004, 3416) geschaffen.

die Einrichtung eines solchen Sicherungsfonds für Versicherungsunternehmen diskutiert[761], wobei die gesetzliche Einführung für viele Beteiligte dann doch überraschend schnell kam[762]. Gegen die Einführung eines Sicherungsfonds wurde insbesondere vorgebracht, dass damit ein erhebliches Regulierungsinstrument geschaffen wird, das – neben der Verursachung von zusätzlichem Verwaltungs- und Kostenaufwand – auch ein wichtiges Prinzip von Wettbewerb und Marktwirtschaft, nämlich der gemeinsamen Zuordnung von Risiken und Chancen auf die im Wettbewerb operierenden Markteilnehmer, aufhebt[763].

A. Konzeption des Sicherungsfonds

Der Hauptzweck des Sicherungsfonds besteht in der Aufrechterhaltung der Lebensverssicherungsverträge, damit insbesondere ältere und kranke Menschen, die regelmäßig keinen neuen Versicherungsschutz erhalten würden, weiterhin abgesichert sind[764]. Für die Aufrechterhaltung der Verträge ist es zwingend erforderlich, dass der Vertragsbestand des insolvenzbedrohten Versicherungsunternehmens bereits *vor* der Eröffnung des Insolvenzverfahrens auf den Sicherungsfonds übertragen wird, da andernfalls eine Fortführung der Verträge wegen § 77b Satz 1 VAG ausgeschlossen ist[765]. Daher hat die Aufsichtsbehörde die Übertragung der Versicherungsverträge mitsamt den zur Bedeckung der Verbindlichkeiten aus diesen Verträgen erforderlichen Vermögensgegenständen in dem Zeitpunkt anzuordnen, in dem die Voraussetzungen des § 89 Abs. 1 Satz 1 VAG erfüllt oder eine Anzeige des Versicherungsunternehmens nach § 88 Abs. 2 VAG vorliegt und andere Maßnahmen zur Wahrung der Versichertenbelange nicht ausreichend sind, vgl. § 125 Abs. 1 und Abs. 2 VAG. Konsequenterweise erlischt mit der Anordnung der Bestandsübertragung auch gleichzeitig die Er-

---

761 Der erste Versuch zur Einführung eines Sicherungsfonds (damals noch Konkurssicherungsfonds) in Form einer Umlageeinrichtung aller Versicherungsunternehmen wurde im Jahre 1956 unternommen, *Metzler*, ZfV 2003, 496, 496.

762 Vgl. etwa *Backes*, Die Insolvenz des Versicherungsunternehmens, S. 180, der noch Anfang 2003 mit der Realisierung eines Sicherungsfonds nicht „in absehbarer Zeit" gerechnet hat.

763 *Farny*, Ein Konkurssicherungsfonds in der Versicherungswissenschaft, Ei des Kolumbus oder Windei?, S. 33. Zu weiteren Ablehnungsgründen, insbesondere aus der Sicht der deutschen Versicherungswirtschaft, siehe *Michaels*, Reformbedarf aus Sicht der Versicherungswirtschaft, S. 51 ff. Zu aktuellen Zusammenfassungen hinsichtlich der Diskussion um die Einführung eines Sicherungsfonds siehe auch *Metzler*, ZfV 2003, 496, 496 ff. sowie *Präve*, VersR 2005, 1023, 1023 f.

764 Vgl. auch Begründung zum Entwurf eines Gesetzes zur Änderung des Versicherungsaufsichtsgesetzes und anderer Gesetze, BR-Drucksache 322/04, S. 27 sowie BT-Drucksache 15/3418, S. 17.

765 Siehe auch oben Kapitel 3: B. II.

laubnis zum Geschäftsbetrieb des übertragenden Versicherungsunternehmens (§ 125 Abs. 7 VAG), wodurch auch die Schutzrichtung des Sicherungsfonds zum Ausdruck kommt, der ausschließlich die Interessen der aus den Versicherungsverträgen Berechtigten zu schützen hat und nicht etwa die Interessen des in die finanzielle Krise geratenen Versicherungsunternehmens (vgl. auch §§ 124 Abs. 1, 126 Abs. 2 VAG)[766].

Die gesetzliche Sicherungseinrichtung soll – so die öffentlich-rechtliche Grundkonzeption des § 126 Abs. 1 VAG – in der Weise organisiert werden, dass bei der Kreditanstalt für Wiederaufbau (KfW) ein Sicherungsfonds für die Lebensversicherer und ein gesonderter Sicherungsfonds für die Krankenversicherer als nicht rechtsfähige Sondervermögen des Bundes errichtet werden, die jedoch insoweit teilrechtsfähig sind, als sie im Rechtsverkehr handeln, klagen und verklagt werden können. Das Bundesministerium der Finanzen kann jedoch die Aufgaben und Befugnisse eines oder beider Sicherungsfonds unter den Voraussetzungen des § 127 VAG auf eine juristische Person des Privatrechts übertragen. Für den Lebensversicherungsbereich wird angestrebt, dass die Protektor Lebensversicherungs-AG mit der hoheitlichen Aufgabe der gesetzlichen Anspruchssicherung beliehen werden soll[767].

766 *Eilert*, VW 2005, 115, 116.

767 Der Gesetzgeber kann der privaten und zudem freiwilligen Sicherungseinrichtung Protektor aus verfassungsrechtlichen Gründen (Art. 12, 14 GG) keine gesetzliche Vorgaben machen, wie und insbesondere das die Ansprüche der Berechtigten aus den Versicherungsverträgen zu schützen sind. Daher musste eine öffentlich-rechtliche Sicherungseinrichtung (§ 126 Abs. 1 VAG) geschaffen werden, da nur diese die Versicherungsunternehmen zu Beitragszahlungen verpflichten kann. Vom Ergebnis her will der Gesetzgeber jedoch – und deshalb die Möglichkeit der Beleihung nach § 127 VAG –, dass diese hoheitliche Aufgabe eine private Sicherungseinrichtung in Selbstverwaltung wahrnimmt, die dann aber als beliehenes Unternehmen die gesetzlichen Vorgaben einzuhalten hätte, vgl. auch Prölss-Ergänzungsband, VAG S. 192. Zwischenzeitlich wurde Protektor durch entsprechende Verordnung (Verordnung über die Übertragung von Aufgaben und Befugnissen eines Sicherungsfonds für die Lebensversicherung an die Protektor Lebensversicherungs-AG – SichLVV) vom 11. Mai 2006 (BGBl. I 2006, 1170) beliehen.

Mit Ausnahme der Pensions- und Sterbekassen[768] besteht für alle Lebens- und Krankenversicherungsunternehmen eine Pflichtmitgliedschaft im Sicherungsfonds (§ 124 Abs. 1 VAG), und zwar grundsätzlich unabhängig davon, ob es sich um ein in- oder ausländisches Versicherungsunternehmen handelt. Davon sind jedoch solche Versicherungsunternehmen ausgenommen, die ihren Sitz in einem anderen Mitgliedsstaat der EU oder Vertragsstaat des EWR haben. Selbst wenn das Unternehmen in Deutschland eine Niederlassung unterhält, ist es nicht zum Beitritt zum Sicherungsfonds verpflichtet, da solche Versicherungsunternehmen seit 1994 keine Zulassung mehr nach dem Versicherungsaufsichtsgesetz benötigen[769].

Für die Finanzierung des Sicherungsfonds sind sämtliche dem Fonds angehörenden Versicherungsunternehmen verantwortlich. Die Finanzierungsgrundsätze sind in § 129 VAG normiert, wobei die Einzelheiten noch durch das Bundesministerium der Finanzen durch Rechtsverordnung zu regeln sind[770]. Im Gegensatz zum Sicherungsfonds der Krankenversicherer, der nur anlassbezogen – also nur im Ernstfall – zu finanzieren ist, muss die Sicherungseinrichtung der Lebensversicherer vorfinanziert werden. Dazu müssen alle dem Sicherungsfonds angehörenden Lebensversicherer Jahresbeiträge leisten (§ 129 Abs. 5 Satz 1 und 2 VAG), deren jährliche Gesamtsumme 0,2 Promille der Summe der versichertechnischen Netto-Rückstellungen aller dem Sicherungsfonds angeschlossener Versicherer betragen muss; das konkrete Berechnungsverfahren für den individuellen Jahresbeitrag eines Versicherungsunternehmens ist noch im Rahmen der Rechtsverordnung durch das Bundesfinanzministerium festzulegen. Der nach § 129 Abs. 4 VAG geforderte Vermögensumfang von einem Promille der Summe der versicherungstechnischen Netto-Rückstellungen aller dem Sicherungsfonds angehörenden Lebensversicherer soll in einer Ansparphase von fünf Jahren erreicht werden; danach wären nur noch eventuelle Abflüsse durch die Jahresbei-

---

768 Pensionskassen (§§ 118a ff. VAG) können dem Sicherungsfonds jedoch freiwillig beitreten, § 124 Abs. 2 VAG. Für einen Pensionsfonds (§§ 112 ff. VAG) besteht schon per se keine Pflicht zur Mitgliedschaft, da dieser kein Versicherungsunternehmen im Sinne des VAG ist (vgl. § 1 Abs. 1 VAG). Insgesamt besteht für die Leistungen der betrieblichen Altersversorgung kein Schutzbedürfnis, da diese schon über den Pensions-Sicherungs-Verein (§ 14 des Gesetzes zur Verbesserung der betrieblichen Altersversorgung [BetrAVG]) abgesichert sind. Die Kunden von Sterbekassen sind nach der zutreffenden Auffassung des Gesetzgebers ebenfalls nicht schutzbedürftig, da ein insolvenzbedingter Wegfall der Leistungen keine gravierenden sozialen Folgen haben würde, vgl. auch Prölss-Ergänzungsband, VAG S. 190 f.

769 *Eilert*, VW 2005, 115, 115.

770 Die Verordnung über die Finanzierung des Sicherungsfonds für die Lebensversicherer (SichLVFinV) vom 11. Mai 2006 (BGBl. I 2006, 1172) – zuletzt geändert durch Verordnung vom 24. Oktober 2006 (BGBl. I 2006, 2390) – regelt nunmehr die Einzelheiten.

träge zu ersetzen[771]. Daneben kann der Sicherungsfonds Sonderbeiträge bis zur Höhe von maximal einer Promille der Summe der versicherungstechnischen Netto-Rückstellungen erheben, wenn dies zur Durchführung seiner Aufgaben – also im Ernstfall – erforderlich ist, § 129 Abs. 5 Satz 5 VAG. Insgesamt steht der Sicherungseinrichtung der Lebensversicherer somit ein Betrag von etwa 1.000 Millionen Euro zur Verfügung[772].

Bei Nichteinhalten der Mitwirkungspflichten der Versicherungsunternehmen gemäß § 131 Abs. 1 VAG kann ein Bußgeld bis zu 150.000 Euro verhängt werden (§ 144 Abs. 1a Nr. 11, Abs. 2 VAG). Bei (mehrmaligen) gravierenden Verstößen gegen die Beitrags- und Mitwirkungspflichten kann das Versicherungsunternehmen sogar aus dem Sicherungsfonds ausgeschlossen werden (zum Verfahrensablauf vgl. § 132 VAG). Diese ultima-ratio Maßnahme hat für das Versicherungsunternehmen existenzielle Folgen, da mit dem Ausschluss aus dem Fonds auch gleichzeitig seine Zulassung erlischt, § 6 Abs. 5 Satz 1 Nr. 4 VAG.

B. Kritische Anmerkungen

Seit Anfang 2002 befasst sich eine Arbeitsgruppe der Europäischen Kommission mit der Frage eines zumindest in Teilen harmonisierten Sicherungssystems im Insolvenzfall eines Versicherungsunternehmens[773]. Nach derzeitigem Stand der Dinge soll in absehbarer Zukunft eine europäische Richtlinie erlassen werden, die die Mitgliedsstaaten zu einheitlichen Mindeststandards bei einer solchen Sicherungseinrichtung verpflichtet[774]. Vor der Einführung des Sicherungsfonds in Deutschland verfügten nur drei Mitgliedstaaten (nämlich Frankreich, Großbritannien und Irland) über Sicherungssysteme, die sich im Anwendungsbereich jedoch sehr stark unterscheiden[775]. Vor diesem sachlichen und insbesondere zeitlichen Hintergrund kann daher durchaus kritisiert werden, dass der

---

771 *Fricke*, VersR 2005, 161, 163.

772 *Eilert*, VW 2005, 115, 116.

773 Siehe dazu auch die Arbeitsdokumente dieser Arbeitsgruppe, die auch auf der Internetseite der Europäischen Union veröffentlicht sind (http://www.europa.eu.int/comm/ internal_market/insurance/gurantee_de.htm).

774 Der jeweils aktuelle Stand der europäischen Diskussion und Rechtssetzung kann auf der Internetseite der Europäischen Union (Internetadresse siehe Fn. 773) zeitnah verfolgt werden.

775 Zu den wesentlichen Unterschieden und Gemeinsamkeiten der verschiedenen Sicherungssysteme siehe Diskussionspapier „Sicherungssysteme für Versicherungen: Aktueller Stand und Orientierungen für die künftigen Arbeiten" der Arbeitsgruppe, Kommissionsdokument MARKT/2517/02-DE, S. 3 f. Zum Sicherungssystem in Großbritannien siehe etwa *Müller-Stüler*, NVersZ 2001, 247, 247 ff. und *Müller-Stüler*, NVersZ 2001, 297, 297 ff.

deutsche Gesetzgeber mit der Einführung der gesetzlichen Sicherungseinrichtung auch noch – da bereits über einen so langen Zeitraum über die Einführung diskutiert worden ist[776] – bis zum Erlass der europäischen Richtlinie hätte warten können, um so (unnötige) Gesetzeskorrekturen, die wiederum Verwaltungsaufwand und Kosten verursachen, zu vermeiden[777]. In der Rückschau kann zudem festgestellt werden, dass ein weiteres Zuwarten nicht zum Schaden der Versicherungskunden gewesen wäre, da sich die Kapitalmärkte und mit ihnen die Versicherungsunternehmen erholt haben und aktuell von keinem Lebensversicherer eine konkrete Insolvenzgefahr bekannt ist. Diese positive Entwicklung war zwar keinesfalls gewiss, die akute Krise an den Kapitalmärkten war aber schon während des Gesetzgebungsverfahrens überstanden[778].

Indes kann für die frühe Einführung des gesetzlichen Sicherungsfonds, noch während des europäischen Diskussionsprozesses um eine Harmonisierung, positiv angeführt werden, dass der deutsche Gesetzgeber so möglicherweise (auch) auf die europäischen Pläne einwirken wollte[779]. Der in Deutschland eingeschlagene Weg, dass nur für die Lebens- und Krankenversicherung, aber ausdrücklich nicht für die Schadensversicherung, je ein Sicherungsfonds zu bilden sind, ist nach der hier vertretenen Auffassung der einzig vernünftige und richtige. Die aktuellen europäischen Besterbungen, die auch eine Ausweitung der Sicherungssysteme auf die Schadensversicherung vorsehen[780], sind abzulehnen, da die Einführung und der damit verbundene Verwaltungs- und Kostenaufwand in keinem Verhältnis zu dem Nutzen einer solchen Absicherung stehen würde. In der Schadensversicherung ist eine völlig andere Interessenlage vorzufinden, da hier keine langfristigen Spar- und Absicherungsverträge hinsichtlich Alter und

---

776 Siehe auch Fn. 761.

777 Vgl. etwa *Präve*, VW 2004, 1800, 1800 f. Eine nationale Regelung noch vor der Verabschiedung der europäischen Richtlinie ist jedoch zulässig, vgl. *Ehricke*, ZIP 2001, 1311, 1312 f.

778 Der Gesetzgeber führt selber in der Gesetzesbegründung aus, dass die Versicherungswirtschaft insgesamt die Krise der Kapitalmärkte der vergangenen Jahre gut überstanden habe, jedoch genereller Regulierungsbedarf bestehen würde, Begründung zum Entwurf eines Gesetzes zur Änderung des Versicherungsaufsichtsgesetzes und anderer Gesetze, BR-Drucksache 322/04, S. 24 sowie BT-Drucksache 15/3418, S. 16. Die Kritik von *Präve*, VW 2004, 1800, 1801, der deutsche Gesetzgeber würde „im vorauseilenden Gehorsam“ handeln, ist daher nicht aus der Luft gegriffen.

779 Dafür gibt die Gesetzesbegründung zwar keine konkreten Anhaltspunkte her; dass die Europäische Kommission das deutsche Gesetzgebungsverfahren jedoch mit großem Interesse verfolgt hat, war abzusehen, vgl. auch *Eilert*, VW 2005, 115, 115.

780 Siehe zuletzt etwa das Arbeitsdokument der Arbeitsgruppe von der Sitzung am 1. Juni 2005, Kommissionsdokument MARKT/2512/05-EN, S. 8.

Krankheit abgeschlossen werden[781]. Ein erneuter Vertragsabschluss bei einem anderen Versicherer, nachdem das „alte" Versicherungsunternehmen insolvent geworden ist, wird regelmäßig ohne Probleme möglich sein. Lediglich die Versicherungsnehmer, die noch ausstehende Forderungen gegen den insolventen Versicherer haben, könnten von einer Sicherungseinrichtung profitieren. Da diese Versicherungsforderungen nunmehr aber nach Art. 10 Sanierungs- und Liquidationsrichtlinie bevorrechtigt zu behandeln sind[782], ist hier auch kein Regulierungsbedarf vorhanden.

Mit der Einführung des gesetzlichen Sicherungsfonds, dessen Sicherungsziel die Fortführung der Versicherungsverträge ist, hat der deutsche Gesetzgeber zum Teil Neuland betreten[783]. Probleme bei der praktischen Umsetzung der gesetzlichen Vorgaben sind daher vorprogrammiert. Als besonders problematischer Punkt ist hier die risikoorientierte Beitragsbemessung für den Sicherungsfonds herauszustellen, die weltweit ein Novum ist[784]. Die von dem Bundesministerium der Finanzen zu erlassende Rechtsverordnung (vgl. § 129 Abs. 6 VAG) muss unter anderem regeln, wie der individuelle Jahresbeitrag eines Versicherungsunternehmens zu berechnen ist[785]. Hierbei muss neben Art und Umfang der gesicherten Geschäfte sowie Anzahl, Größe und Geschäftsstruktur der dem Sicherungsfonds angehörenden Versicherungsunternehmen (§ 129 Abs. 6 Satz 2 VAG) auch die *Finanz- und Risikolage* der Versicherer (§ 129 Abs. 6 Satz 3 VAG) berücksichtigt werden. Durch diese sehr allgemein gehaltene Regelung[786] hat der Gesetzgeber nur einen Rahmen vorgegeben, der sich im Ergebnis jedoch als nichtssagend darstellt: Einerseits sollen Versicherer mit einem erhöhten (Insolvenz-)Risiko auch einen entsprechend höheren Beitrag zahlen, anderseits sollen jedoch finanzschwache Versicherer – und das sind im Regelfall die Versi-

---

781 Weitere Gründe gegen die Einbeziehung der Nichtlebensversicherung kurz und übersichtlich aufgeführt bei *Fricke*, VersR 2005, 161, 161 f. (Fn. 7).

782 Zur Umsetzung von Art. 10 Sanierungs- und Liquidationsrichtlinie in Deutschland siehe ausführlich oben Kapitel 4: D.

783 Das für den Bankenbereich geltende Gesetz zur Umsetzung der EG-Einlagensicherungsrichtlinie und der EG-Anlegerentschädigungsrichtlinie vom 16. Juli 1998 (BGBl. I 1998, 1842) sieht nur eine Entschädigung vor, *Eilert*, VW 2005, 115, 115.

784 *Müller*, VW 2005, 170, 170.

785 Siehe auch Fn. 770.

786 In der Gesetzesbegründung wird auch nur sehr allgemein ausgeführt: „Die Beiträge sollen grundsätzlich die Finanzlage der Beitragszahler berücksichtigen, soweit dies mit dem Erfordernis einfachen und wirksamen Beitragseinzugs zu vereinbaren ist." Darüber hinaus soll in der Rechtsverordnung eine Obergrenze für die Beitragszahlungspflicht festgelegt werden, damit die angeschlossenen Versicherer nicht durch die Beitragszahlung in finanzielle Schwierigkeiten geraten, Begründung zum Entwurf eines Gesetzes zur Änderung des Versicherungsaufsichtsgesetzes und anderer Gesetze, BR-Drucksache 322/04, S. 48 sowie BT-Drucksache 15/3418, S. 27.

cherer mit einem erhöhten (Insolvenz-)Risiko – nicht durch die Beitragspflicht in eine finanzielle Krise geraten. Die konkreten Finanzierungsfragen und -probleme sind somit längst noch nicht geklärt, sondern lediglich auf die Verordnungsebene verschoben worden[787].

Schlussendlich ist anzumerken, dass die gesetzliche Sicherungseinrichtung nicht für alle Versicherungskunden vorteilhaft sein muss[788], sondern im Gegenteil sogar eine finanzielle Schlechterstellung im Vergleich zu einem neuen Vertragsabschluss bei einem anderen Versicherer bedeuten kann. Dies betrifft die Gruppe der jungen und gesunden Versicherungsnehmer – und innerhalb dieser Gruppe insbesondere diejenigen mit noch jungen Verträgen – da für diese Gruppe ein Neuabschluss regelmäßig ohne besondere Probleme möglich wäre und aufgrund der erst kurzen Vertragslaufzeit noch kein (nennenswertes) Kapital aufgebaut wurde, das durch die Insolvenz des Versicherers verloren ginge. Bei weiterhin bestehender voller Prämienzahlungspflicht der Versicherungsnehmer fällt die Überschussbeteiligung völlig weg und darüber hinaus *muss* die Aufsichtsbehörde die vertraglich garantierte Leistung um bis zu 5 Prozent kürzen, wenn die finanziellen Mittel des Sicherungsfonds gemäß § 129 Abs. 4 bis Abs. 5a VAG nicht ausreichen (§ 125 Abs. 5 Satz 1 VAG)[789]. Die Gruppe der jungen und gesunden Versicherungsnehmer kann regelrecht an den Sicherungsfonds „gefesselt" werden, da die Aufsichtsbehörde eine „Stornowelle" mit aufsichtsrechtlichen Anordnungen verhindern kann (§ 125 Abs. 5 Satz 2 VAG)[790]. Zwar soll der vom Sicherungsfonds übernommene Vertragbestand alsbald wieder auf ein „gesundes" Versicherungsunternehmen übertragen werden (§ 125 Abs. 6 VAG), womit auch die Chance auf Überschussbeteiligung wieder gegeben ist. Die Er-

787 Siehe hierzu auch *Fricke*, VersR 2005, 161, 163 f. Zur grundsätzlichen Finanzierung einer Sicherungseinrichtung siehe auch *Metzler*, ZfV 2003, 496, 499.

788 Da die finanziellen Belastungen, die den Versicherungsunternehmen durch den Sicherungsfonds entstehen, letztendlich von den Versicherungskunden durch erhöhte Prämien zu tragen sind, sind aus diesem Blickwinkel sogar sämtliche Versicherungskunden finanziell betroffen, *Metzler*, ZfV 2003, 496, 499.

789 *Müller*, VW 2005, 170, 170 führt in diesem Zusammenhang aus, dass der „rationale und informierte Verbraucher" bei gleichem finanziellen Rating und gleichen Leistungen der Versicherungsunternehmen einem kleineren Versicherer den Vorzug geben müsste, da hier die Wahrscheinlichkeit, dass die finanziellen Mittel des Sicherungsfonds ausreichen und keine Leistungskürzungen im Insolvenzfall zu erwarten sind, größer sei als bei einem größeren Versicherer, dessen Insolvenz mehr finanzielle Ressourcen beanspruchen würde. Dass der darin von Müller ausgemachte – unabsichtliche – Steuerungsimpuls im Neukundengeschäft eine relevante Rolle spielen wird, kann aber bestritten werden.

790 § 125 Abs. 5 Satz 2 VAG ist zwar nicht explizit auf diese Gruppe beschränkt; indes werden nur diejenigen ihren Versicherungsvertrag vorzeitig beendigen wollen, die darin einen finanziellen Vorteil sehen.

fahrungen von Protekor zeigen jedoch, dass sich dies als durchaus schwierig und langwierig erweisen kann[791].

Dennoch ist die Einführung des gesetzlichen Sicherungsfonds trotz dieser kritischen Anmerkungen insgesamt zu begrüßen, da die Vorteile der gesetzlichen Sicherungseinrichtung überwiegen und alle Beteiligten von dieser profitieren können. Die gesetzlichen Regelungen schaffen einen klaren Rechtsrahmen, der für ein schnelles Handeln im Ernstfall erforderlich ist[792]. Zwar gibt es wegen der noch ausstehenden europäischen Harmonisierung Sicherungslücken, z.B. wenn ein EU-/EWR-Versicherer in Deutschland tätig ist und in seinem Heimatland keiner entsprechenden Sicherungseinrichtung angehört[793]. Jedoch ist eine (teilweise) lückenhafte Absicherung einer kompletten Nichtsicherung von etwa 100 Millionen Lebensversicherungsverträgen[794] vorzuziehen.

---

791 Bis heute ist es Protektor nicht gelungen, den von der Mannheimer Leben übernommenen Vertragsbestand auf ein anderes Versicherungsunternehmen zu übertragen.

792 Zu den damals schwierigen Verhandlungen zwischen der Mannheimer Leben und Protektor aufgrund fehlender gesetzlicher Regelungen – auch im Hinblick auf die damals noch nicht gegebene Aufsicht über Versicherungs-Holdinggesellschaften, die auch durch das Gesetz zur Änderung des Versicherungsaufsichtsgesetzes und anderer Gesetze vom 15. Dezember 2004 (BGBl. I 2004, 3416) geschaffen wurde und nun in § 1b VAG geregelt ist, vgl. *Bost*, Die Protektor Lebensversicherungs-AG, in: Aktuelle Fragen in der Versicherungswirtschaft, S. 35 f. sowie *Himstedt*, Protektor Lebensversicherungs-AG: Erfahrungen im Fall Mannheimer, S. 10 ff.

793 Zur Frage, ob auch ein EU-/EWR-Versicherer dem deutschen Sicherungsfonds beitreten *kann*, *Fricke*, VersR 2005, 161, 162.

794 Quelle: BT-Plenarprotokoll 15/133, S. 12207.

Kapitel 7: Zusammenfassung der wesentlichen Ergebnisse

1. Der Wegfall der Bindungswirkung des aufsichtsbehördlichen Eröffnungsantrags sowie die nunmehr gegebene Möglichkeit, gegen den insolvenzgerichtlichen Eröffnungsbeschluss Rechtsmittel einzulegen, haben keine nachteiligen Auswirkungen auf die Eröffnung des Insolvenzverfahrens über das Vermögen eines Versicherungsunternehmens.

2. Die Regelung von § 88 Abs. 1a Satz 2 VAG, wonach ein Insolvenzverfahren über das Vermögen eines EU-/EWR-Versicherungsunternehmens ohne Rücksicht auf die Voraussetzungen des § 343 Abs. 1 InsO in Deutschland anzuerkennen ist, ist wegen des Fehlens eines anerkennungsrechtlichen ordre public nicht mit deutschem Verfassungsrecht zu vereinbaren. Die zu fordernde Aufnahme eines anerkennungsrechtlichen ordre public in die Vorschrift des § 88 Abs. 1a Satz 2 VAG würde nicht gegen die Vorgaben der Sanierungs- und Liquidationsrichtlinie verstoßen.

3. Inländische Gläubiger werden durch den Ausschluss von Sekundärinsolvenzverfahren und sonstigen Partikularverfahren bezüglich der Versicherungsunternehmen, die ihren Sitz in einem anderen Mitglied- oder Vertragsstaat haben (§ 88 Abs. 1b Satz 1 VAG), nicht in unzumutbarer Weise ins Ausland verwiesen. Der verfassungsrechtlich gesicherte Anspruch auf effiziente Zwangsvollstreckung ist daher nicht verletzt.

4. Nach den erfolgten Änderungen durch das Sanierungs- und Liquidationsgesetz ist aus der Nichtaufführung der drohenden Zahlungsunfähigkeit in § 88 Abs. 2 VAG ein gesetzlicher Anwendungsausschluss von § 18 InsO bei Versicherungsunternehmen abzuleiten. Eine gesetzliche Einführung der drohenden Zahlungsunfähigkeit bei Versicherungsunternehmen wäre zwar grundsätzlich möglich, aber letztendlich wenig sinnvoll, da eine Antragstellung wegen drohender Zahlungsunfähigkeit in der versicherungsaufsichtsrechtlichen Praxis (jedenfalls im Hinblick auf die Lebensversicherer) nicht in Betracht kommen würde. Eine Aufnahme der drohenden Zahlungsunfähigkeit als anzeigepflichtiger Tatbestand in die Vorschrift des § 88 Abs. 2 VAG würde gleichwohl Sinn machen, da die Aufsichtsbehörde dann frühzeitig geeignete aufsichtsrechtliche Sanierungsmaßnahmen einleiten könnte.

5. Mit der Umsetzung der Sanierungs- und Liquidationsrichtlinie durch das Sanierungs- und Liquidationsgesetz hat der deutsche Gesetzgeber nunmehr klargestellt, dass die Kosten des Insolvenzverfahrens (§ 54 InsO) im Wege der Vorwegberichtigung nach § 53 InsO den Versicherungsforderungen vorgehen und somit auch zu Lasten des Sicherungsvermögens in vollem Umfang entnommen

werden können. Eine Abweisung des aufsichtsbehördlichen Eröffnungsantrags mangels Masse gemäß § 26 Abs. 1 Satz 1 InsO ist damit bei Lebensversicherungsunternehmen praktisch ausgeschlossen. Im Rahmen der VAG-Novelle 2003 sind jedoch keine Zuordnungsregelungen geschaffen worden, die eine sachgerechte Verteilung der Ausgaben auf die jeweiligen Massen – insbesondere hinsichtlich der sonstigen Masseverbindlichkeiten (§ 55 InsO) – regeln.

6. Nach der neu durch das Sanierungs- und Liquidationsgesetz eingefügten Vorschrift des § 87 Abs. 2a VAG hat die Aufsichtsbehörde die Erlaubnis zum Geschäftsbetrieb sofort nach Bekanntmachung des Eröffnungsbeschlusses zu widerrufen; die Rechtskraft des insolvenzgerichtlichen Beschlusses wird von der Vorschrift nicht vorausgesetzt.

7. Dem – seit der Einführung der Insolvenzordnung nunmehr grundsätzlich auch bei Versicherungsunternehmen möglichen – Insolvenzplan (§§ 217 bis 269 InsO) würde bei einem Insolvenzverfahren eines Lebensversicherungsunternehmens regelmäßig keine Bedeutung zukommen.

8. Der durch die Eröffnung des Insolvenzverfahrens bedingte Verlust sämtlicher Mitglieder eines Lebensversicherungsvereins auf Gegenseitigkeit (§§ 20 Satz 3 in Verbindung mit 77b Satz 1 VAG) hat keine Auswirkungen auf dessen Rechtsfähigkeit.

9. Die von § 51 Abs. 1 Satz 2 VAG angeordnete Nachrangigkeit der Ansprüche der Mitglieder eines Versicherungsvereins auf Gegenseitigkeit aus ihrem Versicherungsverhältnis ist infolge der Ausweitung der vorrangigen Befriedigung auf sämtliche Versicherungsforderungen durch das Sanierungs- und Liquidationsgesetz weiter ausgehöhlt worden.

10. Die Sondervorschrift des § 77b VAG steht Schadensersatzansprüchen der Versicherungsnehmer wegen vorzeitiger insolvenzbedingter Beendigung der Lebensversicherungsverträge nicht entgegen.

11. Erlischt ein Lebensversicherungsvertrag mit unbedingter Leistungspflicht nach § 77b Satz 1 VAG, so ist in Ermangelung einer planwidrigen Regelungslücke eine analoge Anwendung von § 176 Abs. 1 VVG ausgeschlossen.

12. Grundsätzlich bestehen hinsichtlich der Schlussüberschussanteile, die dem Schlussüberschussanteilsfonds zugeführt worden sind, keine Rechtsansprüche, die in einem Insolvenzverfahren geltend gemacht werden können. Lediglich für die zuletzt vor der Eröffnung des Insolvenzverfahrens auslaufenden Lebensversicherungsverträge, für die bereits eine Festlegung der auszuzahlenden Schluss-

überschussanteile stattgefunden hat, kann ein Zahlungsanspruch als Insolvenzforderung geltend gemacht werden.

13. Die geplanten Änderungen des Versicherungsvertragsgesetzes werden keine Auswirkungen auf die insolvenzrechtliche Abwicklung eines Lebensversicherungsunternehmens haben.

14. Nach den erfolgten Änderungen im Rahmen der VAG-Novelle 2003 handelt es sich bei dem Insolvenzprivileg des § 77a VAG auch weiterhin um ein heterogenes Recht, das nicht den bekannten insolvenzrechtlichen Kategorien zugeordnet und daher mit der herrschenden Meinung als Insolvenzvorrecht eigener Art bezeichnet werden kann.

15. Der Pfleger hat sämtliche Versicherungsforderungen im Sinne von Art. 2 Buchstabe k Sanierungs- und Liquidationsrichtlinie zu ermitteln und die bevorrechtigte – und gegebenenfalls gesondert einen nicht bevorrechtigten Teilbetrag der – Versicherungsforderung unter Hinweis auf das Vorrecht anzumelden.

16. Ohne an den von § 28 Abs. 1 Satz 2 InsO vorgegebenen Anmeldezeitraum gebunden zu sein, sollte das Insolvenzgericht – wegen eines einheitlichen, formalisierten und auch transparenten Verfahrensablaufs – im Eröffnungsbeschluss einen konkreten Zeitraum benennen, in dem die Versicherungsforderungen von dem Pfleger anzumelden sind.

17. Die im Rahmen der VAG-Novelle 2003 erfolgte ersatzlose Streichung von § 77 Abs. 4 Satz 3 VAG a.F. ist aufgrund der neuen Systematik der Insolvenzordnung erforderlich gewesen und hätte demzufolge bereits mit der Einführung der Insolvenzordnung zum 1. Januar 1999 erfolgen müssen.

18. Der Gefahr, dass der Verwertungserlös des Sicherungsvermögens zur vollständigen Befriedigung der bevorrechtigten Versicherungsforderungen nicht ausreicht, kann dadurch begegnet werden, dass der Mindestumfang des Sicherungsvermögens nach § 66 Abs. 1a VAG um eine gewöhnliche – nichtversicherungstechnische – Rückstellung gemäß § 249 HGB erweitert würde, die die ungewissen Verbindlichkeiten hinsichtlich der §§ 54 und 55 InsO sowie die Kosten der Pflegschaft nach § 78 Abs. 5 Satz 2 VAG abzudecken hätte. Alternativ hierzu wäre auch eine „sichernde Überdeckung" nach dem Vorbild des § 6 Abs. 1 Satz 2 HypBankG denkbar.

19. Gibt es innerhalb des Sicherungsvermögens mehrere selbständige Abteilungen, so fallen etwaige Überschüsse einer selbständigen Abteilung erst dann der allgemeinen Insolvenzmasse zu, nachdem die ausgefallenen bevorrechtigten

Versicherungsforderungen einer anderen selbständigen Abteilung vorrangig befriedigt worden sind.

20. Eine erneute Reform der Insolvenzsicherung des Versicherungsaufsichtsgesetzes nach dem Vorbild des neuen Sicherungssystems von § 35 HypBankG, insbesondere im Hinblick auf die Möglichkeit eines Sonderinsolvenzverfahrens über das Sicherungsvermögen, würde keine erheblichen Vorteile bringen.

21. Mit Eintritt der Rechtskraft des Eröffnungsbeschlusses hat das verwaltungsgerichtliche Verfahren gegen den Eröffnungsantrag keine Auswirkungen mehr auf das Insolvenzverfahren, da die Rechtskraft sämtliche Rechtsmängel hinsichtlich Beschluss und Eröffnungsverfahren heilt. Vor der Rechtskraft des Eröffnungsbeschlusses würden verwaltungsgerichtliche Entscheidungen nur insoweit Auswirkungen auf das Insolvenzverfahren haben, als dass sie in dem Beschwerdeverfahren nach § 34 Abs. 2 InsO geltend gemacht werden müssten und das Insolvenzgericht gesondert darüber zu entscheiden hätte. Lediglich innerhalb des Eröffnungsverfahrens wäre das Insolvenzgericht an eine verwaltungsgerichtliche Entscheidung über den Eröffnungsantrag gebunden.

22. Die Einführung des gesetzlichen Sicherungsfonds für die Lebensversicherung ist in der Gesamtschau – trotz der zum Teil kritischen Anmerkungen – zu begrüßen.

Studien zum deutschen und europäischen Gesellschafts- und Wirtschaftsrecht

Herausgegeben von Ulrich Ehricke

Band 1 Detlef Laub: Die Nachgründung nach § 52 AktG als kapitalerhaltende Norm. Auswirkungen auf den Tatbestand und seine Anwendung nach dem Umwandlungsgesetz (UmwG). 2004.

Band 2 Michael Silvio Kusche: Die aktienrechtliche Zulässigkeit der Durchführung einer Due Diligence anlässlich eines Unternehmenskaufes. Mit Due Diligence-Checkliste für die Zielgesellschaft. 2005.

Band 3 Thomas Stephan Oldemanns: Vorratsgründung und Mantelverwendung – Alternativmöglichkeiten zum gesetzlichen Gründungsverfahren? 2005.

Band 4 Gunnar Isenberg: Die Geschäftsordnung für die Organe der Aktiengesellschaft. 2005.

Band 5 Anette Gärtner: Die Umsetzung der Verbrauchsgüterkaufrichtlinie in Deutschland und Großbritannien. 2006.

Band 6 Tobias Teufer: Alternative Beilegung privater Wettbewerbsstreitigkeiten. Kartellmediation, Kartellschiedsgerichtsbarkeit und Wettbewerbsvergleich im Spannungsfeld zwischen Privatautonomie und staatlicher Regelung. 2006.

Band 7 Axel Godron: Das Weisungsrecht des Franchisegebers unter besonderer Berücksichtigung eines Konzerncharakters von Franchisesystemen. 2006.

Band 8 Nadin Pia Sondermann: Die kartellrechtliche Beurteilung von Unterkostenpreisen marktmächtiger Unternehmen auf europäischer Ebene, im Vereinigten Königreich und in Deutschland. 2007.

Band 9 Anne Maria Arnold: Die erbrechtliche Nachfolge in der Partnerschaftsgesellschaft. Unter besonderer Berücksichtigung berufsrechtlicher Implikationen. 2006.

Band 10 Tobias Felix D. Plath: Das Lebensversicherungsunternehmen in der Insolvenz. Unter besonderer Berücksichtigung des Gesetzes zur Umsetzung aufsichtsrechtlicher Bestimmungen zur Sanierung und Liquidation von Versicherungsunternehmen und Kreditinstituten vom 10. Dezember 2003. 2007.

www.peterlang.de

FSC
www.fsc.org
MIX
Papier | Fördert gute Waldnutzung
FSC® C083411

Kolibri 360 GmbH
Ferdinand-Jühlke-Straße 7
99095 Erfurt, Deutschland
produktsicherheit@kolibri360.de

Druck:
CPI Druckdienstleistungen GmbH
im Auftrag der
Kolibri 360 GmbH
Ferdinand-Jühlke-Str. 7
99095 Erfurt